四川省教育厅重点资助项目：
装配式整体建筑系统性研究（17ZA0371）；
住房城乡建设部科学技术计划资助项目：
新型城镇化建设中城市基础设施承载能力研究（2016-R2-040）。

PPP 投融资模式下的操作流程的合规性分析

徐姣姣　徐炳生　邵卫国◎著

Analysis of Operational Process Compliance about PPP Investment and Financing Model

中国经济出版社
CHINA ECONOMIC PUBLISHING HOUSE
北京

图书在版编目（CIP）数据

PPP 投融资模式下的操作流程的合规性分析 / 徐姣姣，徐炳生，邵卫国著.
北京：中国经济出版社，2018.3
ISBN 978-7-5136-4973-5

Ⅰ.①P… Ⅱ.①徐…②徐…③邵… Ⅲ.①政府投资—合作—社会资本—研究—中国
Ⅳ.①F832.48②F124.7

中国版本图书馆 CIP 数据核字（2017）第 270159 号

责任编辑　张利影
责任印制　巢新强
封面设计　华子图文

出版发行　中国经济出版社
印 刷 者　北京柏力行彩印有限公司
经 销 者　各地新华书店
开　　本　710mm×1000mm　1/16
印　　张　14.5
字　　数　210 千字
版　　次　2018 年 3 月第 1 版
印　　次　2018 年 3 月第 1 次
定　　价　48.00 元
广告经营许可证　京西工商广字第 8179 号

中国经济出版社 **网址** www.economyph.com **社址** 北京市西城区百万庄北街 3 号 **邮编** 100037

本版图书如存在印装质量问题，请与本社发行中心联系调换（联系电话：010-68330607）

前言

基础设施建设对经济增长和发展至关重要。基础设施的快速发展需要巨额的资金投入，基础设施仅靠政府主体投资是难以达到长期稳定发展的目标。因此，要鼓励、支持民营资本进入基础设施领域，加大民营资本投资比例将能更有效地提高基建项目的投资回报率，从而提高全社会资本的投资回报率。PPP 解决了基建投资中民营资本占比过低的问题，有利于打破行业准入限制，激发经济活力和创造力。我国 PPP 项目的实施截至 2017 年 6 月末，已经入库项目共计 13554 个，投资额达到 16.3 万亿元。其中，已签约落地 2021 个，投资额 3.3 万亿元。全国入库项目和落地项目均呈逐月持续稳步上升态势。在全国入库项目中绿色低碳项目占 57.7%，其中，落地项目 1176 个，投资额 1.4 万亿元。旅游、文化、体育、健康、养老、教育“幸福产业”项目数 3012 个，投资额 2.2 万亿元。其中，落地项目数 318 个，投资额 2838 亿元。

虽然 PPP 项目实施进度较快，但在我国当前实施 PPP 仍然面临较多的问题，如法律政策环境方面存在过于笼统、一致性和连贯性差等问题；项目实施主体之间存在利益诉求较大的分歧、项目的风险分担机制不完善等问题。这为顺利推行 PPP 项目带来了障碍，同样使社会资本方和各级政策在实施 PPP 项目过程中没有可靠的法律依据和合理的实施规则，对项目未来实施结果产生影响。鉴于此，本书从 PPP 项目操作流程的合规性进行了详细的分析论述。

本书共分八部分内容：第一章对 PPP 项目的相关理论和融资模式进行了详细论述；第二章论述了英国、加拿大、澳大利亚关于 PPP 模式的应用情况；第三章对我国 PPP 项目相关政策沿革及各阶段的特点、发展历程及政府政策现状、目前主要的 PPP 项目相关政策进行了详细分析；第四章论述了我国PPP实施基本情况、PPP市场结构、国内PPP实施中存在的问题、PPP模式风险管理现状和实施PPP项目的有效对策；第五章较为详细地分析了特许权经营类（BOT、TOT、ROT、BLT和BTO）模式的操作流程合规性；第六章较为详细地分析了私有化类形式（BOO、TOO）的操作流程合规性；第七章分析了管理外包类形式（O&M、MC）的操作流程合规性；第八章通过实际案例对BOT、TOT、ROT、BLT、BOO和OM操作流程进行解读。

在本书的编写过程中，感谢西华大学审计处的江林处长、土木建筑与环境工程学院的项勇教授在理论、逻辑构架和部分较为专业问题方面提出的建议；感谢西华大学工程项目管理研究所、四川笃信企业管理咨询有限公司、四川大家工程咨询集团提供的相关案例资料；感谢中国经济出版社张利影编辑在本书的撰写过程中给予的大量帮助和支持。

徐姣姣

2017年11月

Contents

目 录

第一章　PPP 投融资模式概述

一、PPP 项目概述

(一) PPP 项目的概念

1. PPP 项目的定义

PPP（Public-Private-Partnerships）项目的概念源于 20 世纪 90 年代的西方发达国家，但直到现在还没有统一的定义，不同的学者和机构对 PPP 有不同的理解，甚至英文的翻译也是多种多样。

在中国，关于 PPP，官方的称谓是政府与社会资本合作。依据财政部和国家发改委发布的文件，PPP 项目可以定义为：政府和社会资本合作，以政府为主导，通过特许经营运作，共享收益，分担风险，一起提供社会公共产品和公共服务的合作。

欧盟委员会对 PPP 的定义是：公共机构和私人机构相互合作，目的是提高公共机构提供公共产品和服务的能力。同时，欧盟委员会还给出 PPP 项目的一些共同特征。

2. PPP 项目的特征

（1）合作伙伴关系

在项目的各个领域，公共部门和私人部门存在合作关系。合作伙伴关系是 PPP 项目最重要的特征，所有类型的 PPP 项目都建立在合作伙伴关系基础之上。伙伴关系的确定，是 PPP 中最重要的问题。伙伴关系的存在，是其与普通采购之间最大的区别。同时，也是与政府采购办公用品、公车、订餐等的区别。伙伴关系的确定，带来的直接后果是追求项目目标的一致性。公共部门和民营部门共同协作，在某一公共项目上，通过最少的资源消耗，提供更多的公共产品和服务。同时，民营部门获得利益，而公共部门实现公共福利和利益。

（2）利益共享

利益共享是使伙伴关系牢固的关键因素。PPP 项目中公共部门和私营部门并不仅是简单的分享利润，而且公共部门有责任也有义务对 PPP 项目中私营部门的过高利润进行控制，不应当让民营部门在 PPP 项目中获得超额利润。原因在于，PPP 项目的性质决定其不是投资性项目，而是公益性项目，超高额的利润使项目的公益性受到挑战。PPP 项目面向的是普遍的大众，是为公众服务的。利益共享的目的使公共部门在 PPP 项目中可以监督私营部门的利益获取幅度。基于政府设立的目的，其必然保护公共利益。因此，对于利益共享不能理解为利润共享。共享利益的外延不仅是社会成果，同时也包括投资回报。

利益共享是伙伴关系存在的纽带，同时，利益共享不得损害公共利益，必须保证 PPP 项目的社会公益性质。

（3）风险分担

PPP 显著的特征是风险的分担，欧盟对这个问题的理解是公共合作伙伴与私人合作伙伴之间的风险承担，公共部门产生的风险一般会转向私人部门。然而，PPP 并不一定意味私人合作伙伴承担所有的风险，或者承担风险的主要部分。每个项目承担的风险都不同，要根据各个当事人在各方的接触、控制和应对这种风险的能力来分配。

PPP 良好的伙伴关系不仅是利益共享，还是风险共同分担。在市场经济体制下，利益获得与风险分担有对应性，风险分担是 PPP 第三个特别明显的特征。有利益就会有风险，在 PPP 中，公共部门与民营部门合理分担风险是 PPP 项目与其他交易类型的巨大区别。在 PPP 项目中，风险分担遵循的原则是承担自己能承担的风险。将每种风险分配给最善于承担这种风险的合作方，使项目风险最小化，这样就会使整个 PPP 项目的成本大大降低，也是 PPP 与其他类型的公共采购不同的地方。

（二）PPP 项目的起源及背景

1. PPP 项目的起源

其实，英国的 PPP 项目早就存在，但一直没有明确的法规规定。伦敦的私人供水已经有 400 多年的历史，其发展经历坎坷，但政府却很少加以限制。1992 年，英国开始对自来水、电力等公用基础设施进行大规模的市场民营化改革。通过有效的竞争，伦敦自来水线路增加，同时提高了伦敦自来水的质量，使伦敦成为当时生活品质较高的欧洲城市。20 世纪 90 年代，英国率先提出 PPP（Public-Private-Partnership）的概念。欧美发达国家也相继推出 PPP 项目，以快速推动 PPP 项目的发展。

2. PPP 项目的背景

真正意义上的现代 PPP 项目源自英国。第二次世界大战期间，欧洲作为主战场，基础设施、公共服务设施遭到巨大的破坏，提供公共服务、公共产品成为政府的基本责任。战后的英国，国内经济发展主要靠政府刺激，为了提高就业率、刺激经济增长，政府债务高涨，同时，财政赤字严重。此外，民众对公共产品的需求随着经济的好转不断增加。政府既要保证经济的不断增长，也要防止财政赤字的恶化，还要提供大量的公共产品和公共服务。在这样内部赤字严重、外部有需求的情况下，英国政府开始在基础设施等公共设施项目上推广公私合作的模式。公私合作模式有效地缓解了财政赤字，同时，也促进了经济发展，产生了大量的就业机会，提供了高质量的公共产品。

3. PPP 项目在中国的起源

在中国，新宁铁路是我国内陆最南端的第一条民营铁路。1906 年 1 月 22 日，新宁铁路得到光绪皇帝的批准。这条铁路由华侨陈宜禧集资兴办，于 1913 年竣工。

20 世纪 80 年代初，我国基础设施建设及相关服务的滞后严重制约了改革开放的前进步伐。政府意识到仅仅依靠政府自身的财力根本不能支持整个基础设施领域的供给需求，因此，必须寻求更多的融资渠道。筹集资金可以有很多方式：其一，提高基础设施服务的收费，但这会损害人民的利益，同时由于各种社会因素制约，这种方式并不能满足资金的需求；其二，通过已有的基础设施自有资产进行融资，但当时大多数基础设施的财务状况并不乐观，所以利用已有的基础设施自有资产进行融资所能筹集到的资金非常有限；其三，吸引私人投资者。综合上述情况，政府决定吸引私人投资者对我国的基础设施项目进行融资建设。

党的十六届三中全会通过了《关于完善社会主义市场经济体制若干问题的决定》，其中明确指出："放宽市场准入，允许非公有资本进入法律法规未禁入的基础设施、公用事业及其他行业和领域"。这标志着民营资本可以进入基础设施和公共事业领域。

（三）PPP项目的利益相关者

PPP 项目的实施流程：项目启动和建立、项目融资、项目设计、建设运营、回收移交。涉及的利益相关者包括项目的发起人、政府、社会资本、委托代理的项目公司（负责建设、运营）、相关金融机构（如银行）及最终用户（产品或服务的购买者及使用者），组成整个项目过程中的主要利益相关者。此外，项目可能还会涉及其他利益相关者，如为项目公司提供保险的保险公司、承包商、建设商、供应商、运营商等。他们在项目中分享不同的利益，同时，相应承担不同的风险，一起构成了政府特许经营项目的利益相关者。依据 PPP 项目各利益相关者相互之间的关系，可描绘 PPP 项目基本运作模式，如图 1-1 所示。

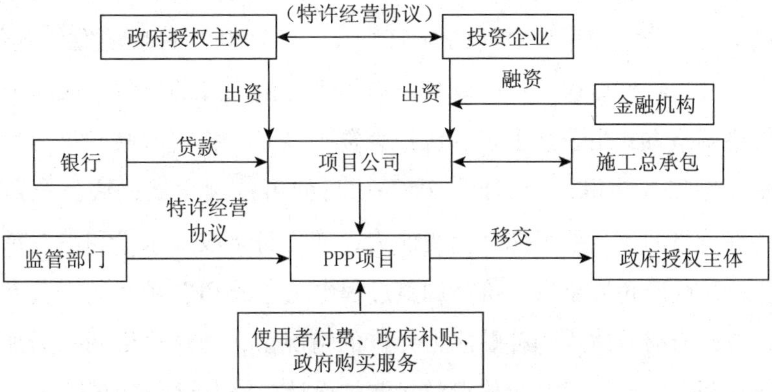

图 1-1　PPP 项目基本运作模式

如图 1-1 所示，PPP 项目基本运作模式中的核心利益相关者是项目不可或缺的群体，与项目有直接的利害关系，甚至可以直接左右项目的开展。PPP 项目的核心利益相关者是：政府、社会资本、公众使用者。PPP 项目运作过程也是这三类利益主体的互动过程。政府、社会资本和公众三方对 PPP 项目的期望各不相同，政府想通过 PPP 模式向公众提供高效优质的公共产品，谋求社会利益最大化，同时，也需要通过与社会资本合作吸引资金，提高财政税收；社会资本追求项目利润的最大化；公众则关注 PPP 产品的服务质量、产品价格、使用成本是否合理。三方目标需求如图 1-2 所示。

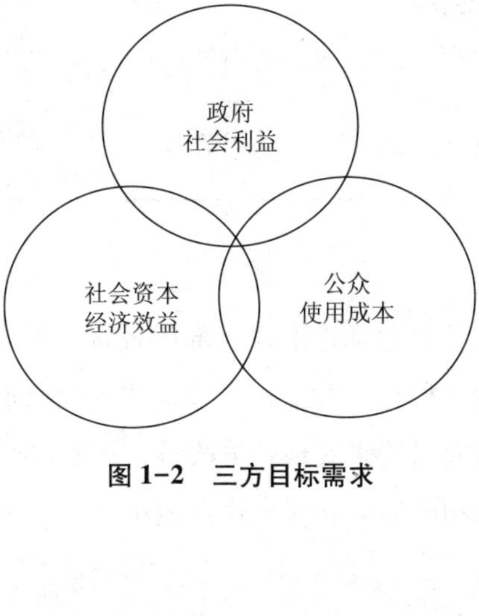

图 1-2　三方目标需求

PPP 项目价格调整的实质是政府根据地方财政收入和补贴能力来调整私人投资者和公众使用者之间的分配关系。当 PPP 项目环境发生变化后，投资者只分担特许协议约定的风险，而约定范围之外的风险由政府分担或通过价格调整方式由公众承担。从社会资本（私人投资者）角度出发，价格调整要保障其获得合理利润，确保项目的可持续发展；从公众角度出发，特许价格的增长要考虑其承受能力，使之符合收入水平和消费结构变化趋势；从政府角度出发，价格调整过程中应考虑 PPP 项目的准公共物品特性，在政府财政收入和补贴能力允许的情况下，通过价格调整增加社会的总体福利。因此，PPP 价格调整机制的设计应综合权衡三方利益。

（四）中国 PPP 项目的分类

依据国际的主要分类原则，结合中国 PPP 项目的术语使用习惯和常用模式，按照项目最终所有权的私有化程度，PPP 项目可划分为外包类项目、特许经营类项目和私有化类项目（见表 1-1）。

表 1-1　中国 PPP 项目分类

类　别	主要运作模式
外包类（Outsourcing）	MC，管理合同
	O&M，委托经营
特许经营类（Concession）	BOT，建设—拥有—转让（移交）
	TOT，转让—运营—移交
	ROT，改建—运营—移交
私有化类（Divestiture）	BOO，建设—拥有—经营
	BBO，购买—建设—经营

1. 外包类

PPP 融资模式的项目通常是由政府部门投资、私人部门承包整个项目的一项或是几项职能，如只负责工程建设，或者受政府部门的委托管理维护基础设施，并经政府付费来实现各方收益，在外包类型的 PPP 融资项目当中，私人部门所承担的风险相对来说比较小。

2. 私有化类型

PPP 融资模式项目需要私人部门负责项目的全方面投资，政府部门的主要职能是监管，私人部门通过向用户收取费用来收回投资，从而实现利润。因为私有化类型的 PPP 融资项目所有权归属私人，并不具备有限追索方面的特性，因此，私人部门在此类型的 PPP 融资项目当中承担的风险就非常大。

3. 特许经营类型

特许经营类项目需私人部门参与部分或是全部投资，并通过一定的合作机制、公共部门分担项目具有的风险，共享项目的收益。按照项目实际收益的情况，公共部门可能向特许经营的公司收取一定的特许经营费，给予一定的补偿，这就需要公共部门协调好与私人部门的利润及项目公益性两者之间的平衡关系。所以，特许经营类型项目能否成功取决于政府相关部门的管理水平。

（五）PPP 项目的使用范围

1. 我国有关部委和地方政府（不含港澳台）相关文件规定

因我国目前没有专门的 PPP 法，其适用范围尚无国家层面明确、统一的规定，但在有关部委和地方政府的有关文件中有一些规定。从我国 30 多个地方政府公用事业特许经营管理办法或条例来看，地方政府更倾向将适用的项目列举出来，甚至再加上一个兜底条款，以使适用范围更加全面，但这些条款提出的特许经营范围大都很狭窄，已经大大落后于实务了。适用范围最全面的是 2014 年上海市出台的《基础设施和公用事业特许经营条例（初稿）》中规定的：下列基础设施和公用事业项目可以实施特许经营：

第一，煤炭、石油、天然气、电力、新能源等能源项目；

第二，铁路、公路、水路、航空、邮政、运输枢纽等交通运输项目；

第三，电信枢纽、通信、信息网络等通信项目；

第四，防洪、灌溉、排涝、引（供）水、滩涂治理、水土保持、水利枢纽等水利项目；

第五，生态环境破坏与自然灾害防治、土地整治、矿山地质环境恢复治理等生态环境保护项目；

第六，供水、供电、供气、供热、污水和垃圾处理、公共交通、园林绿化、照明等城乡设施项目；

第七，科技、教育、文化、卫生、体育，以及社会福利设施等项目；

第八，廉租住房、公共租赁住房、经济适用住房等保障性住房项目。

上海的条例采用完全列举的方法，并没有加上诸如“政府或法律规定的其他情形”这样的兜底条款，基本上囊括了各类基础设施和公用事业。对于PPP项目而言，这种将适用的项目用列举的方法，看似为挑选项目节省了时间，但这种范围的界定，对PPP实务的指导作用并不明显。因为不管采用何种列举方式，涉及的都是有限的范围，企业既不能因为这种列举而直接应用PPP（无论是政府还是企业都必须通过可行性研究和物有所值等评估提出实施方案等一系列程序，才能应用PPP），在有兜底条款时又不能因为没列举到的项目而排除适用PPP。另外，若是采用完全列举的方式，会使可能潜在的PPP项目因不在列举清单里而难以成型。

2. PPP适用范围

PPP主要适用自然资源开发、基础设施和公用事业项目，按融资易难为序分列如下：自然资源开采，如采矿、油、气及其加工处理或输送储存设施等，电厂、供水或废水废物处理厂，通信项目，公路、（城市）隧道或桥梁，铁路、地铁，机场、港口。其中，第一类项目是自然资源开采，因为自然资源是紧缺物质，只要开采出来，总能以一定的价格卖出，即使国内卖不了，也可以出口，因此较易应用PPP模式，但前提是已经探明储量的。另外，项目所在国或国际上对所开采的产品没有禁运和限售等限制。第二类项目是电厂、水厂、污水和垃圾处理厂，因为这类项目的承购者往往为政府，项目公司只需跟一个用户（政府）打交道，但要保证政府的承购量足以支付运营成本和还本付息，并有一套严格的支付保障机制。

第三类是光缆（如互联网）、固定或移动电话网、卫星等通信项目，这些本来就是利润率较高的高科技项目，而且多数项目还可能有外汇收入，并且外汇风险较小，但要注意市场的激烈竞争，特别是新技术的出现和后来的竞争者。第四类是公路、（城市）隧道或桥梁等独立式设施，虽是向一个个零散用户收费，但收费站设立后收费相对较有保障，但要注意保证在一定范围内项目的唯一性，以避免竞争。第五类是铁路和地铁，这类项目的投资相对较大（而用户主要是普通百姓，收费不能过高），施工难度和内部结算方式（因为项目的独立性一般不强）等可能导致风险较大。第六类是机场、港口，这类项目除了具有与铁路类项目类似的风险外，货物运输量和旅行人数受国际经济和政治形势等的影响，还涉及与国外航空、航海公司之间的结算，不确定性较大且不易控制。要特别提醒的是，PPP 项目复杂，谈判耗时，前期费用高，因此，对项目规模有一定的要求。对国际工程而言，项目投资最好不低于 3000 万美元。另外，不能把 PPP 模式当作万灵丹，而不考虑项目的特性和环境。例如，与国家安全有关的项目或非常敏感的项目（如核电站）或没有足够投资回报的项目一般不适合采用 PPP 模式。

（六）PPP 模式的基本结构和运作思路

以 PPP 模式运作的项目，其建设过程是由政府和私人组织合作成立的特别目的公司（SPV）组织实施的。首先政府选择与之合作的私营企业（包括私人或私人团体），其次合作成立 SPV。政府赋予 SPV 基础设施项目的特许开发权，由 SPV 取代政府组织项目的开发、建设。项目的资金主要源于私营企业的出资以及 SPV 向银行的贷款，在一些情况下，政府也进行部分投资。项目的一切开支（如设计费、建设费、咨询费等）由 SPV 负责。项目建成后，SPV 通常在一定期限内拥有项目的经营权，在经营期限内，SPV 以向享受服务公共产品的使用者收费的方式回收资金，经营期满，经营权转交给政府。在某些情况下，SPV 同时拥有基础设施的产权。PPP 项目融资模式的基本结构如图 1-3 所示。PPP 项目融资模式的具体运作思路如图 1-4 所示。

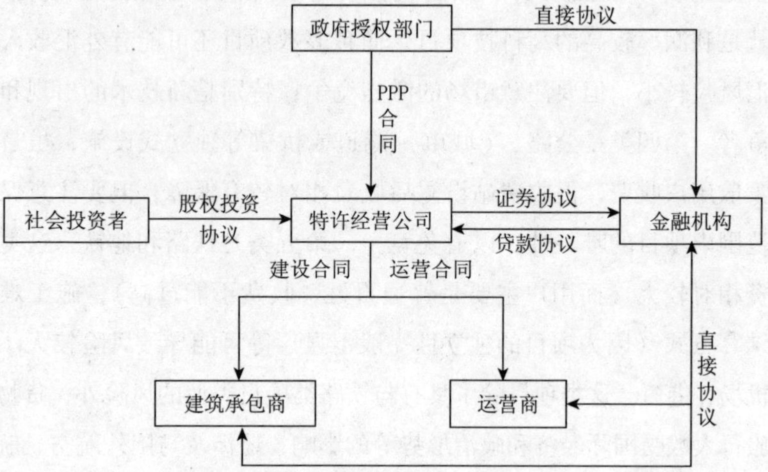

图 1-3　PPP 项目融资模式的基本结构

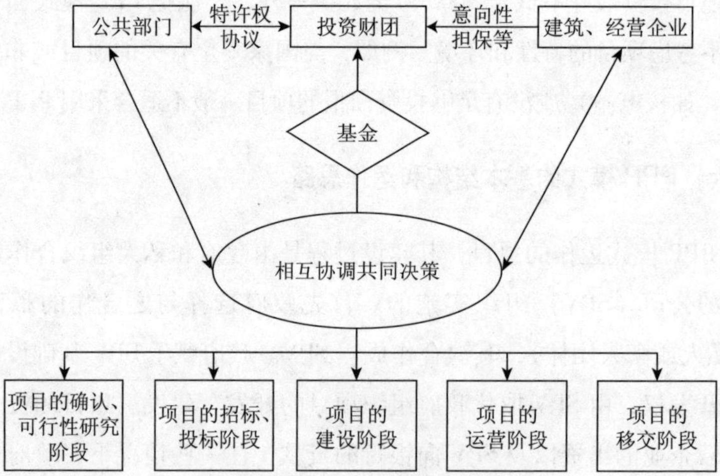

图 1-4　PPP 项目融资模式的运作思路

以 PPP 模式运作基础设施建设项目时，关键是构建科学的项目融资结构和清晰的资金运作流程。

1. PPP 模式的项目融资结构设计

PPP 模式的项目融资由四个基本模块构成，即项目的投资结构、项目的融资结构、项目的资金结构、项目的信用保证结构，四个模块间的关系如图 1-5 所示。

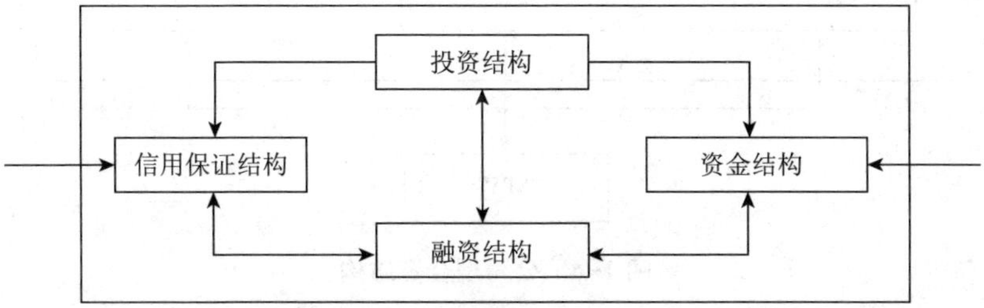

图 1-5　PPP 项目融资的结构框架

（1）PPP 模式的投资结构

项目的投资结构即项目的资产所有权结构，是项目的投资者对项目资产权益的法律拥有形式和项目所有者之间的法律合作关系。采用不同的投资结构，投资者对项目资产的拥有形式、对项目现金流量的控制及投资者对项目所拥有的权益和承担的义务都有很大的差异。

目前，国际上应用较为普遍的项目投资结构有单一项目子公司、非限制性子公司、代理公司、公司型合作结构和合伙制结构。从本质上来说，项目投资结构就是项目公司（SPV）的组建形式。根据基础设施项目的特点，适合 PPP 项目融资的 SPV 的组建形式主要有公司型合资结构和合伙制结构两种。

第一，公司型合资结构。公司型合资结构是指 SPV 按照有限公司的形式组建，股东以出资额为限对 SPV 承担有限责任，SPV 以其注册资本为限对其债务承担责任，如图 1-6 所示。

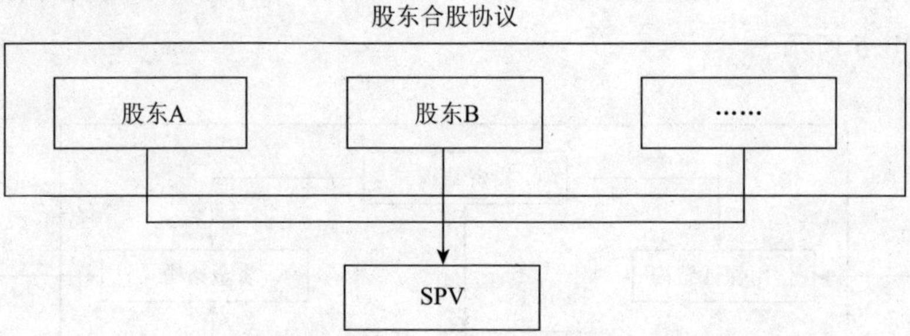

图 1-6　公司型合资结构

SPV 作为独立法人，其行为受到现行《公司法》及相关法律的约束。同时，由于基础设施项目的特殊性，SPV 还应该遵守国家的政策、方针以及与政府部门签订的专门公私合作协议（PPP 协议）。

在 SPV 里，股东（投资者）包括政府和私营企业（包括私人和私人实体），他们共同对项目开发的重大活动进行决策，并按出资比例和 PPP 协议的约定享受权益、承担义务。与有限责任公司相同，采用公司型合资结构，有股东关系清晰、融资安排较为容易等优点，适用范围较广，一般的 PPP 项目均可采用这种投资结构。

第二，合伙制结构。合伙制结构是指 SPV 由两个或两个以上的合伙人以获取利润为目的而组建起来的，见图 1-7。

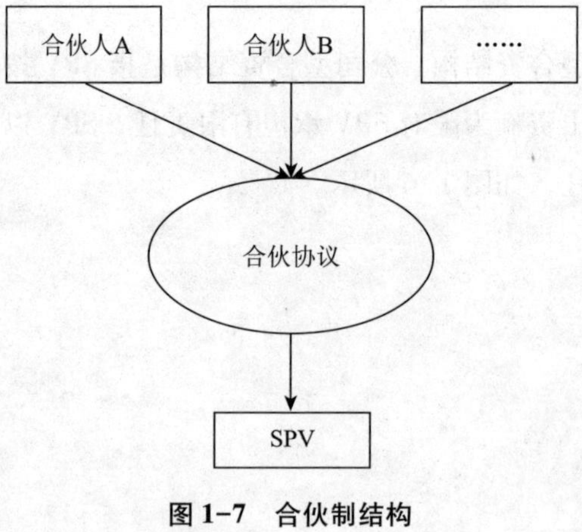

图 1-7　合伙制结构

合伙制不是一个独立的法律实体，合伙人既可以是自然人，也可以是法人，该投资结构通过合伙人之间的合约建立起来，没有固定的形式，一般也不需要在政府部门注册。

合伙制结构具有运作灵活、决策迅速等优点。但由于责任无限，一旦出现问题，合伙人就面临承担超出其在合伙制结构中所占投资比例的风险，这一风险的存在严重制约了合伙制结构的应用范围。因此，合伙制结构适用于风险较小、运作时间较短或投资不大的基础设施服务项目、维护项目等。这类项目对 SPV 的形式要求较低，若运用公司型合资结构，不仅会增加运作成本，还将增加决策手续，影响开发效率。

（2）PPP 模式的融资结构

融资结构是项目融资的核心部分。当项目投资者在项目投资结构上达成一致意见后，接下来的工作就是设计和选择合适的融资结构，以实现投资者在融资方面的目标和要求。项目融资通常采用的融资模式包括投资者直接融资、通过单一项目公司融资、生产贷款、杠杆租赁等。PPP 项目融资也是其中的一种，作为一种独立的项目融资模式，PPP 项目融资具有自身的融资结构，即以私人投资为主体，同时辅以政府资助、银行贷款、杠杆租赁，以及向机构投资者或者社会公众发行债券等。

（3）PPP 模式的资金结构

项目融资的资金结构是指在项目融资过程中所确定的项目的股本金（权益资本）与债务资金的形式、相互间的比例关系及相应的来源。项目的资金结构是由项目的投资结构和融资结构决定的。同时，资金结构又会影响整个项目融资结构的设计。

项目股本金的资金来源主要包括投资者投入的自有资金，通过发行股票筹集公募股本金和与项目有关的政府机构、公司为项目提供的资本金。另外，还可以通过无担保贷款、可转换债券和零息债券的形式筹集准股本金等。项目的债务资金主要源于银行贷款、资本市场、政府出口信贷和融资租赁等。

银行贷款是PPP项目融资中最基本和最简单的债务资金形式，为PPP项目提供贷款的银行包括商业性银行，如世界银行、亚洲开发银行等国际金融机构。贷款可以由一家银行提供，但更多的是由多家银行组成的银团甚至是国际银团联合提供。此外，SPV还可以项目的名义直接在国外资本市场上发行债券或用商业票据筹集债务资金。当项目涉及进口设备时，SPV也可能从设备的出口国政府专设的金融机构获得出口信贷。来自设备租赁公司的融资租赁也是PPP项目债务资金的来源之一。

出资形式的选择因具体的项目不同而有所差异。例如，基础设施服务性项目，对流动资金的要求较大，股东出资应尽可能地采用直接投资的形式；而对于铁路、公路等建设项目，股东出资在符合相关法律要求的前提下，既可以采用直接投资的形式，也可以采用实物投资（如钢材及其他原材料）的形式。

（4）PPP模式的信用担保结构

基础设施PPP项目大多投资大、建设期长，项目参与各方均存在风险，为了减少各方承担的风险，尽量共担融资风险，在确定融资方案时，一个非常重要的内容是信用保证结构的设计。对于银行和其他债权人而言，项目融资的安全性来自两个方面：一方面，来自项目本身的经济强度；另一方面，来自项目之外的各种直接或间接的担保。这些担保可以是由项目的投资者提供，也可以是由与项目有直接或间接利益关系的其他方面提供。项目担保主要包括两方面的内容：一是直接的财务担保，如完工担保、成本超支担保、不可预见费用担保；二是间接的或非财务性的担保，如长期购买服务的协议、以某种定价公式为基础的远期供货协议等。这些担保形式的组合构成了信用保证结构。项目本身的经济强度与信用保证结构相辅相成，项目的经济强度高，信用保证结构就相对简单，条件就相对宽松；反之，信用保证结构就相对复杂和相对严格。

根据担保主体不同，在PPP项目中所采用的担保形式通常有两种，即私营企业作为项目担保人和政府作为项目担保人。

第一，私营企业作为项目担保人。私营企业（包括私人或私人实体）

作为项目担保人是指私营企业作为股东，以其自有财产作为抵押向银行提供担保，以获得贷款资金的担保形式，见图 1-8。私营企业提供的担保范围通常限于项目开发过程中发生的且 SPV 能够控制的风险，如设计风险、施工风险（预算超支、工程质量问题等）等，在风险分配时，这类风险通常由私营企业或相关的机构来承担。

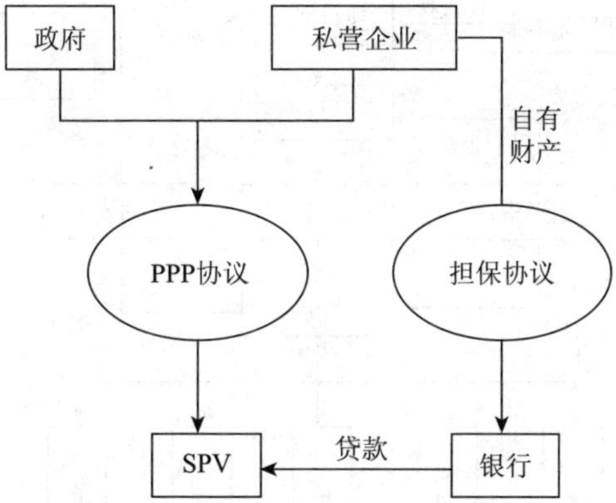

图 1-8　私营企业作为项目担保人

第二，政府作为项目担保人。政府作为项目担保人主要是间接的或非财务性的担保，如政府与 SPV 签订长期购买服务的协议，或是签订以某种定价公式为基础的远期供货协议等。政府担保的范围通常是非商业性风险部分，如法律风险、政策风险和金融风险等。在风险分配时，这类风险由政府承担。例如，在污水处理项目中，经水处理生产出的净化水必须输入到政府统一的水网中，才能提供给公众，政府是公共产品的唯一购买者。因此，政府必须与 SPV 签订长期购买协议，保证项目投资的回收以及资金运作。

2. PPP 模式的资金运作流程设计

在 PPP 模式下，项目的资金运作是一个复杂的系统，见图 1-9。

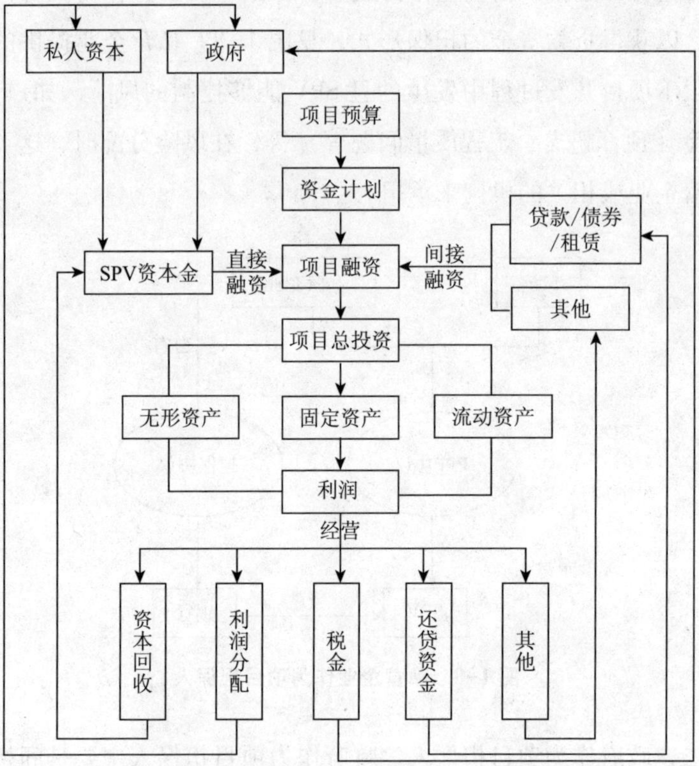

图 1-9　PPP 模式的资金运作流程

私营企业直接投资以及政府的资助资金形成 SPV 的资本金，构成项目的直接融资部分；贷款、租赁和其他方式筹集的资金构成项目的间接融资部分，两部分共同组成项目的总投资，用于项目建设和项目运营所必需的固定资产、流动资产和无形资产。在项目运营过程中获得的收入，扣除当期的运营成本和税金，构成当期的利润。税后利润按照资金规划进行分配，包括向金融部门还贷和向 SPV 的主体分配红利等。

（七）PPP 项目特点

1. PPP 项目是一种特许权项目

PPP 项目融资模式最适用于自然基础设施、公用事业、城乡一体化和资源开发项目。在大多数国家，这些项目的所有权均为国家所有，采用 PPP 项目融资模式是政府部门把这些项目的建设、经营和维护特许权交给私营企业，但最终所有权仍归政府部门。

2. PPP 项目融资模式是政府和企业之间长期的合作

PPP 项目的特许期为 10~30 年，有的甚至是项目全寿命周期合作。长期合作的主要目的是追求项目总体和长期效率的提高，如使项目全寿命周期成本最低，而不是简单考虑降低建设成本却忽视了运营和维护成本。由于 PPP 项目具有长期性，项目最后能否建设成功并运营获利取决于项目参与各方能否长期友好合作，但凡任何一方有任何短期或短视的行为都可能导致项目的最终失败。

3. PPP 项目融资模式具有狭义项目融资的典型特征

PPP 项目融资模式是通过项目的预期收入、项目资产和合同权益进行融资活动的一种模式，债权人对借款人抵押贷款资产以外的其他资产仅有有限的追索权，或没有追索权。项目建成投入使用后所产生的现金流量作为偿还贷款和投资回报的唯一资金来源。该融资模式并不主要依赖项目主办人的资信或拥有的有形资产，债权人主要考虑项目本身是否可行及项目的现金流量和收益是否足以偿还贷款。项目的融资负债比一般较高，资金结构也较复杂，多为中长期贷款，资金需求量大，融资成本也相应较高，所融资金专款专用，财务透明。为了管理的方便，一般由项目发起人出一定资本金与其他股东一起成立项目公司，作为独立的法人实体，作为项目贷款的直接债务人，项目主办人对项目借款人（项目公司）提供某种担保，但一般不包括项目的所有风险。

（八）PPP 项目的优势

PPP 可以为基础设施筹集到额外的资金，进行融资，能够通过市场测试吸引私人资本以改善项目选择。同时，分析拥有长期 PPP 历史的国家可以发现，PPP 的管理要优于传统采购模式，如能够保证按期完工和按预算完工。此外，PPP 也可以提供良好的运营维护以保证资产始终处于可使用状态。PPP 运用得当，可以克服许多基础设施面临的困难，如图 1-10 所示。

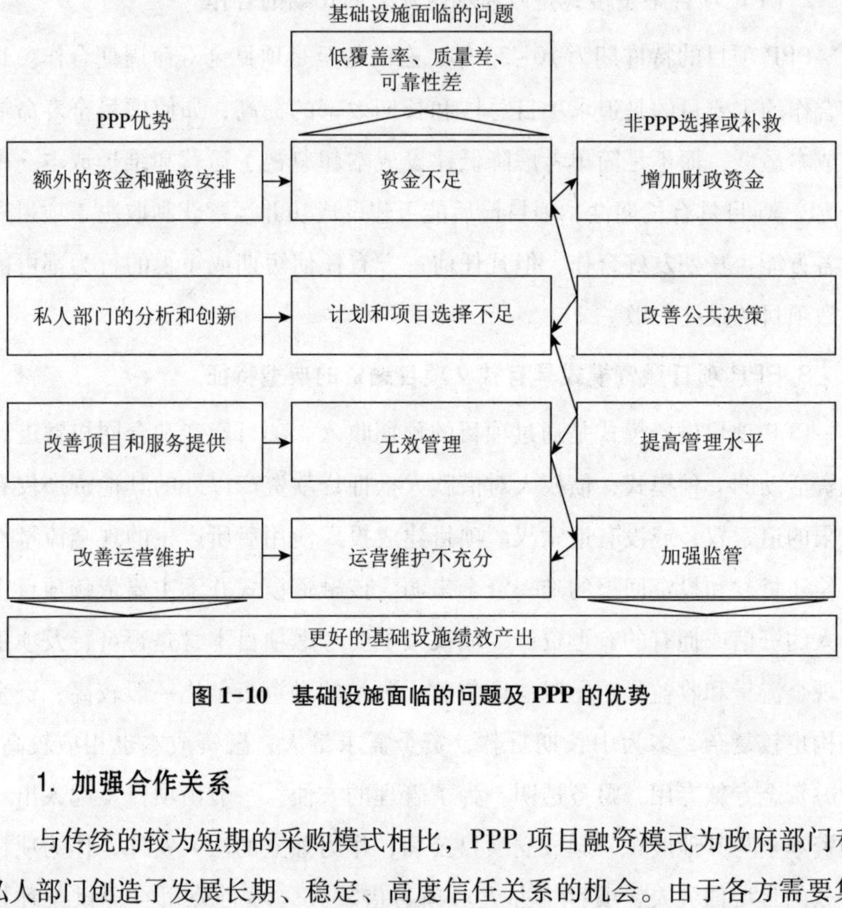

图 1-10　基础设施面临的问题及 PPP 的优势

1. 加强合作关系

与传统的较为短期的采购模式相比，PPP 项目融资模式为政府部门和私人部门创造了发展长期、稳定、高度信任关系的机会。由于各方需要集中精力实现长期的预定目标，这便激励了政府部门和私人部门去更多地了解目标，相互沟通、交流，分享相关信息，共同制定更好的、更有效的解决办法。

2. 减少融资约束

以往很多由政府部门筹划实施的大型公共基础设施项目，由于相应资金的约束，尤其是项目前期阶段由于受资金的约束，导致项目建设被延误或者无法再进行下去。PPP 项目融资模式则提供了一个资金供应的平台，即允许私人部门利用自有资金来资助大型公共基础设施项目建设，这实际上为政府部门提供了资产负债表外的项目资金，从而保证了项目的顺利实施。私人部门自有资金的投入可以推动我国大型公共基础设施建设项目的不断发展。

3. 快速交付使用

PPP 项目融资模式通过私人部门参与大型公共基础设施建设项目涉及的各个阶段，不仅可以加快项目的融资和交付使用，而且可以通过避免因为通货膨胀导致的成本增加及利用私人部门的新技术来减少项目的建设和运营成本，还可以将更多难以处理的技术上的以及其他方面的风险转移给能有效控制这些风险的私人部门。为了最大限度地降低各方面成本、推动现金流量的运转，私人部门会动用所有资源想尽一切办法去避免施工拖延，加快项目的建设。

4. 整合项目开发和交付

整合 PPP 项目设计、建设、维护和运营各个阶段，激励私人部门优化调整成本支出结构，并最大限度地发挥优化创新，从项目全寿命周期的角度来实现企业最高的成本效益，而不仅仅是降低项目整个寿命周期中的某一阶段的成本。

5. 风险管理

PPP 项目融资模式中政府部门与私人部门共同承担项目风险。但在项目风险分配过程中，政府部门可以根据私人部门管理风险的能力将相对于私人部门易于掌控的大部分风险转移给私人部门，而保留自己善于处理的风险。

6. 减少费用超支

在 PPP 项目前期阶段，政府部门与私人部门共同参与项目的识别、可行性研究、环评和融资等项目建设过程，保证了项目在技术上和经济上的合理性与可行性，并缩短了项目前期工作时间，有效地降低了项目前期费用。在

PPP 项目融资模式下，只有当项目已经建设完成，并获得政府部门批准可以使用后，私人部门才能开始经营项目并获得收益。因此，PPP 项目融资模式有利于提高项目建设效率和降低项目投资总额，并能够有效地降低项目的完工风险和成本超支风险。与传统的项目融资模式相比，PPP 项目模式平均可以为政府节约大约 18%的总费用，并能保证项目按照建设工期顺利完成。

7. **推动政府职能转变**

PPP 模式可以使政府部门从繁重的项目事务中脱离出来，从过去的公共基础设施服务的提供者变成一个监管者，从而保证项目质量，并减轻政府部门在财政预算方面的压力。另外，政府部门和私人部门可以取长补短，发挥各自拥有的优势，来弥补对方的不足，并能更好地协调对方不同的利益目标。

二、PPP 项目相关理论

（一）公共产品理论

公共产品理论从消费特征角度出发，定义了公共产品（相对于私人产品而言）、私人产品和准公共产品，为私人投资者进入公用事业领域提供了理论基础。美国经济学家萨缪尔森（Paul Samuelson，1954）指出：公共产品是指将该商品的效用扩展于他人的成本为零，因而也无法排除他人共享。公共产品主要有两个属性：非排他性和非竞争性。非排他性（Non-Excludability）是指，难以阻止不付费者对公共产品的消费，对公共产品的供给是否付费都一样能够享有公共产品带来的好处；非竞争性（Non-Rivalrous Consumption）是指，一个人对公共产品的消费不会影响其他人从公共产品的消费中获得效用，即增加或减少消费人数不会引起产品成本的任何增加或减少。根据非竞争性和非排他性的程度不同，公共产品可分为纯公共产品（Public Goods）和准公共产品（Quasi-Public Goods），即具有一定的非竞争性和非排他性。

实际上，现实生活中大量存在的都是介于纯私人产品和纯公共产品二者之间的准公共产品，它兼有纯公共产品和纯私人产品二者的部分特性，能够提供更加具有灵活性的方式。对基础设施项目而言，PPP 模式中引入了市场机制，可以充分利用私人投资者和政府各自的优势，从而为准公共产品的提供形成更有效的方式。

（二）项目区分理论

所谓项目区分理论就是根据经济学的产品或服务的分类理论，将项目区分为经营性项目、准经营性项目和非经营性项目，并根据项目的属性决定项目的投资主体、运作模式、资金渠道及权利归属等。根据项目区分理论，基础设施项目按照有无收费机制和竞争性可以做如下划分：

1. 经营性基础设施项目

此类项目市场价值大于投资成本，属于全社会投资范畴，有市场收费机制，有资金流入。投资者建设此类项目的动机与目的是利润最大化，可通过市场进行有效配置，通过全社会投资以实现投资的价值增值，所享有的权益归投资者所有。

2. 准经营性基础设施项目

此类项目市场价值小于投资成本，有资金流入和收费机制，具有潜在的利润且附带部分公益性，属于市场失效或低效的部分。此类项目在市场上可以套现的资金有限，经济效益不够明显，导致市场运行的结果形成资金供给的缺口，需要通过政府适当贴息或政策优惠维持运营。

3. 非经营性基础设施项目

此类项目市场价值为零，无资金流入，无收费机制，属于市场失效而政府有效的部分。市场失效就意味着市场的调节对此类项目不起任何作用。建设此类项目的目的是获取社会效益和环境效益，而政府作为公共利益的代表自然应该承担起此类项目的资金投资主体的职责，所享有的权益归政府所有。

项目区分理论的目的是将政府投资与全社会投资分开。项目区分理论认为，非经营性项目仍应由政府提供和生产；而经营性项目完全可以由私人部门有效提供，政府应该退出；准经营性项目则可以由公司合作或政府提供补贴支持，将其转化为经营性项目交由私人部门生产或提供。进一步来看，即使是那些应该由政府提供的产品和服务，在具体的生产环节，也可以委托私人部门来运作，政府只借助签订合同、授予经营权、经济补贴、法律保障等手段进行支持。项目区分理论将基础设施项目进行划分，既可以解决现有的投融资问题和矛盾，又为深化改革提供了理论依据。

（三）产业基金理论

PPP 模式下产业基金是指专门投资于 PPP 项目有关企业的产业投资基金，通过非公开方式向合格投资者募集，本质上是一种私募基金，可有效突破直接股权投资的限制。目前，已有多家商业银行运用理财资金，参与 PPP 基金的筹建工作，通过产业基金形式进入 PPP 项目渐成主流。

PPP 模式下产业基金的特点主要包括：一是结构化和杠杆效应。这种产业基金中，财政部门或其指定机构通常充当劣后级，银行等金融机构作为优先级，规模较大的有时还设置中间级。政府出资比例较低，以少量资金撬动金融机构出资，存在杠杆效应。二是银行等金融机构通常只作为财务投资人，不参与基金与所投资项目的具体运作，本质上是明股实债。三是兼具非标与类固收的特征，PPP 产业基金的投资领域、投资范围和投资方式不同，很难标准化。但在实践过程中，由于对项目有严格增信要求，回报率通常也有保障，又有类固收的特点。

（四）合作共赢理论

在公共服务领域推广 PPP 模式，将使政府、企业、专业机构通过合作关系实现共赢。具体来说，有助于减少财政支出压力，提高财政资金总体使用效率和政府履职能力；可以为市场主体企业拓展生存发展空间；人们可以持续性地受益受惠。

我国正处于快速发展的工业化、城镇化以及迅速到来的人口老龄化的叠加期，现实情况也呈现多因素共同作用的复杂局面：工业化过程中需要大量基础设施投资，城镇化进程中几亿农村居民需要转入城镇定居，人口老龄化将带来公共医疗和生活服务供给与需求的迅速增加。如果继续沿用政府单打独斗式的思路，很难有效应对挑战。在基础设施和公用事业领域吸引社会资本参与，既能有效缓解政府短期财力不足，减少财政支出压力，又能有效提升这些领域的经营效率，改善公共服务质量，同时，还能加快政府职能转变，提升政府履职能力。

我国社会资本规模可观，而且有强烈发展意愿，偏好 PPP 的企业更不在少数，这些企业愿意通过参与 PPP 获得风险可控的、可预期和可接受的稳定投资回报。从这个角度来说，PPP 模式大幅拓展了社会资本特别是民营资本的发展空间，为其提供了新的机遇。

目前，我国已进入“中等收入阶段”，经济增长速度与社会公众“公共服务升级”诉求程度之间存在反差，直接影响了社会生活的和谐和人民群众的“获得感”。国家发改委已发布了 1043 个 PPP 推介项目，其中很多是涉及民生改善和提升公共服务品质的重点项目，如交通基础设施项目、生态环保项目、公共服务项目等。由此不难看出，PPP 模式对百姓来说将是利好消息。

三、PPP 项目融资模式概述

通过上述内容可了解到 PPP 融资模式大体上可以划分成为特许经营、私有化和外包三大类型。

（一）特许经营

1. BOT 模式

（1）概念

BOT（Build-Operate-Transfer）模式，即建设—运营—移交，是一种

国际上普遍采用的投融资方式，又称“公共工程特许经营权项目”。它具有民营化、全额投资、特许期和垄断经营四个基本特征。

其含义是，国家或地方政府通过特许权协议，将一个公共基础设施（基础产业）项目的特许权授予承包商（投资商），承包商在特许期内负责项目设计、融资、建设、运营和维护，并回收成本、偿还债务和赚取利润，特许期结束后将项目所有权无偿移交签约方的政府部门。（如图1-11所示）

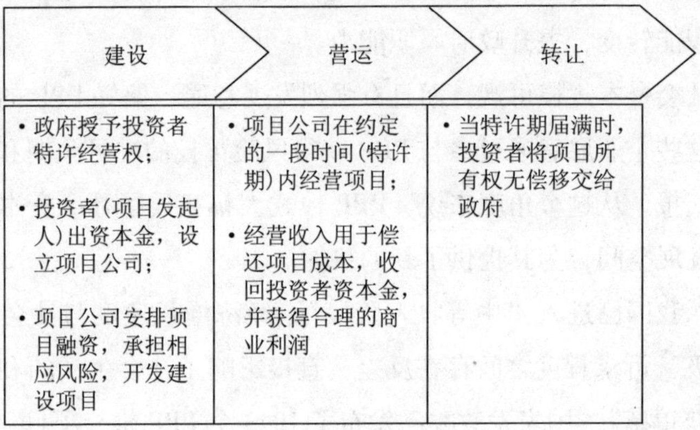

图1-11　BOT模式概念流程

（2）BOT模式特许经营特许权协议

第一，BOT融资模式的参与方众多，为明确各方的权利、义务以及应分担的风险，需签署一系列的合同及协议，特许权协议是其中最具有代表性和最重要的协议。

特许权协议既是BOT项目的最高法律文件，又是整个项目得以融资、建设和经营的基础和核心，同时，也是BOT项目框架的中心，它决定BOT项目的基本结构，是BOT项目融资中的主合同。

第二，内容。BOT特许权协议的内容包括一般条款和权利义务条款两部分，一般条款包括：特许权的双方当事人；授权目的；授权方式；特许权范围；特许期限；特许权协议生效的条件。

常见的特许权协议有三种方式：政府通过立法性文件确立授权关系；以合同或协议的形式确定特许权合同或协议；同时并用以上两种方式。

2. TOT（移交—经营—移交）模式

（1）概念

根据《财政部关于印发政府和社会资本合作模式操作指南（试行）的通知》（财金〔2014〕113 号）所附定义，TOT（Transfer-Operate-Transfer）模式，即转让—经营—转让，是指私人部门向政府购买已经建成并运营的公共基础设施项目的所有权，并在一定的特许经营期内负责继续经营该项目以收回投资并获取利益，而政府部门可将这笔购买资金用于偿还政府贷款、缓解财政压力或投资建设新项目，特许期满后私人部门将项目重新交还给政府。

（2）TOT 模式与 BOT 模式比较分析

与 BOT 相比，TOT 模式的不同之处在于其目标公共基础设施项目是政府原有、已经投产并运营的，所以该模式下不存在项目建设阶段，参与的私人部门承担的筹融资风险较小，前期投入的资金成本也相对较低，面临的债务压力比较小，项目的具体运营工作在实施时也因参与人员较少而更为轻松和灵活。政府在确定项目转让方并转交经营权之后，也达到了盘活现有固定资本的目的，缓解了财政压力，甚至为新项目的建设筹集到了一定的资金。

对于政府承担的风险而言，在 TOT 模式中，政府将前期已经建成并投产的公共基础设施项目的所有权转让给私人部门，投资者只需负责项目的再次经营与运作，所以不承担项目建设时的投资融资、施工方选择、建设周期超过预期、环境因素等建设风险。

3. ROT（改扩建—经营—移交）模式

（1）概念

ROT（Renovate-Operate-Transfer）模式指在获得政府特许基础上，投资者可以就过时、陈旧的项目设施、设备进行改造更新，在此基础上期限满后再转让给政府，亦可称为 TOT+BOT 模式。按照是否一次性支付受让既有设施使用、运营费用，ROT 模式又分为 B-BOT（Buy-Build-Operate-Transfer）和 L-BOT（Lease-Build-Operate-Transfer）两个子模式，国内以

B-BOT 模式为多。

在 ROT 模式下，由运营商获得政府特许条件下，按照运营需求进行相应改造，最后由运营商运营若干年后，无条件转让给政府。

（2）ROT 模式与 BOT 模式比较分析

ROT 模式是作为 BOT 模式的衍生模式。ROT 模式多适用于运营时间长或运营困难、存在一定程度的陈旧公共设施项目，其重点突出在“改建”，而 BOT 模式多突出在项目的“建设”上。因此，两个模式大体上相似，细节上有区分。

4. BLT（建设—租赁—转让）模式

（1）概念

BLT（Build-Lease-Transfer），即“建设—租赁—移交”模式，属于传统 BOT 融资建设模式的一种发展延伸，是指政府出让项目建设权，由项目公司负责项目的融资和建设，在项目建成后租赁给政府，并由政府（或其指定的机构）负责项目运行和日常维护，项目公司用政府付给的租金收入回收项目建设成本，并获得合理的回报，租赁期结束后，项目所有权移交给政府（或其指定的机构）。

该模式中，B 是指项目的建设过程，政府将项目建设权出让给项目公司，由项目公司负责筹集和提供建设资金来进行项目的建设，在项目建成后，其所有权归项目公司所有。L 是租赁过程，根据特许权协议，租赁期内项目公司拥有项目所有权成为出租人，政府承诺将承租这个项目并支付租金成为承租人。T 是项目移交，双方约定的租赁期结束后，项目公司将无偿或以约定的回购价格将项目的所有权从项目公司转移至政府。

（2）BLT 模式与 BOT 模式比较分析

BLT 作为 BOT 的发展延伸，与其有相似之处，也更具灵活性，存在许多优于传统 BOT 的优势。将二者在融资方式、主要参与方、项目所有权归属、项目运营负责人、主体合同类型、项目收入来源、政府与私人部门的关系、运作程序及周期、项目风险和责任等方面进行对比分析，如表 1-2 所示。

表 1-2　BLT 模式与 BOT 模式比较

<table>
<tr><th colspan="2">融资建设模式</th><th>BOT</th><th>BLT</th></tr>
<tr><td colspan="2">融资方式</td><td>传统 BOT 融资</td><td>融资租赁</td></tr>
<tr><td colspan="2">主要参与方</td><td>项目公司、政府、承包商、银行等金融机构</td><td>项目公司、政府、银行等金融机构</td></tr>
<tr><td rowspan="3">项目所有权归属</td><td>施工阶段</td><td>项目公司拥有</td><td>项目公司拥有</td></tr>
<tr><td>运营或租赁阶段</td><td>项目公司拥有</td><td>项目公司拥有</td></tr>
<tr><td>移交阶段</td><td>政府拥有</td><td>政府拥有</td></tr>
<tr><td colspan="2">主体合同类型</td><td>BOT 特许经营协议、EPC 承建合同、经营管理合同、项目移交合同、贷款合同</td><td>BLT 特许协议、融资租赁合同、EPC 总承包合同、项目移交合同、贷款合同</td></tr>
<tr><td colspan="2">项目收入来源</td><td>项目运营现金流，一般为使用者支付</td><td>经营性项目一般为使用者支付，非经营性项目一般为政府财政支付</td></tr>
<tr><td colspan="2">政府与私人部门关系</td><td>委托代理关系</td><td>委托代理关系</td></tr>
<tr><td colspan="2">运作程序及周期</td><td>确立项目—招投标—成立项目公司—项目融资—项目建设—项目运营管理—项目移交；周期较长</td><td>确立项目—招投标—成立项目公司—项目融资—项目建设—项目租赁管理—项目移交；周期较长</td></tr>
<tr><td rowspan="7">项目风险和责任</td><td>投融资风险</td><td>项目公司承担</td><td>项目公司承担</td></tr>
<tr><td>项目勘察、设计风险</td><td>项目公司承担</td><td>项目公司承担</td></tr>
<tr><td>采购风险</td><td>项目公司承担</td><td>项目公司承担</td></tr>
<tr><td>项目施工风险</td><td>较复杂，以实际为准</td><td>较复杂，以实际为准</td></tr>
<tr><td>项目运营风险</td><td>项目公司承担</td><td>政府承担</td></tr>
<tr><td>政治、法律风险</td><td>政府承担</td><td>政府承担</td></tr>
<tr><td>项目移交风险</td><td>责任方承担</td><td>责任方承担</td></tr>
</table>

（二）私有化

1. BOO（建设—拥有—运营）模式

（1）概念

BOO（Build-Own-Operate），即建设—拥有—经营，承包商根据政府赋予的特许权，建设并经营某项产业项目，但是并不将此项基础产业项目移交给公共部门的一种市场化运行管理模式。

（2）特点

BOO 管理模式是 PPP 模式中私有化类的一种模式，其模式特点通过与 BOT、BOOT 管理模式特点对比说明。具体详见表 1-3。

表 1-3　BOO 与 BOT、BOOT 管理模式特点比较

模式特点	BOO	BOT	BOOT
相同点	三种模式都是利用私人投资承担公共基础设施项目，私人投资者根据政府机构授予的特许协议或许可证，以自己的名义从事授权项目的设计、融资、建设及经营。在特许期，项目公司拥有项目的占有权、收益权以及为特许项目进行投融资、工程设计、施工建设、设备采购、运营管理和合理收费等的权利，并承担对项目设施进行维修、保养的义务。项目公司要承担投融资以及建设、采购设备、维护等方面的风险，政府不提供固定投资回报率的保证		
不同点	所有权不同： BOT：项目建成后，投资者在特许期内经营项目，但并不拥有该项目的所有权，特许期结束后无偿移交政府或机构所有； BOOT：项目建成后，投资者在特许期内经营项目，并拥有该项目所有权，特许期结束后无偿移交政府或机构所有； BOO：项目公司有权不受任何时间限制地拥有并经营项目设施		

（三）外包

1. O&M（委托运营）模式

O&M（Operations & Maintenance），即委托运营，是指政府保留存量公共资产的所有权，仅将公共资产的运营维护职责委托给社会资本或者项目公司，并向社会资本或者项目公司支付委托运营费用的一种管理外包类运作模式。合同期限一般不超过 8 年。

O&M 模式适用于存量公共资产项目（指通过前期调研、设计、审批，已经在运行，但是还未完结、还没有到期结束的项目），合同期限不超过 8 年。O&M 模式与 BOO 模式、TOO 模式最大的显著区别在于 O&M 模式下的项目所有权归属于政府，而 BOO 模式、TOO 模式下的项目所有权归属于项目公司。

2. MC（政府保留存量公共资产所有权）模式

（1）概念及特点

MC（Management Contract），即管理合同，是指政府保留存量公共资产的所有权，将公共资产的运营、维护及用户服务职责授权给社会资本或项目公司，政府向社会资本或者项目公司支付相应管理费用的一种项目运作模式。

MC 一般作为 TOT（转让—运营—移交）模式的过渡方式，适用于存量公共资产项目，合同期限一般不超过 3 年。

（2）MC 模式与 O&M 模式比较

MC 模式与 O&M 模式都是政府拥有存量项目的所有权，政府向社会资本或者项目公司支付相应管理费用的模式，但两者的主要区别在于，O&M 模式下政府仅将公共资产的运营、维护职责委托给社会资本或者项目公司，而 MC 模式下政府除了将公共资产的运营、维护授权给社会资本或项目公司外，用户服务也将授权于社会资本或项目公司。

第二章　国外 PPP 投融资模式的应用情况

英国于 20 世纪 90 年代开始发展并应用现代 PPP 模式。作为公认的 PPP 模式的发源地，英国已经建立了完善的 PPP 模式的管理体系和评价制度。与其他国家相较而言，英国的 PPP 市场是最为完善和成熟的。目前，其实施的 PPP 项目规模在全球是最大的，项目涉及领域在全球也是最广的。

加拿大是国际公认的 PPP 运用最好的国家，在加拿大各级政府的高度重视和大力支持下，PPP 模式发展良好。自 2008 年全球金融危机爆发以来，加拿大已经成为世界上 PPP 模式持续生产的市场之一。

因此，本章以英国和加拿大的 PPP 模式为例，介绍其应用情况。

一、英国 PPP 模式应用情况

（一）PPP 模式起源于英国的相关背景

维持世界级基础设施服务水准一直是英国政府重要的施政目标。因此，英国政府为提供并维持高水准的基础设施服务，投入了大量资金与人力。20 世纪 70 年代后，英国政府在基础设施建设方面的投资有逐年下降的趋势；20 世纪 90 年代初期，英国政府财政赤字与债务逐渐攀升，政府对基础设施建设的投资净额（Public Sector Net Investment，PSNI）仅为 45 亿英镑，占全国 GDP 的 0.6%。长期对基础设施建设投资的不足，导致英国医院、学校及其他基础设施资产的服务水准下降。为扭转基础设施建设及服务水准低劣的现状，英国政府决定增加对基础设施建设的投资额度。

然而，英国政府同时也体会到要有高品质的基础设施建设及服务，必须要有正确的策略。因此，如何利用民间资本与经营管理技术，以改善基础设施建设及服务品质的概念逐渐受到重视。自 1970 年起，英国已开始尝试推动政府部门与民间合作推动基础设施建设的模式，以减轻政府财政负担。1979 年保守党获胜时，民间参与政府部门的活动正方兴未艾，最初焦点在于政府将服务业务的运营发包给民间。20 世纪 80 年代英国撒切尔夫人执政期间，积极推动国有事物民营化；1984 年，采用民间参与方式推动英法海底隧道建设，引起世界各国效仿。1992 年，保守党推出 PFI（Private Finance Initiative）加强政府部门与私人部门间的合作伙伴关系。1997 年工党执政后，提出 PPP 的概念，并将 PFI 纳入 PPP 之中，进一步扩大政府部门与私人部门的合作领域及加强合作程度。因此，英国政府部门与私人部门的合作范围不断扩大，从早期的政府服务委外营运、基础设施建设事业民营化，到后来的私人部门参与基础设施建设，近来更发展至政府资产的开发。

（二）英国 PPP 投融资模式发展概况

1. 历史演变

（1）第一阶段：PPP 政策准备和项目试点阶段（1972—1992 年）

1972 年，港英政府以 BOT 建设了红磡隧道，开创了以私人资本开发公共项目的先河。在 PPP 政策的试行阶段，英国政府管理部门面对的核心问题是 PPP 项目的规划决策问题。针对该问题，英国财政部高级专员莱利提出了两个原则，又称莱利法则。莱利法则设定了使用私人资本开发公共项目的两个前提条件：一是只有当私人和社会资本的项目方案比公共部门的传统投资方案更高效的情况下，PPP 模式才能用于公共项目或公共服务的开发建设。其基本思路是，私营部门的融资借贷成本比政府的融资成本高得多，只有 PPP 模式所实施的项目开发管理效率远高于传统政府公共项目的开发模式时，才能抵销其高额的融资成本。莱利法则第一条为私人资本设置了较高的准入门槛，对 PPP 私人投资者和运营商的综合管理、建设运营和科技创新能力提出了较高的要求。其核心思想后来被工党政府借鉴，成为“物有所值评价”量化分析机制的理论基础。莱利法则第二条是每当地方政府引入一定数量的私人资本，其地方公共投资财政预算的拨款将相应地减少数额。莱利法则严格的准入条件，使很多潜在的PPP项目不能通过政府的审核批准，成为PPP模式大规模推行的主要障碍。梅杰的保守党政府在1986—1992年逐步废除了莱利法则。

（2）第二阶段：私人融资计划（Private Finance Initiative，PFI）正式推行阶段（1992—1997年）

1992年，私人融资计划（PFI）是英国保守党梅杰政府为吸引社会和私人资本开发公共项目推出的一项重要政策，是PPP的一种形式。其代表模式是以特许经营为基础的DBFO（设计、建设、融资与运营）方式。英国财政部于1992年成立了私人融资委员会（Private Finance Panel），并在1994年制定了一条决策原则，即“普遍适用原则”（Universal Rule）。普遍适用原则要求英国地方政府和各中央部委在开发公共项目时，必须首先考虑利用私人和社会资本的可能性。换言之，在可以利用私人资本的情况下，政府应该尽量使用私人资本。保守党政府的主要思路是，充分利用市场或社会力量推动公共项目或公共服务的开发。公共项目或公共服务应当对私营部门更加开放，准入门槛应该更低。从1994年起，政府将交通、医疗、教育、政府信息系统和司法（监狱）行业作为PPP模式的实施重点。

（3）第三阶段：PPP模式大规模推行阶段（1997—2011年）

在工党执政时期，PPP政策及各种具体操作模式得以全面实施。其政策导向和决策思路可以概括为：标准化、程序化、制度化与规范化。工党政府一上台，在1998年初就全面继承了保守党政府的PFI政策，并建立了专门制定与管理PPP政策的政府机构。这包括成立了以财政部PPP处（PFI Task Force，后更名为PPP Unit）为首的政策制定与决策单位、以英国合作伙伴关系公司（Partnerships UK，PUK）为中心的政策执行与推广部门、以政府商务部为主导的政策实施指导部门以及推广地方政府PPP模式和项目的指导部门“地方伙伴关系”协会（Local Partnerships）。在工党政府大力推行下，对PPP的管理构架基本建成。同时，作为PPP模式推行与管理的核心步骤，使相关政策标准化、实践操作细则程序化和规范化也是英国政府的工作重点。财政部 PPP 处就具体 PPP 决策程序和实施流程颁布了一系列规范的可操作性文件，使地方与中央部委实施时有了可操作的标准和依据。尤其在 2004 年，英国财政部推出了专门针对 PPP 模式的《物有所值评价方法》，独创了对 PPP 模式进行规范化评估、论证和决策的方法体系。在工党执政的 14 年间，PPP 政策得以大规模推广，涉及几乎所有公共部门与行业。截至 2012 年，英国 PPP 项目数量超过 700 个，合计引入私人资本超过 540 亿英镑，占同期公共项目投资额的 1/3 左右（Reasury，2012c）。

（4）第四阶段：PPP 政策及决策机制修正与改良阶段（2011 年至今）

自 2011 年英国保守党与自民党联合政府上台以来，联合政府对工党执政时期所推行的 PPP 政策和项目进行了评估与反思。针对过去因英国政府对 PPP 项目监管不严、合同设计不合理而出现的公共资金浪费问题，英国首相办公室提出了效率改善与成本节约的计划，进而对 PPP 项目的合同和项目执行情况进行了整改。在该阶段，英国政府对相关 PPP 政策的治理结构和审批程序进行了一定的调整。第一，撤销了财政部 PPP 处，转而设置英国基础设施局（Infrastructure UK，IUK）统一负责 PPP 的政策推行。第二，赋予首相办公室大项目局（Major Project Agency）大型且复杂 PPP 项目的审批权，对风险较大的 PPP 项目也提高了相应的审查门槛。第三，英国财政部推出了“第二代私人融资计划”（Private Finance 2，PF2）。该政策的主要特点在于，政府方开始以少量参股的方式，在主动参与 PPP 项目的建设、运营、管理过程中，加强对 PPP 项目的监管和合作，而不是像之前放手不管。第四，对此前争议较大的物有所值评价机制进行了重大修改，将物有所值评价的定量分析部分删除，待修订后重新颁布具体评估细则。

以上 PPP 模式政策演变分为四个阶段，只是为叙述方便，实际彼此存在某种交叉，并非严格意义上的划分。

2. 发展现状

国际上对 PPP 模式没有标准定义。英国 PFI 模式的核心特征是由公共部门负责提出项目产出需求，以项目全生命周期成本核算为基础，向私营部门支付与项目产出相挂钩的统一费用作为服务报酬，同时承担提供公共服务的最终责任；私营部门负责提供项目设计、建设、管理、融资、运营等“一站式”服务，承担项目融资、交付等与资产或服务相关的风险。PF2 模式的核心特征与 PFI 一致，主要改进是政府在项目中少量持股，并向项目公司派驻董事。IUK 认为，广义 PPP 可覆盖所有类型的公共部门与私营部门的合作关系，除 PFI/PF2 之外，特许经营、合资经营、战略伙伴关系等都属于广义 PPP。PFI/PF2 既是英国典型的 PPP 运作方式，也是有官方规范统计的狭义 PPP。截至 2013 年末，英国共有 PFI/PF2 项目 725 个，资本总值 542 亿英镑，其中 665 个项目进入运营阶段。PFI/PF2 项目约占公共部门总投资的 11%。从实践效果来看，PFI 显著提高了公共服务效率，2008 年英国 PFI 项目按时按预算交付率超过 85%，而同期传统采购项目的按时按预算交付率不足 45%。

目前，英国大多数基础设施投资由私营部门提供资金支持。据统计，约 60%通过私有化方式提供，约 22%通过 PPP 模式提供，约 18%通过传统的政府供给方式提供。英国基础设施领域的私有化与 PFI/PF2 的基本共同点在于它们都是私营部门提供公共服务的一种方式，而两者之间的明显差异主要有以下四个方面。一是监管不同。私有化项目的价格和服务接受监管者监管，而 PFI/PF2 项目的价格与服务通常由合同规定。二是资产权益归属不同。私有化项目是永久性的资产转移，而 PFI/PF2 项目的资产管理权通常会在项目结束时移交给政府。三是提供公共服务的责任不同。私有化项目提供公共服务的责任由投资运营者承担，而 PFI/PF2 项目提供公共服务的责任则是公共部门，私营部门只是受委托方。四是付费机制不同。英国通常在市场化程度较高、可采用使用者付费机制的公共服务领域推行私有化，对采用政府付费或可行性缺口补助方式付费的公共服务领域则更多地采用 PFI/PF2 模式。从上述差异来看，英国的私有化也存在公共部门和私营部门之间的合作，是公私合作关系的一种，实质上属于广义 PPP，形式上类似 BOO（建设—拥有—运营）、战略伙伴关系等。如果将私有化因素考虑进去，英国基础设施融资近 80%是通过 PPP 实现的。

（三）英国 PPP 模式的构建及运作机制

1. 英国 PPP 模式的构建

英国政府主要从 PPP 管理制度、PPP 管理体系、PPP 融资支持政策、PPP 项目管理方式等方面来构建 PPP 模式。

（1）PPP 管理制度

不同层面的 PPP 管理制度在功能和定位上存在差异，各有侧重。英国 PPP 金字塔型法律体系自上而下分为 4 层：相关通用法律、PPP 政策、PPP 指引及 PPP 合同。①英国没有专门的 PPP 立法，主要通过政府采购法、公共合同法等通用法律规范 PPP 行为。大陆法系（Civil Law）国家和英美法系（Common Law）国家因不同的立法传统，在 PPP 法律体系上存在较大差异。在大陆法系国家，政府行为需要取得法律授权，法无授权不可为，因此，PPP 相关各方需要同时了解法律和合同。在英美法系国家，原则上政府可以从事一切法律未禁止的活动，法无禁止即可为。因此，没有也不需要专门的 PPP 立法，合同决定一切，PPP 项目的所有事项都在合同中明确。总体而言，法律侧重界定 PPP 的整体概念，明确 PPP 参与方、公共部门是否可提供付费和融资支持以及争议解决方式。②英国 PPP 政策重在发挥宣言性作用，明确何时运用及何时不运用私人融资。因此，PPP 政策重在明确商业计划方法、采购管理、合同管理、付费机制、适宜采用 PPP 模式的建设项目和公共服务类型、使用者付费和政府付费模型、税收政策、再融资政策、持股和股权转让、终止补偿、透明度和信息披露等内容。与此不同，上述部分内容在大陆法系国家是通过法律而非政策予以明确的。IUK 认为，不宜在法律中规定过多，以便能及时按需调整。英国政府最快可在 24 小时内调整政策，修订法律则可能耗时一年。③英国 PPP 指引体系重在发挥解释性作用，就 PPP 政策和合同做进一步细化和阐述。比如，就项目方案而言，其内容包括 PPP 合同无论是中央政府还是地方政府签署，由中标人还是政府提供土地，采取公司融资还是项目融资，就项目回报机制而言，涉及项目现金流、可行性缺口补助机制、政府担保或有负债等。④英国PPP合同体系重在发挥法律作用，在指引的基础上进一步细化PPP政策和特定领域事宜。比如，法律保护变更、协议条款、担保、赔偿、补偿、信息披露、保密责任、违约、项目特殊事项等。就合同规范而言，IUK认为，比较好的做法是先发布合同指引，再逐步过渡到强制性的合同规范，后者规定的大部分合同条款是由政府设定、不可变更、标准化和必备的核心事项。

（2）PPP管理体系

英国政府围绕IUK建立了一个涵盖中央和地方、涉及多个行业和部门的PPP管理架构。英国PPP管理机构形态经历了四次变革：20世纪90年代初，英国政府在财政部设立PPP工作组，负责研究制定PPP相关政策；1997年，英国政府成立特别工作组，加强PPP项目管理和交付；2000年，英国政府牵头成立英国伙伴关系公司（Partnership UK，PUK），主要从事PPP项目管理咨询、协助公共部门和私营部门实施PPP项目；2010年，政府整合PPP工作组和PUK，在财政部设立IUK，主要负责制定基础设施领域政策，为PFI项目融资和交付管理提供服务。现行英国PPP管理架构主要包括三个层面六类机构。一是中央层面，主要包括IUK、行业主管部门和国家审计署。其中，IUK在PPP管理中处于核心地位，既负责PPP政策的顶层设计和项目审批，也负责提供技术支持、业务咨询等服务。此外，IUK还负责制定国家基础设施规划，明确国家基础设施战略、优先发展领域、项目库、融资渠道等。同时，在卫生部、教育部等行业主管部门设立私人融资管理部门，负责对特定领域PPP事务提供支持。国家审计署主要负责PPP项目的事前和事后的审计。二是地方层面，主要是享有一定政策自主权的地方当局，包括威尔士、苏格兰和北爱尔兰，可在一定范围内自行制定PPP政策。三是中央和地方交叉层面，主要包括地方伙伴关系公司、政府采购管理当局。其中，地方伙伴关系公司由财政部持股50%，地方政府协会持股50%，主要负责协助地方政府开展项目准备、采购、执行等工作。为确保地方政府对该机构的信任，地方伙伴关系公司独立运营，不受财政部控制。中央和地方采购管理当局分别负责开展各自层面的项目识别、选择、准备、采购、监测等工作。

（3）PPP 融资支持政策

为更好地推进 PFI/PF2 项目实施，英国政府出台了多项融资支持政策，主要有五项：一是成立养老金投资平台（PIP），10 家主要养老基金作为创始投资者，共同投资 PFI/PF2 项目。平台由政府推动设立，但运作完全独立政府之外。第一支平台基金于 2014 年成立，计划募集 20 亿英镑，现有资本 6.5 亿英镑，2/3 的资金已投向 41 个项目。二是举办保险公司基础设施投资论坛，以便保险协会成员沟通基础设施相关政策，增加保险基金投资机会。三是成立政府股权投资基金，在 PF2 项目中引入政府持股，在增加项目资本金的同时，为项目融资增信。四是实施英国担保计划，对符合条件的重大基础设施项目，由政府提供还款担保，担保规模不超过 400 亿英镑。目前，已开展担保业务 17 亿英镑，资本总额 340 亿英镑的 39 个项目已通过初审。五是鼓励利用绿色投资银行、欧洲投资银行等为基础设施建设提供资金。其中，绿色投资银行作为英国唯一一家政策性银行，成立于 2010 年，主要为海上风电、废物处理等绿色项目提供债权和股权融资。

（4）PPP 项目管理方式

PFI/PF2 项目管理共八个环节，包括需求分析、项目选择、项目准备、采购资格预审、响应文件收集、财务结算、合同管理和项目终止。其中，项目准备阶段主要从五个维度（战略、经济、商业、财务、管理）进行分析和评估；项目采购主要采取竞争性对话方式选择私营部门合作伙伴；合同管理阶段的核心是有效的支付机制设计，为确保激励相容，支付要与项目绩效挂钩。PFI/PF2 项目的审批流程既系统又严格，核心是财政部对项目的商业计划进行三轮审批。首先审批的是战略纲要商业计划（SOBC，类似于项目可研报告），其次是纲要商业计划（OBC，类似于项目实施方案），采购完成后审批最终商业计划（FBC）。对 PF2 项目，财政部还要审批项目合同。根据项目所处领域，行业管理部门也参与相关审批工作（如教育部参与审批学校项目）。项目执行阶段，相关部门要定期向财政部提交运营情况报告，说明项目是否能实现预期目标和收益情况。

2. 英国 PPP 模式的运作机制

（1）专业机构规范管理

目前，英国形成了共同负责 PPP 运作的三级管理机构，一是财政部，其主要职责是制定相关政策和批准纲领；二是公私合伙经营机关，其主要职责是作为公共部门智库，提供私营机构的专门知识及资源，同时，协助公共部门落实 PPP 模式的重要目标；三是由公私营机构合作署（由地方政府拨款成立的机构）向由地方政府协会委任的董事局问责，并为发展公私营机构合作的地方机关提供支持。

（2）完善的项目评价制度

2004 年，英国政府在总结了基础设施建设、医疗等领域的大量项目经验基础上，财政部先后颁布了《资金价值评估指南》（Value for Money Assessment Guidance）、《定量评价用户指南》（Quantitative Assessment user Guide）。在评估指南中，财政部设计制定了项目资金价值最大化的程序框架，该框架是在与公共、私营部门进行了广泛和深入地讨论之后确定的，用于推动公共部门成本比较的重要方法；用户指南由两部分内容组成：第一部分是用户指南；第二部分是工作案例，该用户指南为政府采购部门提供了一个进行数量分析的工具，帮助政府部门对项目的资金价值做出评价，并根据评价结果做出相关决策，如用于决定公共项目选择何种模式更合适，是采用传统的模式，还是采用某一种 PPP 方案。对 PPP 项目分层面制定了相关指南，如项目评估阶段、私人机构的选择阶段、合同的管理与制定阶段等具体层面都有相关的指南，并提供了详细具体的操作流程和处理方式。例如，《公私合营联合体建立指南》（A Guidance Note for Public Sector Bodies Forming Joint Venture Companies with the Private Sector）中明确了如何选择私人机构，对选择的一般步骤、评价标准等重要内容都做出了明确规定；《私人融资（2）标准化合同指引》［Standardization of PF2 Contracts（draft）］中详细地规定了 PF2 项目在合同制定与管理有关方面的内容。

（3）加强监管体制的建设

私人部门具有追求利润最大化的特性。因此，如果不对私人部门进行一定的监督管理，就会出现私人部门在提供公共物品的过程中追求获取垄断利润，导致社会福利损失等问题。为避免上述问题的出现，加强对私人部门的监管，英国政府提出了以下三个措施：一是成立全国性的统一的专业监督管理机构，市政公用事业各个领域都受全国性机构的监管。与此同时，为了便于垂直性监管，在各地设立分支机构。分支机构的运行经费以向持有许可证的企业收取许可费形式取得，这就避免了受到政府相关部门的压力的可能性。二是对价格实行上限管制，在价格上限监管机制下，要想获得更多的利润，企业只能通过降低生产经营成本、提高生产效率的方式来实现。三是加强社会监督机制建设，积极发挥社会群体的监督力量。该群体的力量是巨大的，可对私人部门利益集团、对政府监管者起到有效的防范作用。

（4）建立争端解决机制

公共部门和私人部门在合作过程中，不可避免地会产生许多争端和分歧。因此，英国制定了专门的指南，用于解决政府公共部门和私人部门在 PPP 模式合作过程中产生的争端，指南列出了争端解决的办法和处理流程。例如，在 2007 年颁布的《PFI 合同规范化（第四版）》(Standardization of PFI Contracts V4) 中，在第 28 章中，列出了解决争端的三种方式，按照争端的严重性的加强依次为：双方相互协商解决；咨询专家建议解决；通过法律仲裁或者判决解决。其中，法律途径是解决争端的最后手段。值得注意和学习的是，在英国，PPP 项目争端可以商业争端的形式通过仲裁进行处理。在这种情况下，政府公共部门和私人部门是以两个相互平等的主体存在的，两者地位对等。

（四）英国 PPP 模式的可取之处及存在的问题

1. 英国 PPP 模式的可取之处

一是完善的立法和独立的司法。英国虽然没有 PPP 专项立法，但相关法律体系较为完善，PPP 各环节都能够在现有法律中找到相应依据，为 PPP 模式的有效运作提供了良好保障。同时，私营部门普遍认可英国司法的公正性和独立性，当PFI项目出现纠纷时，私营部门和公共部门的胜诉率基本持平。

二是契约精神和政府诚信。英国诚信体系高度发达，重诺履约成为公共部门和私营部门的自觉行动。由于政府基本没有违约情况，私营部门将政府视为可信任的合作方，愿意在长达二三十年，甚至50年的PPP项目期内与政府开展合作。从我国情况来看，现有法律并不能涵盖PPP各个环节，既需要完善相关法律，也需要对PPP单独立法。同时，要重视强化地方政府的诚信和契约意识，避免因政府换届等短期因素对PPP合同执行的长期性和稳定性产生不利影响。

三是英国构建PPP管理体系有三条重要经验：第一，确立财政部推广PPP模式的核心地位，给予财政部充分授权，统揽PPP政策制定和项目管理工作。第二，在财政部设立专业的PPP管理机构。因为PPP项目涉及的物有所值评价、财政承受能力论证、预算管理、政府债务管理、政府采购管理等都与财政职能密切相关。同时，财政部掌握预算资金分配，对相关部门具有一定激励约束作用，在推广运用PPP模式时更容易协调相关部门利益、达成共识。第三，建立跨部门协调机制，成立由财政大臣牵头的经济事务基础设施部长委员会，协调有关部门共同参与PPP项目建设。

四是推广PPP模式涉及宏观规划、项目设计、工程建设、运营管理、合同订立等诸多环节，涵盖能源、交通运输、水利、环境保护等经济类基础设施及医疗、养老、教育、文化等社会类基础设施，技术标准和管理要求差异较大。为促进PPP模式规范有序发展，英国政府出台了一系列全面细致的PPP政策指引，并适时开展对相关政策与指引的再评估和调整完善，确保始终能够对PPP项目识别、准备、采购、执行、移交的全生命周期过程给予有效的技术指导，约束和规范相关各方行为。

五是为有效吸引私营部门参与PPP项目建设，引导和规范地方政府行为，在不同阶段，英国政府采取了不同方式的融资支持政策。在推广初期，英国政府设立PFI项目倾斜平衡基金，向地方PFI项目提供资金支持。这对提高地方政府积极性，引导其采用中央制定的标准化流程和合同，从而减少管理成本、降低操作风险起到了积极作用。2008 年金融危机后，PFI 融资遇到了很大困难，英国政府通过创设临时合作贷款、政府担保计划等金融工具，以市场化、商业化手段填补私人资本的暂时缺位，对帮助项目融资发挥了重要作用，同时，最大限度地减少了市场挤出效应。

2. 英国 PPP 模式存在的问题

（1）交易成本高昂

PFI 项目在未来二三十年内的总负债和总回报不透明，采购招商阶段流程过于复杂，因此，项目进展缓慢，交易成本高昂，政府往往只能以高额回报来吸引私营企业的参与，降低项目服务的“物有所值”。

（2）运营合同向私营企业倾斜

PFI 的合同是政企双方经过艰难谈判的结果，一旦获得确认并签订，在项目实施运营阶段就难以变更，政府如要修改服务要求，会非常困难。对执行企业而言，对企业有利的条款会得到有效执行，甚至借此获得超额收益，而对企业不利的条款，企业往往通过劫持公众利益的方式，胁迫政府更改合同，降低风险。

（3）PPP 项目决策分析方法的使用问题

用中短期决策方法评估长期项目。PPP 项目决策分析方法在很大程度上依赖于《绿皮书》及《物有所值测试》的评估标准。前者是针对一般中短期公共项目的经济分析决策方法，后者则是专门针对 PPP 项目的财务模型模拟分析方法。然而，无论是《绿皮书》，还是《物有所值测试》的评估办法，均由一般的中短期公共项目评价和论证方法发展而来，用中短期项目的评估手段来评估项目寿命普遍在 20 年以上的 PPP 项目的做法，不可避免会在某些项目决策中出现失误。然而，就现阶段而言，英国政府及决策者尚未找到十分有效的解决方案。注重财务评估，忽视了社会成本的评价。PPP 物有所值评估的量化分析是一种财务分析方法，而非全面的经济或社会成本效益分析，其结论是较为狭隘的。

此外，英国 PPP 决策分析方法只是运用了财务分析模型，但是实践中也还有其他决策分析模型可以采用。物有所值测试更侧重政府方对 PPP 方案的评估，并且在项目决策分析的过程中，只使用了一种财务分析模型，仅比较了两种项目方案的财务成本与收益，其分析的全面性有待提高。

（4）决策支持体系建设滞后与决策信息的不完全性

综上所述，物有所值量化分析模型，就是通过建立成本—收益财务模型，模拟计算两种方案的成本、收益以及风险，进行事前分析比较，而后做出决策。两种方案的成本计算分别涉及可能发生的项目建设成本、运营维护成本、财务成本（利息成本）、风险成本（乐观偏差）、税收支出、交易成本（咨询费、组织招投标的费用、项目管理费用等）、合同条款与变更风险（导致的管理费用与成本）、项目残值及项目未来收益的估算。在“物有所值”量化分析中，对方案成本的模拟计算主要取决历史数据或以往的经验。使用模拟模型分析方法的前提条件是，决策者需收集较翔实准确的数据和信息。

在关键数据缺失或信息不完整的情况下，决策群体通常只能依赖个人或专家经验估计所需参数。此外，虽然英国已经有700多个PPP项目在建或投入运营，积累了一定数量的参数，但由于PPP项目所属行业各异、规模大小不同，其项目信息与历史数据对其他PPP项目决策的可参考性与可比性也较低。英国PPP决策体系虽已建立了较为完备的决策流程、决策操作依据及决策监督与反馈机制，但为PPP决策提供关键参考数据的信息收集、处理与传递系统并未建立起来。决策信息支持系统的缺失以及关键参考数据的不足，直接影响了“物有所值”评价量化分析的准确性与客观性，导致前期决策的准确性或相关性较低。

（5）其他因素对PPP决策体系的干扰

在少数案例中，存在政治干预PPP项目决策的情况，出现了PPP模式或PPP方案势必推行的情况。最为典型的一个例子就是伦敦地铁PPP项目。布莱尔政府为了大力推行PPP模式，树立典型，无视伦敦地方交通部门的反对，强制要求伦敦地方政府主管部门用PPP的方式对伦敦地铁进行改造、升级与维护，导致该项目最终只实施了7年就破产了。

此外，由于中央政府对公共产品或公共服务的市场化偏好，PPP项目又有特别的建设资金支持，因而这类项目更易获批。在当前的政策环境下，各级政府则是为了确保 PPP 项目在审查或论证过程中通过，而获得急需的建设资金。

二、加拿大 PPP 模式应用情况

（一）加拿大 PPP 模式发展概况

加拿大是国际公认的 PPP 运用最好的国家，在加拿大各级政府的高度重视和大力支持下，加拿大已经成为世界上最稳定的持续生产的市场。这与加拿大近几年运行良好的 PPP 模式密不可分，且该模式已被历届政府引入并成为长期基础设施的核心模式。加拿大在推动 PPP 市场的过程中，省级政府承担领导角色。PPP 模式在加拿大推进有力，PPP 市场成熟，项目运作规范，各级采购部门经验丰富，服务效率和交易成本优势显著。2013 年上半年，加拿大 PPP 国家委员会（CCPPP）委托 VISTAS 咨询公司就加拿大 2003—2012 年实施的 PPP 项目，对就业、收入和税收等方面的经济影响进行了评估。报告分析指出，1991—2013 年，加拿大累计实施 206 个 PPP 项目，项目实施时间大部分集中在 2004—2013 年，项目总价值超过 630 亿美元，涉及全国 10 个省，项目涉及的领域包括国防、教育、能源、环境、政府服务、医院医疗、IT 基础设施、司法、住房、交通等行业。截至 2015 年，加拿大在实施的 PPP 项目共有 222 个，PPP 项目占所有公共领域项目的比例在 15%~20%。

在推动 PPP 模式发展的过程中，加拿大的 PPP 中心（P3 Canada）发挥了重要作用。该中心于 2008 年由加拿大联邦政府组建，是一个国家层级的 PPP 中心。该中心是一个国有公司，采用商业运作模式。其主要职责是专门负责协助政府推广和宣传 PPP 模式，参与具体的 PPP 项目开发和实施，对联邦级的 PPP 项目进行审核并提出建议，制定 PPP 模式管理政策和最优化实践。同时，加拿大政府为支持 PPP 模式的发展，还设立了“加拿大PPP中心基金”（P3 Canada Fund），该基金总额12亿加元，2014年4月又增加了12亿加元。此基金由该中心负责使用和管理，为PPP项目提供资金支持，提供的支持资金最高可占投资额的25%。截至2013年第一季度，该基金已经为加拿大的15个PPP项目提供了近8亿美元的资金支持，带动市场投资超过33亿美元。此外，加拿大各级政府也在不断完善PPP项目的采购流程，积极制定基础设施规划，完善PPP项目实施流程。

加拿大实施PPP模式的十年间，在项目的建设、运营与维护等模块创造了广泛的就业机会；对各级政府税收、国内生产总值和国民收入的增加起到了显著的作用；对加拿大的经济发展起到了直接或间接的积极影响。加拿大成功实施PPP模式的经验，对我国发展PPP模式具有重大的借鉴意义。

（二）加拿大PPP的主要运作模式及政策

1. 加拿大PPP的定义及主要模式

根据加拿大公私合作委员会的定义，在加拿大特定的国家制度及背景下，PPP的含义是指：在公共部门和私人部门各自优势及特长基础上，为使公共需求得到更好满足，通过合理分配资源、风险和利润报酬，建立公共部门和私人部门间的合作投资关系。在这一定义下，加拿大政府要求PPP项目满足以下两个要求：一是合作项目与公共服务或公共基础设施相关建设；二是这种公私合作方式使风险在不同部门间转移成为可能。凡是不能同时满足以上两个要求的项目都不能称为PPP项目，也不在加拿大公私合作委员会（CCPPP）的管理范围内。在加拿大，PPP主要有以下几种模式：

第一，单纯的资金支持（Finance Only）。指一家私营性实体企业，通常是金融服务公司，向项目直接或通过多种不同方式（如长期租赁或发行债券）提供资金支持。

第二，委托运营合同（Operation & Maintenance Contract，O&M）。指一家私营企业，根据与公共部门签订合同，在合同约定时间内运营公共资产。在该模式下，私营企业所运营的资产所有权仍属于公共部门，私人部门企业只负责资产运营和管理。

第三，建设投资（Build-Finance）。私人部门仅在项目建设期间负责项目建设及资本支出投资。

第四，设计—建造—投资—维护（Design-Build-Finance-Maintain，DBFM）。指在长期协议框架下，私人部门负责项目设计、建造、投资，并提供项目硬件设施管理或维护服务。

第五，设计—建造—投资—维护—运营（Design-Build-Finance-Maintain-Operate，DBFMO）。指在长期协议框架下，私人部门负责项目设计、建造、投资，并提供项目硬件和（或）软件设施管理、维护、运营服务。

第六，建造—所有—运营（Build-Own-Operate，BOO）。指私人部门永久性地负责公共项目或公共服务的投资、建造、所有和运营事宜。该方式中公共部门对私人部门的约束需通过初始协议及项目运行过程中的监管来实现。

第七，特许经营（Concession）。指私人部门在一段特定时期内享有公共项目或公共设施的投资和运营特权，在该特定时期结束后，公共设施的所有权转回公共部门。

以上几种 PPP 模式，私人部门参与项目的程度及相应风险水平从低到高依次是：委托运营、建设投资、设计—建造—投资—维护、设计—建造—投资—维护—运营、特许经营。

2. 加拿大 PPP 立法及政策

加拿大是典型的联邦制国家，联邦与联邦以下政府分别享有相对独立的立法权，并独立承担各自权限范围内的公共事务。因此，在实践中加拿大联邦政府及不同省区的政府分别对各自权限范围内的 PPP 事宜进行立法。目前，加拿大联邦政府、六个省政府①、四个市政级政府②已出台相

① 阿尔伯塔省（Alberta）、不列颠哥伦比亚省（British Columbia）、安大略省（Ontario）、魁北克省（Quebec）、新不伦瑞克省（New Brunswick）、新斯科舍省（Nova Scotia）.

② 渥太华（Ottawa）、圣阿尔伯塔省（St. Alberta）、埃德蒙顿（Edmonton）、卡尔加里，（Calgary）.

关法律对 PPP 进行规范。加拿大联邦政府对 PPP 的规范条文主要体现在《加拿大战略性基础设施基金法》(Canada Strategic Infrastructure Fund Act) 内。

首先，PPP 模式能够适用“战略性基础设施”项目，即以公共利益为目标的固定资产项目，包括六类：高速公路或铁路基础设施、地方交通运输基础设施、旅游或城镇发展基础设施、污水处理基础设施、水利基础设施、法律规定的其他基础设施。其次，PPP 的运用应提升公共部门和私人部门实体间的合作关系。

（1）不列颠哥伦比亚省 PPP 政策规定

不列颠哥伦比亚省（以下简称 BC 省）对 PPP 的运用主要在四部法案中进行规范：《交通投资法》（Transportation Investment Act（Part 2）[SBC 2002] Chapter 65)、《交通运输投资修正案》(Bill14-2008Transportation Investment（Port Mann Twinning）Amendment Act，2008)、《健康部门合作协议法案》(Health Sector Partnerships Agreement Act [SBC 2003] Chapter 93) 分别对交通运输、健康公共服务中的 PPP 运用进行规范。

第一，《交通投资法》《交通运输投资修正案》主要针对 PPP 在交通运输基础设施建设中的运用进行规范，涉及的内容包括 PPP 可用项目，政府和社会资本合作模式的建立、合作及终结，特许经营的交通道路的公共权力、与其他道路的交汇和连接等，道路通行费收取，交通运输投资公司的设立、目标、管理、利益冲突的处理等。在交通运输基础设施建设中，PPP 可用于《加拿大交通运输法》中的高速公路、前述法案中没有提到的供公众行走或公共机动车辆行驶的道路和公路、由政府所有或运营的渡轮及渡轮码头。在交通运输基础设施建设中 PPP 主要采用特许经营（Concession）模式，合作关系建立应由政府金融部门授权，并符合 PPP 以公共利益为目的、转嫁政府风险的要求，应在特许经营协议中明确规定协议各方的风险、权利、责任、公共设施投融资和建设管理等各项内容、项目审计、项目终结等问题的基本原则。

第二，《健康部门合作协议法案》对公共健康部门政府和社会资本合作模式的建立进行规范，主要涉及的内容包括：法案适用的公共健康部门公私合作的具体范围、公私合作协议签订的具体要求等。法案适用情况包括：一是公私两部门合作人协议由私人部门向健康护理机构提供资本，用于建设、更新发展健康护理机构部分或全部建筑物，提供仪器设备以支持健康护理服务的供给；或是在健康护理机构内部提供非临床服务。二是其他由监管机构指定的医疗健康商品或服务。其中，健康护理机构是指提供以下公共服务的机构，包括医疗、诊断、治疗服务，以及其他急性、缓解病痛、复健、长期、社区或帮扶性护理服务。

第三，BC 省还有《固定资产管理框架》对全部省内公共部门固定资产管理进行方向性指导。该《固定资产管理框架》并非法案，主要对固定资产管理原则、原理办法及工具等进行指导，但该框架所提出的原则、管理工具在 BC 省 PPP 运作过程中仍起重要作用，在诸多 PPP 合作协议中有所提及。根据《固定资产管理框架》的规定，公共部门固定资产管理的原则有：良好的财政和风险管理，在灵活的管理程序中保有高度责任感，强调公共服务供给，保障资金价值，保护公共利益，强调竞争和透明。该框架也明确了固定资产的生命周期包括：计划、执行、运营、更新或处置、固定资产管理、风险管理等。以上各阶段在 PPP 实践中可能涉及 PPP 具体模式的选择。

（2）卡尔加里市 PPP 政策规定

卡尔加里市政府 2008 年估计当时市政府面临 180 亿加元的资金短缺。正是在严重的资金缺口背景下，卡尔加里市《政府和社会资本合作模式市政委员会政策框架》（Public-Private Partnerships Council Policy Framework）于 2008 年 12 月出台，该框架明确提出卡尔加里市 PPP 政策的根本目标是为 PPP 项目的采用及评估程度设定标准，该标准将会被运用于 PPP 项目全过程。与其他几个已经出台 PPP 指导或管理政策的市政府相比，卡尔加里市的 PPP 政策比较详细、具体、全面，主要从公私合作项目基本情况、项目确定及评价、由私人部门主动提出的项目的管理、项目治理结构等方面对市级 PPP 项目管理进行规范。

第一，指导原则。公共利益是至高的；必须保留一定程度的公众控制；责任必须得到保持；由资本计划确定的项目应有优先权；项目应同时获得资本计划及相关经济单位项目运营预算的认可；PPP项目获得程度应具有竞争性、平等性、透明性、责任性及时效性；所选取的PPP具体模式应保证能够在项目生命周期内，在适当的风险转移下保障最佳资金价值和较好的创新。

第二，PPP定义。卡尔加里市在框架中定义PPP为：公共机构及私人部门实体间就基础设施和（或）服务供给的合同性协议。协议内容包括：一是私人部门参与人负责提供项目全部或部分资金；二是根据私人部门参与人的能力，市政府将应由市政府承担的风险转移出去，由私人部门更好地管理这类风险；三是对项目原始固定资产建设的扩展安排及协议。

第三，PPP项目的确定及评估。项目的确定及评估应清晰梳理项目目标，目标应重点关注项目预期产出。在成文的项目目标基础上，评估PPP项目能对这些目标产生的积极作用。PPP项目的评估应与传统公共服务供给方式进行对比，只有在PPP公共方式能够使总风险调整价值（Risk-adjusted Value）高于传统渠道的情况下，PPP方式才适用。PPP项目确定及评估主要有以下几个方面：一是PPP可能机会的确认。可以考虑采用PPP的情况仅包括：上级政府下拨资金严重不足，或项目价值超过1亿加元。二是PPP模式选择及评估。主要有三步：筛选评估，即根据潜在PPP供给标准对项目进行比较评估，研究项目是否具备PPP项目的条件及可行性；策略评估，即从战略层面对项目风险、成本、市场供给、项目目标、约束条件等进行评估，确定项目是否适合采用PPP模式，若适合则推荐可行的PPP模式，若不适合则推荐适当的传统供给渠道；资金价值评估，即对策略评估的进一步深入评估，主要包括对项目风险的量化估计、PPP供给与传统供给渠道两种方式的成本比较。

第四，由私人部门主动提出的项目管理。在正式确认并接受PPP项目供给前，卡尔加里市对私人部门主动提出的项目提议的管理有两步。一是提议评估，主要包括对项目是否是市政优先项目、项目采用PPP供给的必要性评估、对项目风险分配的策略评估、资金价值评估、项目提议者在资金及技术等方式的资格审查。二是接受提议，若提议值得接受，市政管理机构应公开征集其他有意愿参与 PPP 项目供给的私人部门实体，若有其他有意愿的实体，则应开始竞争；若没有其他有意愿的实体，则 PPP 市政管理机构应对项目进行资金价值分析、时间成本资本预算，并开始进一步的项目谈判等。

第五，治理结构。根据卡尔加里市的规定，对 PPP 项目的管理主要涉及以下三个机构：一是统一的、职责明确的“PPP 功能”机构，应能够持续一致地对 PPP 项目进行评估。同时，还应具有一定专业技术水平、资源协调能力，在项目评估后建议采用适当的 PPP 模式实现公共产品供给。二是 PPP 督导委员会，在项目决策过程中起监督作用。三是市政委员会，它是整个 PPP 项目过程中关键的决策者，对项目是否采用 PPP 方式、项目初始启示方式等进行决策。

（三）加拿大 PPP 模式的可取之处及存在的问题

1. 加拿大 PPP 模式的可取之处

（1）高效的采购

世界上所有成熟的 PPP 市场上，加拿大被公认为在采购程序上是最有效的国家。根据加拿大 PPP 中心的项目数据库的资料分析，PPP 项目所有阶段的平均采购时间大约是 18 个月，并且有证据显示，随着时间的推移和政府公共部门与私人部门的熟悉度和经验的增加，采购程序会越来越有效率。根据 KPMG 最近的调查显示，自 2007 年以来，项目从发布招标到结束融资的采购时间已经下降为 16 个月左右。采购时间的减少，也带来了招标的低成本。与英国、澳大利亚相比，加拿大 PPP 项目的招标成本占资本价值的比例最低。加拿大之所以有如此高效的采购程序，原因有以下五个方面：一是严格遵守项目的时间表，坚决避免提案请求阶段之后出现进一步招标阶段；二是尽可能少地提出信息要求，更多地依靠优选投标人的发展建议和项目协议的保护；三是制定更有力地规则用于防止范围的渐变，尤其是在选定投标人之后；四是公共部门针对项目成本给予某种形式的实质性补贴；五是高标准的项目合同（尽管各省之间会有不同），并且更少地将第三方的收入或是开发收益作为资金价值的来源。

（2）多元化的项目融资市场

自金融危机爆发以来，许多成熟的PPP国家市场都经历了项目交易流的急剧缩减，很大程度上是因为私人资金成本的增加导致了其可用性的降低。《巴塞尔协议》要求商业银行要为与PPP项目有关的长期资产留出更多的资本金，这就减少了PPP项目的资产对这些机构的吸引力。与此同时，对其他投资者如养老基金、主权财富基金和保险公司来说，其对基础设施资产的投资需求是有限制的，这是由一些制度和专用性投资等因素决定的。这些问题在加拿大市场是不存在的。这是由于债务融资一直源源不断地流向项目，项目的交易流也是稳定的。自危机爆发以来，加拿大本土银行和外国银行都积极地参与加拿大基础设施融资。此外，加拿大拥有发达的PPP债券市场，这些债券都是投资级别的，在21世纪初加拿大将养老金直接投资基础设施。

（3）支持性的政策环境

联邦政府、省政府和地方政府对PPP模式的支持程度都特别突出，而加拿大的公众也越来越接受私人部门在提供基础设施服务上的重要角色。加拿大的PPP中心进行的一项问卷调查显示，越来越多的民众支持对私人部门在提供公共产品和服务方面发挥更大的作用，支持率在62%，公众也越来越意识到PPP模式所带来的好处。除了提高公共产品和服务质量，PPP模式在推动加拿大经济增长和创造就业方面也发挥了很大作用。PPP也为小的地方公司提供了机会。

（4）责任划分清晰

加拿大是联邦制国家中分权程度最高的国家，其联邦、省、地方政府间关系具有较强的协作性，即当需要提供某项公共服务时，将由涉及该项公共服务的地方政府、省政府和联邦政府共同就每级政府的责任比例进行谈判。该做法必将导致同一项公共服务的责任分担比例在不同省区，甚至同一省区的不同城市间都会出现差异。但其三级政府间立法权及支出责任仍具有一定的规律性。总体来说，加拿大联邦政府主要承担一些全国性公共服务的供给，其中包括国防、国家科学实验室、交通运输基础设施、邮政服务、国家公园、博物馆，以及通过加拿大住房抵押和住房公司提供的住房、宏观政策等。省政府理论上应该是大部分省内公共服务的提供者，然而，就加拿大公共服务供给现状而言，省级政府独立提供的公共服务较少，多数是与联邦政府和城市政府合作共同提供公共产品。于是省级政府更多地承担政策制定者和大部分资金提供者的作用，而地方政府则是具体政策的实施者。此外，在加拿大各级政府当中，城市政府在公共服务中承担的责任是最大的，包括区域内道路交通基础设施、城市垃圾处理、下水道系统等大部分城市生活和城市化发展当中涉及的公共服务。

2. 加拿大 PPP 模式存在的问题

（1）有关合同的法律不够全面

加拿大针对基础设施建设的 PPP 模式，并没有具体的 PPP 项目立法，只是从联邦政府的层面对其有一定的促进推广作用。尽管一些联邦或省级政府主体在发展相关立法，其中，包括采购框架机构力图促进 PPP 项目的货币价值实现、公共利益的维护和公平公正，但截至目前还没有对合同、指引及其文件的统一标准。

（2）项目信息透明度不够

一是出于维护商业秘密的考虑，二是政府和私人部门之间比较难协调的问题，一些项目在最初投标时，无法做到公开透明；同时，由于基础设施建设所具有的特征较特别，一定程度上影响养老基金投资基础设施的决策，以及较难确定该投资如何在投资组合中分布。

（3）项目风险收益机制不完善

有些基础设施项目的风险较大，在风险对冲后未能实现最初承诺的收益率，仅能保证固定收益，无法抵抗通货膨胀，实际收益较低，无法达到保值增值的效果。可能是由于项目最初没有做好风险分析与项目评估的准备工作，收益预估缺乏支撑，这是机制不完善等多方面的原因造成的。

（4）合同周期长，可能导致灵活性不足

社会经济发展日新月异，变化速度相当快。在 PPP 模式下，由于政府受合同约束，对公共设施的控制能力下降，无法进行灵活调整以适应公共需求的变化，由此导致公共利益受损。

（5）双方存在的机会主义倾向导致项目面临失败风险

政府为吸引私人参与，可能采取先降低标准，完成招标后再修改条款的做法。私人企业为获取项目，可能采取先开出优厚条件，开工后再提出重新谈判的做法。这都不利于 PPP 的长期健康发展。

三、澳大利亚 PPP 模式应用情况

（一）澳大利亚政府 PPP 项目管理概述

澳大利亚联邦由六个州政府和两个领地组成。澳大利亚 PPP 模式的发展早期主要归功于维多利亚州（Victoria Government）的引领和推动。基于英国 PFI 模式，维多利亚州于 1998 年开始在公共基础设施建设中运用 PPP 模式。最早采用 PPP 模式的两个项目是 County Court 和 Campaspe Water Reclamation Scheme（合同金额分别为 1.95 亿美元和 4000 万美元，合同期分别为 20 年和 25 年）。随后澳大利亚各州和领地都逐步开始探索和实践 PPP 在不同领域的应用。

2008 年，澳大利亚联邦政府通过《澳大利亚基础设施法案（2008）》（Infrastructure Australia Act 2008），并成立了 IA（Infrastructure Australia）部门。该部门主要负责统一和协调全国的 PPP 项目管理。各州和领地的道路和交通领域也相继出台了系列指南和技术性指导方案，并在全国各政府部门推广。各政府部门每年要按期向澳大利亚联邦政府委员会（Council of Australian Governments）就全国基础设施的建设情况做汇报总结。这一举措确保了全国开展的基础设施建设与国家、地方发展战略紧密地结合起来。澳大利亚国家机构从政策、法规和技术等不同层面管理 PPP 项目，同

时，赋予各州政府一定的司法灵活性。目前，澳大利亚总计开展 PPP 项目 130 多个（含不同阶段项目），其中，维多利亚州、昆士兰州和西南威尔士 PPP 项目总金额分别列居前三，甚至有个别高校（Murdoch University、Edith Cowan University）也尝试用 PPP 模式进行开发和建设。

澳大利亚的 PPP 项目涉及医疗、法庭、监狱、教育、水务、体育场馆、保障住房、单身公寓、科研中心、铁路、公路、停车场等不同的细分市场领域。绝大多数的 PPP 项目金额在 5000 万美元以上，合同期限 15 年［Ballarat North（and Creswick）Water Reclamation Scheme］至 40 年（RailCorp New Electric Suburban Rail Carriages）。澳大利亚本土四大银行（ANZ，Commonwealth，NAB，Westpac）在国内 PPP 项目融资市场上也占据了 50%以上的市场份额。澳大利亚政府也与日本、加拿大、菲律宾、印度尼西亚等东南亚国家开展广泛的 PPP 项目与技术合作。

（二）澳大利亚政府 PPP 项目管理特色

1. 既统一又相对独立的 PPP 项目管理结构

2008 年金融危机后，澳大利亚联邦政府通过法案在（COAG）组织架构下正式成立 IA，对各个州和领地的基础设施 PPP 项目进行整体管理。因此，澳大利亚的 PPP 项目管理分两个层级，即各州和领地组成的联合政府间的管理与协调，以及各个州自身对 PPP 项目的管理。以 PPP 项目最早且成熟的维多利亚州为例，其早在 2000 年时就制定并推出了针对本州 PPP 项目的政策和指南（Partnerships Victoria Policy and Guidelines）。随着 2008 年澳洲联邦基础设施管理部门 IA（Infrastructure Australia）的设立，上述文件被一个全国性的政策指南（National PPP Policy and Guidelines）所替代。鉴于六个州具有独立的立法权，所以州政府在 PPP 项目管理上通过 COAG（Council of Australian Governments）来取得整体上的一致和协同，但涉及地方 PPP 项目具体问题时，州政府又保持一定的司法灵活性，从而在统一和独立之间保持了协调。

2. 联邦政府发展战略下的项目整体优先选择

澳大利亚联邦政府将国家未来重点基础设施建设划分为七个主题，分别为：全国货运网络、城市交通、城市和区域水务、能源、国家宽带网络、国际港口与土著社群。IA 与联邦各州、领地政府共同成立国家 PPP 论坛及相应的工作组，共同探讨未来的 PPP 国家立法和发展趋势，并接受州政府、领地与社会机构的项目申报。在收到项目申报后，IA 将依据不同的方面将项目划分为不同的优先级别予以相应的推荐（Early Stage、Real Potential、Threshold、Ready to Proceed 四个等级），并定期更新和公示。主要的依据有项目与国家和州政府重大发展战略规划之间的协同程度、项目对国家重大基础设施“瓶颈”的缓解程度、项目本身的成本与经济效益系列指标（BCR）等。获得最高级别政府推荐的项目可以在税务机构注册登记为“基础设施建设制定企业单位”，获得无须 COT 和 SBT 测试的税收减免等优惠措施（例如，以 10 年期国债的利率对企业损益进行未来税收减免或结转）。

国家统一的项目审批、申报接口、统一的评审标准和公开透明的信息化建设，使整个澳大利亚 PPP 市场在国家重大发展战略和州政府重要战略指引下，得到了有效地推广和发展，政府提供财政和税收等扶持性措施，使得 PPP 项目对社会资本的吸引力增加，并实现了市场资源的有效配置。

3. 完善的项目实际操作指南与信息管理体系

在项目执行层面，各个主要州政府在财政部下设立了相应的 PPP 管理工作部门，建立了完善的管理流程及相应的实践操作指导手册来管理和指导 PPP 项目的实施。

IA 联合州政府（Infrastructure Australia）先后出台了一系列的文件和指南指导项目的管理和实施。其中，包括国家 PPP 政策概述（National PPP Policy Framework）、国家 PPP 指导总则（National PPP Guidelines Overview）等政策性总体指导说明、招标分析指南（Procurement Options Analysis）、项目实操指南（Practitioners Guide）、社会性基础设施商业规范

（Commercial Principles for Social Infrastructure）、公共项目指标对比分析指南（Public Sector Comparator Guidance）、PPP 项目贴现利率选择方法论（Discount Rate Methodology）、司法规定（Jurisdictional Requirements）、经济性基础设施商业规范（Commercial Principles for Economic Infrastructure）、风险分配指南（Risk Allocation Guidance）、合同管理指南（Contract Management Guidance）等一系列文件。这些指南和文件从项目框架设计、法律法规、项目运作流程、具体问题的方法论选择和管理指标体系等方面对 PPP 项目管理进行全面的归纳总结，为各政府管理机构提供大力支持和帮助，从而保障项目管理的科学性和有效性。

（三）澳大利亚 PPP 模式的可取之处及存在的问题

（1）公与私的角色与转换

在 PPP 融资项目中，私营部门既可以参与建设，又可以负责运营；政府则对建设和服务是否达标进行监管。在每个 PPP 项目合约签订前，政府部门和私营部门进行反复、深入的讨论，根据各方从项目中获得的利益，明确双方的责任和应承担的风险。一般来说，公共部门主要承担土地风险，私营部门承担对基础设施或公益事业领域的建设或经营责任，政府通过法律对私营部门进行管理和监督，与私营部门确权分利，分担经营风险，形成双方共赢的局面。因此，正确认识政府在项目主导中的作用与定位，是推动公私合营发展的关键所在。维多利亚州监狱是由澳大利亚私人投资承接设计、施工并经营的 PPP 项目，私人投资者完全按照政府要求建造并经营管理监狱，政府只需对私人经营者付费和进行监管即可。维多利亚州政府对其管理有很明确的量化指标，即只要监狱的犯人返回率降低，政府就给予经营者一定的资金奖励，因为政府认为是监狱的教育让这些犯人重新做人，改邪归正，从而确保了社会的安定。

（2）确保私人部门的利益是吸引投资者的关键

在 PPP 融资项目中，确保私人投资者在项目建成后有一定的收益是私人参与建设的动力所在。一般有两种情况：一种情况是投资风险较小，只要符合政府要求并投入运营，政府就会向私营部门付费；另一种情况是政府让利给私营部门，使其在参与项目建设中有利可图。例如，墨尔本皇家儿童医院，维多利亚州政府与私人投资者在开始时即谈好条件，新医院建好运行后，将原址的旧医院交由私人投资者自行改造利用，如建超市或旅馆等，所得收入归私人投资者所有，涉及税收项目享受一定的优惠，但最终这块土地及所有不动产仍归政府所有。这样既有利于帮助政府完成公益事业，解决财政资金不足的问题，又可以帮助私人部门解决投资盈利问题，实现政府与私人部门的双赢。澳大利亚合同法从法律上也保证了私人利益的实现，一方违法，另一方可以起诉。企业若违法，将失去声誉和今后参与其他项目的机会。

在开展 PPP 项目时，澳大利亚政府往往习惯对项目开发采取过多指导性的干预措施，不利于促进 PPP 项目发展。最典型的是墨尔本的一段高速公路建成后没有车流量，因为收费过高，公路闲置在那儿了。政府应更多考虑项目发展需求和周期，目标应是吸引更多私营或商业性质企业投资、创新，以帮助政府管理资产和保证项目交付质量。对于投资量大、运营周期较长的项目，随着基础设施老化，私营部门运营困难也在逐步加大，这对公共部门履行监管职能提出了更高要求。因此，需要在项目运作过程中完善一些具体问题，如风险转换、议价的透明度，政府部门对于私营部门承担的风险如何补偿或补偿多少。此外，澳大利亚政府对自身承担的成本关注度过大，导致竞标人在竞标时不落实资金承诺，反而给政府带来资金不足的风险。政府在开展 PPP 融资时首先要关注风险问题，其次才是项目绩效问题。在开展 PPP 项目时，还应注意操作应方便快捷，防止动荡时期给企业带来更多的不确定性等问题。这些都是我国开展 PPP 融资模式中应该注意的问题。

第三章　我国 PPP 项目的相关政策分析

一、我国 PPP 项目相关政策沿革及各阶段的特点

为了能够观察长时间内的政策变迁，笔者将 1980—2015 年的政策文本数量分布与 PPP 项目数量分布相对照，以此划分 PPP 政策相对时期。经过统计我们不难发现，迄今为止，中国 PPP 项目数量经历了三次浪潮，第一次主要从 20 世纪 80 年代初期到 20 世纪 90 年代末；第二次主要从 2000 年初到 2008 年前后；第三次则从 2011 年至今。这三次浪潮分别对应具有不同密集程度的政策时期：1980—1996 年为政策间断松散期，这一时期存在多个政策间断期（1983—1984 年、1991—1994 年）或间断点（1981 年、1987 年、1989 年），即没有政策出台。其余时间 PPP 政策的出台时间也比较松散，多为每年 1 项或最多 2 项；1999—2005 年为政策低密集期，这一期间每年都有政策出台，7 年间总计出台 24 项政策，呈现低密度的政策分布；2009 年至今为政策高密集期，截至 2015 年就出台了 106 项 PPP 相关政策，平均每年出台 15 项政策，其中，2014 年和 2015 年共出台 87 项，呈现高密度的政策分布。

（1）政策间断松散期（1980—1996 年）：被动回应

在该时期内，中央的 PPP 政策经历了一个被动回应地方 PPP 发展乱象的过程。从政策的时代背景来看，这一时期经历了 20 世纪 80 年代—20 世纪 90 年代狂热的地方招商引资热潮。许多地方政府寻求私人资本，尤其是外资（包括港资）对当地基础设施建设的投资。从 20 世纪 90 年代开始，PPP 当中的 BOT 类型大量地运用于许多地方基础设施项目建设当中。例如，这一时期各地的 BOT 收费公路以及有名的 BOT 示范项目，如广西

的来宾B电力项目、成都水厂和长沙电力项目。因此，这一时期早期阶段的显著特征是地方的自发性和自主性。与此同时，在这一时期的早期阶段，中央对PPP政策主要集中在鼓励外资投入方面，在PPP具体指导性政策方面则是一片空白。这一点反映在政策目标和发文类型上。从政策目标来看，20世纪80年代开始就出现PPP相关政策，如1986年国务院发布的《关于鼓励外商投资的规定》。但直到1995年前，这些政策都是粗线条的鼓励投资政策，对于吸引外商投资的招商、审批、执行等过程缺乏具体指导。此外，从发文部门类型来看，在这一时期，发文数量最多的是国务院而非具体的行业部门。国务院主办发文数量为9项，然后是计委和商务部，分别为2项和1项。这意味着这一时期早期的PPP相关政策仅仅停留在中央宏观指导层面，并没有落实到具体的行业。这一时期的中后期，缺乏政策约束和指导的地方PPP发展已经暴露出大量的问题。这迫使中央必须做出回应。1995年后，中央相继出台具体的PPP政策以治理地方PPP/BOT热潮和乱象：1995年，对外经济贸易合作部出台《关于以BOT方式吸收外商投资有关问题的通知》；同年，国家计委、电力部、交通部联合出台《关于试办外商投资特许权项目审批管理有关问题的通知》。这些政策针对地方政府对项目开出无原则担保或承诺的问题以及特许权项目一哄而上的问题进行管制。换言之，中央第一项直接针对PPP实践的政策是滞后于地方PPP实践的。同时，这一回应并非鼓励，而是限制。此后，受到1998年金融危机以及上述的中央对地方BOT的限制性政策，第一次PPP浪潮于20世纪90年代末跌落。

（2）政策低密集期（1999—2005年）：积极推动

该时期政府的PPP相关政策呈现一个政府积极推动的状态，具体表现在大力推进城市公用事业的市场化和鼓励民间投资这两个方面。20世纪90年代末至21世纪中期，中国进入城镇化建设飞速发展时期，城市扩容带来有限的城市政府财政资金与迫切需要发展的城市基础设施和市政公用事业之间的矛盾。在此背景下，市场化成为一个可行的解决办法。2002年，建设部出台《关于加快市政公用行业市场化的意见的通知》；2004年，建设部出台《市政公用事业特许经营管理办法》。这些都成为当时城市公用事业市场化的标志性政策文件。与中国城镇化建设同步的另一个时代背景特征是中央开始大力度鼓励民间资本投资。2001 年，国家计委出台《国家计委关于印发促进和引导民间投资的若干意见的通知》；2004 年，国务院发布《国务院关于投资体制改革的决定》。这些前沿性的政策为民间资本投资的审批程序松绑，并允许更多行业领域向民间资本开放。2005 年，国务院出台《关于鼓励支持和引导个体私营等非公有制经济发展的若干意见》。该意见是第一个允许民间资本进入能源、通信、铁路、航空和石油业的中央政策，该意见还提出要进一步建设法律框架以支持民间资本投资、建设和运营公共基础设施领域。这一时期的发文部门类型和政策目标也与第一个时期不同，反映出中央政府对 PPP 的态度从粗线条的框架指导转变为具体的推广和运用。从发文部门类型来看，建设部取代国务院成为这一时期的发文部门主力，建设部主办发文 10 项，其次才是国务院主办发文 5 项。这显示出这一时期对 PPP 的推动更多落实到具体的行业部门。从政策目标来看，与第一时期粗线条和大框架的鼓励投资政策不同，这一时期的政策目标开始关注 PPP 在具体的城市管理行业的运用，如城市供水、污水处理、垃圾处理、城市轨道交通和管道煤气等行业。中央对公用事业市场化和民间投资的鼓励政策，以及落实到具体行业部门的 PPP 指导政策对 PPP 项目发展起到推动性作用。从 2000 年初开始，PPP 开始出现新一轮的浪潮，这一时期的 PPP 项目在操作上也更加国际化和复杂化。比较典型的 PPP 项目包括北京奥运运动场所的建设，以及深圳地铁四号线项目。此外，这一时期的 PPP 项目数量和投资额不断扩大，至 2007 年左右达到峰顶，直到遭遇 2008 年金融危机才缓落。

（3）政策高密集期（2009—2015 年）：全面主导

该时期的 PPP 政策特征是中央全面主导，力图掀起 PPP 的热潮。这与这一时期初期的积极财政政策和地方投融资平台导致的地方债务问题有很大关系。2008 年金融危机后，PPP 一直处于相对沉寂的状态，在 2010 年更是跌到 10 年来的谷底。从 2008 年开始，中央开始推出一系列刺激经济的积极财政政策，包括民间俗称的“四万亿”计划。积极财政政策尽管有一系列正面的刺激经济效果，但随之而来的一个负面结果是地方政府不加限制的投资。在积极财政政策以及GDP政绩驱动之下，许多地方政府通过建立地方投融资平台追求项目建设，导致了极度恶化的地方政府债务问题。如何化解地方政府债务、规范融资平台管理成为重大问题。2009—2012年，国务院、银监会主导出台一系列规范地方政府融资平台管理的政策。2013年后，中央明确表示：将PPP作为化解地方政府债务问题、管理地方政府融资平台的重要手段。此后，中央PPP政策呈现推广密集式、行业全面性和操作具体化的全面主导特征。推广密集式反映在政策文本数量上。2014年和2015年成为有史以来PPP相关政策出台数量最密集的时期，2014年出台28项，2015年出台58项。在此之前，每年的PPP相关政策的出台量都是个位数，最多不超过8项。行业全面性反映在发文部门类型上。区别于第一个时期的国务院主导和第二个时期的具体行业部门主导，在这个时期当中，发文部门呈现多样化：PPP政策通过财政部、发改委、国务院与民政部、工商总局、全国老龄工作委员会办公室、住建部、科技部、工业和信息化部、国土部、国家卫生计生委、体育总局、水利部、交通运输部、环保部、人力资源和社会保障部、农业部等联合发文的方式全行业推广。其中，财政部和发改委成为发文主力（财政部主办发文45项，发改委主办发文18项）。这意味着中央对运用PPP作为政策工具所经历的策略变化：从第一个时期国务院粗线条的政策指南转变为第二时期具体行业部门的政策工具，再到第三个时期转变为政府宏观调控经济和财政、解决紧迫社会问题的政策工具。操作具体化反映在政策目标上。这一时期第一次出现用于推广或完善PPP实践的具体政策和应用细则，如2014年发展改革委《关于开展政府和社会资本合作的指导意见》和同年财政部《关于推广运用政府和社会资本合作模式有关问题的通知》。中央通过这些具体政策和细则，从“识别—准备—采购—执行—移交”的全流程为PPP操作设定专业化条件。中央高密集、全面和具体的PPP政策推动了第三次PPP浪潮的兴起。这一次浪潮始于2011年至今，因为刚兴起不久，还无法描述其完整的特征。但 PPP 政策的全面主导性是这一波浪潮区别于以往的显著特点，即以中央政策为指引，通过示范或推介项目来推动 PPP 项目发展。迄今为止，财政部和发改委已经分别设立多批 PPP 示范项目库，覆盖多个公共服务领域。

二、我国 PPP 项目的发展历程及政府政策现状

（一）我国 PPP 项目的发展历程

随着经济体制的改革，我国早就开始了对 PPP 模式的一些探索，从 20 世纪 80 年代中期开始，我国有些地方就已经有了将私人投资者引入基础设施建设的先例。

我国第一个典型的 PPP 模式建设的基础设施是 1983 年中国发展投资公司、香港合和事业公司等承包商在深圳建设的沙角 B 电厂。该项目被认为是中国最早的一个有限追索的项目融资案例。该项目合作期为 10 年，合作期间，项目公司负责安排提供项目全部的外汇资金，组织项目的建设并负责经营电厂 10 年，作为回报，项目公司获得在扣除项目经营成本、煤炭成本和支付给深圳特区电力开发公司的管理费之后的全部项目收益。合作期满后，项目公司将电厂的资产所有权和控制权无偿转让给特区电力开发公司。项目协议对合作各方的权利、义务都做了明确的规定，该项目最终得到了高效的运营，为深圳市政府解决了一段时期的资金困难，同样为社会大众提供了良好的服务，是 PPP 项目成功的典型。

第二个典型的 PPP 项目是广西来宾 B 电厂的二期工程，位于中国南部偏远地区的广西壮族自治区来宾市。政府为了吸引私人投资者，提供了一系列的激励机制，包括政府授予项目公司独占的权利以设计、建设、调试、运营和维护广西来宾 B 电厂的建设；政府为项目公司提供了购电担保、燃料供应担保、不可抗力担保、外汇兑换担保等一系列的保证。另外，政府给予项目公司一定的税收优惠和土地、设施等的支持措施。该项

目表明了政府对于推行PPP融资方式的态度，采用了比以往更高标准的合同文件，成为我国PPP项目的参考范本，其规范化的操作对于以后的PPP项目提供了参照和借鉴标准。

之后，我国各地都展开了对PPP融资模式的尝试，涉及公共项目的各个领域，如北京地铁四号线的建设、成都自来水厂的建设、杭州湾跨海大桥项目、北京奥运会国家体育场项目、中国西北某CNC加气站项目、青岛污水处理厂项目、泉州刺桐大桥建设项目等。另外，在广东、深圳、上海、江苏等地也出现了一批PPP项目，我国的PPP项目发展出现了蓬勃发展的局面。

在众多案例中，有一个是从“融资危机”中“走出来”，并对中国政府投融资体制改革有所影响的案例——杭州湾跨海大桥的建设。杭州湾跨海大桥是一座横跨中国杭州湾海域的跨海大桥，全长36公里，是目前世界上最长的跨海大桥。项目总投资约118亿元，建设初期，大桥项目资本金为38.5亿元，由宁波和嘉兴以9：1的比例出资。宁波方投资中，45%为国有的宁波交通投资公司，其余被17家民营企业组成的“民资军团”分摊。但在项目开工前一段时间，一些影响日后收益的利空消息传来，民营资本纷纷选择撤资，一度引起项目资金紧张。由于政府对该现象的重视，采取了有利措施，才逐步化解了这次的危机。一方面，政府通过多次调研，证明了一些不利消息并不会影响私人投资者收回投资获得回报；另一方面，又引入了国有公司中国钢铁集团投资项目的建设，解决了项目的融资问题。这一举动又重新调动了私人资本的积极性。杭州湾跨海大桥的融资模式一度引起社会的关注，为其他PPP项目提供了以下的借鉴：一是把造桥看作经济行为，而不是公益性项目。通过市场化融资解决建设资金，并通过大桥建成后收取通车费自求平衡，由此改变重大基础设施项目投资由政府“大包大揽”的做法，减轻财政负担，能使政府腾出更多的资金用于重点民生项目建设，加快经济社会发展。二是通过创新投融资体制，盘活社会资本，为民间资本找到了出路。此外，由20个投资方组成大桥建设公司，还可对股东有效地约束，促进决策的科学化。

可见，PPP 融资模式在我国的尝试已经有一段时间，各地政府对该融资模式有一定的了解，也在不断进行经验的总结。越来越多 PPP 项目的投入，使地方政府在实践方面越来越成熟。

（二）我国 PPP 项目政府政策现状

1. PPP 项目逐渐受到政府的重视

从目前我国现存的一些 PPP 项目规范文件来看，政府越来越重视 PPP 融资模式在公共项目建设中的作用。尤其是中央政府方面，已经将引导民间投资的领域进一步地扩大到基础产业、基础设施领域、市政公用事业、金融服务等领域。李克强总理在国务院会议上提出“推进投融资体制改革，发挥市场机制作用，同等对待各类投资主体，利用特许经营、投资补助、政府购买等方式吸引民间资本参与经营性项目建设与营运”，充分表达了中央政府对于公私合营项目的观点，表明社会资本将在国家经济发展中担当越来越重要的角色。

另外，地方政府对于特许经营规范性文本的出台，也表明其对这种融资模式的肯定和积极推动的态度。地方政府对于私人资本的投资范围也在逐步扩大，从以前基础设施的建设扩展到公共服务及社会文化领域。政府对于推进社会资本的利用表现出了前所未有的积极性，文化产业发展仅依靠自身积累周期会很漫长，必须主动引进社会资本，特别是引进战略投资者，引入先进的策划理念。越来越多政府官员投资理念的转变对 PPP 项目推广有积极的作用。

2. 公共项目投融资体制不能完全适合 PPP 项目的发展

从我国基础设施投融资体制发展的历程和特点来看，随着我国市场经济的不断完善，及其在投融资体制中的不断渗透，我国在基础设施建设领域的体制有了很大改变，在探索中不断前行，也逐步在适应社会的需求。尤其在北京、上海、深圳等地，地方政府在基础设施投融资体制创新方面做出了很多尝试，包括制定了各种条例来拓宽公共项目的融资渠道等。但这种尝试并没有在我国普遍推广，只在个别地方的个别项目上进行了一定的突破，还没有形成一个主导的局面。目前，我国仍然存在政府投资领域过宽、垄断经营尚未消除、投融资主体不明确、对民间资本有过多的限制等状况。另外，从政府角色的角度来看，“全能政府”思想仍然非常严重。政府习惯了对公共项目建设的所有决策行为，允许私人投资者参与到项目决策中的做法不能得到很好的贯彻。

总的说来，当前我国公共项目建设投资及运营的体制与PPP项目的特征仍然存在一定矛盾，政府通过实施一系列配合PPP项目发展的政策来逐步形成新的投资环境和投资制度，从而引导PPP项目健康发展。

3. 没有形成完善的PPP项目法律框架

从以上罗列的中央和政府对于特许经营项目的规范性文件中我们不难发现，政府都是通过“示范文本”“试行意见”等方式对PPP项目的运行进行一定的规定，并没有一个权威性强、全面、系统的法律文本。中央政府所出台的一系列示范文本都是分别针对各自领域制定，没有形成一个适用于所有公共项目的通用性强且内容完善的法律体系。同时，中央政府目前所出台的法律法规仅具有引导性质，并没有对PPP项目如何开展做详细规定。另外，从各地所出台的“管理条例”“管理办法”内容来看，也表现出内容简略、概括性太强、没有进行细致和具体的规定等特点，造成其规范力度减弱。以《深圳市公用事业特许经营条例》和《北京市城市基础设施特许经营条例》为例，其内容主要是从监督管理、权利义务、法律责任等比较宏观的方面进行规定，并没有对特许经营具体环节的各项事务进行规定，也没有招标流程、风险管理、合同管理等方面的规定。可见，在规范性的法律法规方面，中央和各个地方政府仍然处于一个探索的阶段，没有清晰明确、系统的PPP项目管理法律。

4. 缺乏符合PPP项目特征的政府管理体制

PPP项目尽管已经在实践中得到了很多应用，但对其决策、审批、监督管理等仍然沿用的是传统投融资项目的流程。政府在对PPP项目的管理中仍然存在一些问题，甚至没有正确地扮演其该有的角色。一是没有针对 PPP 项目的决策体系。PPP 项目不同于其他项目，通常会有私人资本在决策前期就参与到项目中来，参与项目各项指标的评估，政府一方面需要考虑到他们的必要回报，另一方面也要考虑社会效益的实现，如果不能把二者协调妥当，那么就必然引起项目后期的一些纷争，使项目陷入低效困境。二是在决策的招投标阶段，没有建立一个完善的招标决策的咨询机制，忽视民众的参与，也没有建立一个适应市场竞争的招标体制，对交易成本等缺乏整体控制；作为管制者的身份，常规的管制机制不适应 PPP 项目的开展，而政府目前还没有建立单独针对 PPP 项目的管制机构；作为私人投资者的合作者和支持者，政府没有提供健全的政策环境，缺少一个精简、高效、公正、协调的管理体制。缺乏符合 PPP 项目特征的管理体制的另一表现是政府对 PPP 融资模式的重视还不够。比如，政府部门内部没有 PPP 方面的专业人员；没有建立对政府人员相应的约束和激励机制；对 PPP 项目的监督体系沿用一般的公共项目建设监督方式，没有建立专门的针对 PPP 特征的监督机构。

三、我国目前主要的 PPP 项目相关政策及其分析

（一）我国近年主要的 PPP 项目相关政策归纳

近年来，中央经济工作明确，要扩大有效供给，补齐软硬基础设施短板，提高投资有效性和精准性，推动形成市场化、可持续的投入机制和运营机制，将进一步加强 PPP 项目社会资本投资的信心。自 2015 年以来，党的十八届五中全会通过的“十三五”规划建议、中央城市工作会议等都与 PPP 密切相关，可以说国内 PPP 迎来了前所未有的政策机遇。现将近几年我国出台的 PPP 项目相关政策归纳如表 3-1 所示。

表 3-1 目前主要的 PPP 项目相关政策归纳

发文时间	发文单位	文件名称	文件号
2017/5/28	财政部	关于坚决制止地方以政府名义违法违规融资的通知	财预〔2017〕87 号
2017/5/3	财政部	关于进一步规范地方政府举债融资行为的通知	财预〔2017〕50 号
2017/4/1	财政部	关于印发《新增地方政府债务限额分配管理暂行办法》的通知	财预〔2017〕35 号
2017/3/16	国务院	关于进一步激发社会领域投资活力的意见	国发办〔2017〕21 号
2017/2/24	发改委 住建部	关于进一步做好重大市政工程领域政府和社会资本合作（PPP）创新工作的通知	发改投资〔2017〕328 号
2016/12/30	财政部	财政部政府和社会资本合作（PPP）专家库管理办法	财金〔2016〕144 号
2016/12/21	发改委 监证会	关于推进传统基础设施领域政府和社会资本合作（PPP）项目资产证券化相关工作的通知	发改投资〔2016〕2698 号
2016/10/24	发改委	传统基础设施领域实施政府和社会资本合作项目工作导则	发改投资〔2016〕2231 号
2016/9/24	财政部	政府和社会资本合作项目财政管理暂行办法	财金〔2016〕92 号
2016/10/11	财政部	财政部关于在公共服务领域深入推进政府和社会资本合作工作的通知	财金〔2016〕90 号
2016/8/10	发改委	关于切实做好传统基础设施领域政府和社会资本合作有关工作的通知	发改投资〔2016〕1744 号
2016/6/21	国务院	关于成立政府购买服务改革工作领导小组的通知	国办发〔2016〕48 号
2016/5/28	财政部	关于进一步共同做好政府和社会资本合作（PPP）有关工作的通知	财金〔2016〕32 号
2016/3/31	国家 能源局	国家能源局关于在能源领域积极推广政府和社会资本合作模式的通知	国能法改〔2016〕96 号
2015/12/18	财政部	关于规范政府和社会资本合作（PPP）综合信息平台运行的通知	财金〔2015〕166 号
2015/12/28	财政部	关于印发《PPP 物有所值评价指引（试行）》的通知	财金〔2015〕67 号
2015/7/10	发改委	关于进一步鼓励和扩大社会资本投资建设铁路的实施意见	发改基础〔2015〕1610 号

续表

发文时间	发文单位	文件名称	文件号
2015/7/2	发改委	国家发展改革委关于切实做好《基础设施和公用事业特许经营管理办法》贯彻实施工作的通知	发改法规〔2015〕1508 号
2015/6/25	财政部	关于进一步做好政府和社会资本合作项目示范工作的通知	财金〔2015〕57 号
2015/5/19	国务院	关于在公共服务领域推广政府和社会资本合作模式的指导意见	国办发〔2015〕42 号
2015/5/11	国务院	关于妥善解决地方政府融资平台公司在建项目后续融资问题意见的通知	国办发〔2015〕40 号
2015/4/21	财政部	关于运用政府和社会资本合作模式推进公共租赁住房投资建设和运营管理的通知	财综〔2015〕15 号
2015/4/14	财政部	关于印发《政府和社会资本合作项目财政承受能力论证指引》的通知	财金〔2015〕21 号
2015/3/13	财政部	关于市政公用领域开展政府和社会资本合作项目推介工作的通知	财建〔2015〕29 号
2015/3/10	发改委	关于推进开发性金融支持政府和社会资本合作有关工作的通知	发改投资〔2015〕445 号

（二）我国近年主要的 PPP 项目相关政策分析

1. 规范、融资性政策分析

2015 年中旬和年底，国务院和财政部分别印发了《关于妥善解决地方政府融资平台公司在建项目后续融资问题意见的通知》（〔2015〕40 号）和《关于规范政府和社会资本合作（PPP）综合信息平台运行的通知》（〔2015〕166 号）。“40 号文”和“166 号文”有力确保了 PPP 项目的有序推进，切实满足实体经济的合理融资要求，有效防范和化解财政金融风险。

近期，在业内引起较大反响的是财政部发布的《关于坚决制止地方以政府名义违法违规融资的通知》（财预〔2017〕87 号），此文作为“财预〔2017〕50 号”的延伸，本质上更多的是对近三年来的政策从执行层面的强化和对被异化政策的一次纠偏。核心在于全面消除地方政府及其部门违规进行融资担保或变相融资担保形成地方政府或有债务的可能性，确保地方政府只能通过地方债务形成政府债务。同时，“87 号文”也是对政府购买服务，政府采购工程和货物等明确的负面清单的再次确认。政府购买服务是先预算后支付，在 PPP 中也有约定，财政支付中是按总收入的 10%纳入预算与社会资本合作，时间也是按照 3 年期做规划，故相当于政府提供引导资金，其他靠市场资本来运营而实现 PPP 的发展。真正的 PPP 是靠政府资本形成 SPV 资本主体公司，利用项目本身的可行性、未来现金流量、收益等综合来实现 PPP 的建设、运营、管理、测评分析。而实现正常的有收益的合法退出，是一个标准行为模式，不是政府全部购买服务或者政府信用担保兜底模式。PPP 模式有标准的规则和细节，也是 PPP 核心模式成功落地之处。这既有利于 PPP 建设的正本清源，也有利于金融机构的投贷联动标准的落地，让合法合规的投贷金融机构牢记预算法之要领。这样把政府购买服务的后门堵上，PPP 合法合规的投融资市场前门才能变得更通畅，财政资金的安排将有利于 PPP 发展资金补充的有序安排。

2. 鼓励、支持性政策分析

2017 年初，国务院办公厅和国家发改委发布的《关于进一步激发社会领域投资获利的意见》（国发办〔2017〕21 号）和《关于进一步做好重大市政工程领域政府和社会资本合作（PPP）创新工作的通知》（发改投资〔2017〕328 号）明确指出，由各省级人民政府引导社会资本以政府和社会资本合作（PPP）模式参与医疗机构、养老服务机构、教育机构、文化设施、体育设施建设运营，开展 PPP 项目示范。现在地方政府包装这类 PPP 项目，不仅有利于乘着政策的东风促进项目落地，获得社会效益和经济效益，也有利于项目的入库甚至成为省财政厅的 PPP 示范项目，获得财政奖励或补贴。与此同时，此政策对于社会资本来说也是个好消息，社会领域的 PPP 项目入库数量和速度都会提升，入库项目能够进一步保障社会资本的投资安全，亦有利于社会资本轻松获得银行和金融机构的融资。

除此之外，国家发改委在 2015 年连续印发《关于切实做好基础设施和共用事业特许经营管理办法贯彻实施工作的通知》（〔2015〕1508 号）和《关于进一步鼓励和扩大社会资本投资建设铁路的实施意见》（〔2015〕1610 号）两个文件，总结了国内外制度建设和实践经验，创新重点领域投融资体制机制，为基础设施和公用事业特许经营提供了可遵循的基本制度。这一举措有利于撬动社会投资，激发社会和民间投资活力，增加公共产品和服务供给；有利于推进政府的职能转变，保障社会公共利益，提高公共服务的质量和效率；有利于切实推进基础设施和公用事业建设。

3. 示范、推广性政策分析

2015 年中旬，国务院办公室印发了《关于在公共服务领域推广政府和社会资本合作模式的指导意见》（国办发〔2015〕42 号）。此文对 PPP 模式的推广有着极为重大的意义，拓宽了 PPP 适用的行业范围，几乎覆盖了整个公共服务领域涉及的行业，既增加了公共产品和服务的供给，也进一步促进了经济转型升级，为国家整体经济结构转型创造了时间和空间。形成了促进政府和社会资本合作模式规范健康发展的制度体系，培育了统一规范、公开透明、竞争有序、监管有力的政府和社会资本合作市场，降低了地方政府性债务风险。另外，同年财政部相继印发的《关于市政公用领域开展政府和社会资本合作项目推介工作的通知》（财建〔2015〕29 号）和《关于进一步做好政府和社会资本合作项目示范工作的通知》（财金〔2015〕57 号）两文，认真贯彻了（国办发〔2015〕42 号）文的精神，优先支持融资平台公司存量项目转型为 PPP 项目，认真组织备选示范项目上报，通过加强业务和技术指导、完善示范项目扶持政策体系等加快推进了政府和社会资本合作（PPP）项目示范工作，尽可能早地形成了一批可复制、可推广的实施范例，助推了更多项目落地实施。

4. 不同部门相关政策差异性分析

2016 年 8 月，国家发改委和财政部相继出台了《关于切实做好传统基础设施领域政府和社会资本合作有关工作的通知》（发改投资〔2016〕1744 号）和《关于在公共服务领域深入推进政府和社会资本合作工作的通知》（财金〔2016〕90 号）两项政策（以下简称“1744 号文”和“90 号文”），两项政策有很多相同的出发点，同时也有不少的差异性，下面从几个方面来具体分析：

（1）关于适用领域

“90 号文”依据国办发〔2015〕42 号文，将“能源、交通运输、市政工程、农业、林业、水利、环境保护、保障性安居工程、医疗卫生、养老、教育、科技、文化、体育、旅游”15 个公共服务领域的项目列为深化 PPP 改革工作的适用范围。

“1744 号文”根据 2016 年 7 月 7 日国务院常务会议明确的 PPP 部门职责分工，将“能源、交通运输、水利、环境保护、农业、林业以及重大市政工程”6 个传统基础设施领域的 PPP 项目作为积极鼓励和引导民间投资的主要范围。

两份政策文件对领域的划分虽然都有相应依据，但因为我国对“基础设施”“公共服务”没有明确的定义，所以在项目实践中会产生很多分歧。例如，污水处理项目既有污水处理厂和管网等基础设施，又提供水环境治理的公共服务，将其划分为基础设施还是公共服务没有清晰的界定标准。

（2）关于项目信息平台

“90 号文”要求依托财政部 PPP 综合信息平台，及时向社会公开项目实施方案、合同、实施情况等信息。

“1744 号文”要求在投资项目在线审批监管平台及重大建设项目库基础上，建立基础设施 PPP 项目库，切实做好项目储备、动态管理、实施监测等各项工作。

（3）关于项目管理程序

“90 号文”明确了在充分论证项目可行性的基础上，开展物有所值评价和财政承受能力论证；提出了“研究建立部门间的 PPP 协同管理机制，进一步梳理 PPP 相关工作的流程环节”的愿望。

“1744 号文”拟推行 PPP 项目联审机制，强调综合评估项目建设的必要性、合规性、规划衔接性、PPP 模式适用性、财务可负担性以及价格和收费的合理性等，将项目是否适用 PPP 模式的论证纳入项目可行性研究论证和决策，项目结束后，适时进行后评价。同时，还提出了“建立健全投融资领域相关主体信用记录”的构想。

（4）关于项目采购程序

“90 号文”依然坚持要求按照政府采购法相关规定择优确定社会资本合作伙伴。同时，对“两招并一招”进行了积极探索，规定“涉及工程建设、设备采购或服务外包的 PPP 项目，已经依据政府采购法选定社会资本合作方的，合作方依法能够自行建设、生产或者提供服务的，按照《招标投标法实施条例》第九条规定，合作方可以不再进行招标”。

“1744 号文”则要求按照《招标投标法》等法律法规，通过公开招标、邀请招标等多种方式，公平择优选择社会资本作为合作伙伴。

关于采购程序的分歧是一个关键的焦点，而且会对将来 PPP 项目的管理造成极大的影响。根据前面关于适用领域的分析，有一些项目既有基础设施，又提供公共服务。项目所在地政府或主管部门在难以进行准确划分的情况下，一定会希望项目的实施既符合财政部政策要求，又符合发改委政策要求。其他问题都不难解决，如评审、论证、联审等程序可以都遵守，两个信息平台都可以申报，甚至可以分别编制方案。但唯独采购程序不能同时满足，因为无论是政府采购，还是招投标，都是要挂网留痕的，不能组织两次采购。针对这种难以划分清楚的项目，今后可能多数都会选择政府采购中的招标方式采购，以最大限度满足不同政策的要求。

（5）关于公平竞争

“90 号文”强调“不得以不合理的采购条件（包括设置过高或无关的资格条件，过高的保证金等）对潜在合作方实行差别待遇或歧视性待遇，着力激发和促进民间投资。对民营资本设置差别条款和歧视性条款的 PPP 项目，各级财政部门将不再安排资金和政策支持”。

“1744 号文”强调“给予各类投资主体公平参与机会，鼓励和引导民营企业、外资企业参与 PPP 项目。招标选择社会资本方时，要合理设定投标资格和评标标准，消除隐性壁垒，确保一视同仁、公平竞争。探索在 PPP 项目中发展混合所有制，组建国有资本、民营资本、外商资本共同参与的项目公司，发挥各自优势，推动项目顺利实施。引导民间资本、外商资本参与 PPP 基金等，拓宽民间资本、外商资本参与 PPP 项目渠道。鼓励不同类型的民营企业、外资企业，通过组建联合体等方式共同参与 PPP 项目”。

可见，两份政策文件对于民间资本的态度是一致的，都是鼓励和促进的。

2016 年 10 月，发改委和财政部在继“90 号文”和“1744 号文”之后又相继印发《传统基础设施领域实施政府和社会资本合作项目工作导则》（发改投资〔2016〕2231 号）和《政府和社会资本合作项目财政管理暂行办法》（财金〔2016〕92 号）（以下简称“2231 号文”和“92 号文”）两项政策，在业内引起了热议。其中，“92 号文”立足 PPP 项目全生命周期内的财务管理工作，明确 PPP 开发目录库的入库条件，需完成可行性研究报告、物有所值评价和财政承受能力论证；明确入库后紧后程序是启动采购社会资本。“2231 号文”作为导则，主要规范传统基础设施领域 PPP 项目的操作流程，强调建立传统基础设施 PPP 项目库，入库将作为安排政府投资、确定与调整价格、发行企业债券及享受政府和社会资本合作专项政策的重要依据，鼓励地方政府采用资本金注入方式投资传统基础设施 PPP 项目。明确不同阶段法人变更、合同签订主体的继承手续，合同草案包括相关附属合同，如项目公司股东协议和章程、配套建设条件落实协议等。

对比两文，可以发现相同点有：

一是 PPP 实施方案内容基本一致，包括项目概况、运作方式、风险分担、社会资本方遴选方案、交易结构、合同体系、建设运营和移交方案、监管架构等。

二是实施方案与可研报告的衔接基本一致，除一般投资项目可以合并外，其他都需要按顺序提交两个报告。

三是 PPP 合同签订前都需要政府审核。

四是土地招拍挂可以与社会资本遴选同步。

五是运营期需要绩效评估、中期评估。

六是移交程序基本一致。

不同点有:

一是范围不同。财政部虽然负责公共服务领域，但从全寿命周期角度来看，以安排财政资金、国有资产管理为抓手，包括项目识别论证、政府采购、预算收支与绩效管理、资产负债管理、信息披露与监督检查等职责。发改委主要负责传统基础设施领域投资，规范 PPP 项目的操作流程，包括项目范围、项目储备、项目论证、社会资本方选择、项目执行等。

二是侧重点不同。财政部文件重点规范物有所值评价和财政承受能力论证、财政预算管理和资产负债管理；发改委文件重点规范项目储备、项目论证机制、项目执行中的法人变更等。

三是 PPP 模式不同。发改委认为，PPP 模式主要包括特许经营和政府购买服务两类；但财政部严格管控将当期政府购买服务支出代替 PPP 项目中长期支付，规避 PPP 项目相关评价论证程序。

四是 PPP 项目库不同，以及入库项目潜在待遇不同。

五是社会资本采购制度不同：财政部认为，依据政府采购法选定的社会资本合作方，如依法能够自行建设、生产或者提供服务的，可以不再进行招标。但发改委按照《招标投标法》的规定，拟由社会资本承担工程建设的，必须通过招标方式选择社会资本方。

六是关于物有所值评价和财政承受能力论证是否是遴选社会资本的前置条件的规定不同。财政部给出明确结论；发改委在“多评合一，统一评审”中要求财政部门参加，但两个报告是否是送审要件，从实施方案内容看暂无清晰表述。

虽然两文存在差异性，但在 PPP 模式的发展推进中，都起到了不可或缺的关键作用。

第四章　我国实施 PPP 项目的现状

一、国内 PPP 实施基本情况

按照《关于规范政府和社会资本合作综合信息平台运行的通知》（财金〔2015〕166 号）要求，建立了全国政府和社会资本合作（PPP）综合信息平台及项目库，要求将全国拟以 PPP 模式实施的项目和 PPP 项目全部入库。

截至 2017 年 6 月末，全国入库项目合计 13554 个、投资额 16.4 万亿元，环比净增项目 422 个、投资额 5164 亿元；比 2016 年末净增项目 2294 个、投资额项目 28643 亿元；同比净增项目 4269 个、投资额 57651 亿元。其中，已签约落地项目 2021 个，总投资 3.3 万亿元，环比净增落地项目 93 个、投资额 1483 亿元；比 2016 年末净增 670 个、10629 亿元；同比净增 1402 个、22402 亿元。

（一）时间分布

入库项目各阶段项目数如图 4-1 所示，投资额情况如图 4-2 所示。自 2016 年 1 月末至 2017 年 6 月末，月均增长项目 386 个、投资额 4842 亿元，PPP 项目需求持续加大。需要说明，截至 2017 年 6 月末，库内 56.4%的项目仍处于识别阶段，属于 PPP 备选项目。一是规划实施时间分布在未来若干年，二是尚未完成物有所值评价和财政承受能力论证，只表明地方政府部门有意愿采用 PPP 模式，要真正成为 PPP 项目，还必须经过严格论证和审核。尽管如此，截至 2017 年 6 月末，落地项目 2021 个，投资额 3.3 万亿元，数量依然可观。

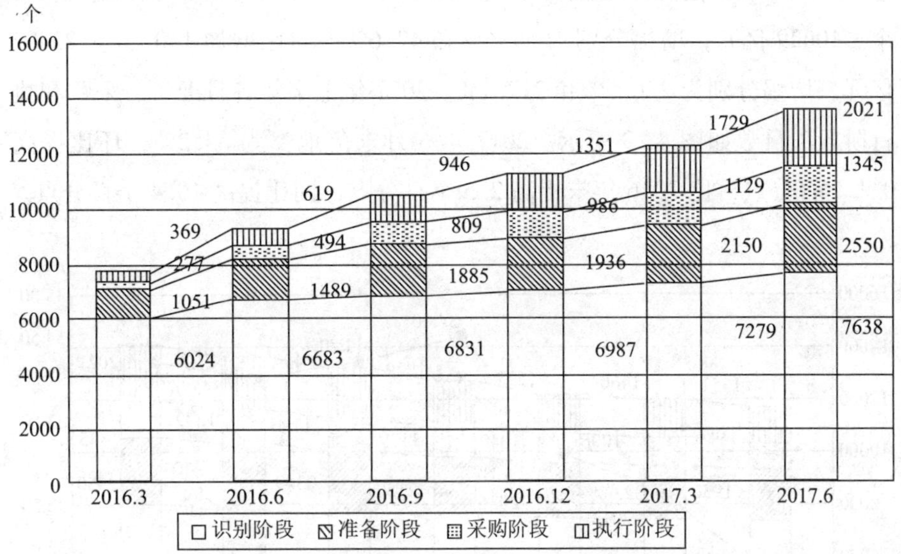

图 4-1　各阶段入库项目数季度变化趋势

图 4-2　各阶段入库项目投资额季度变化趋势

截至 2017 年 6 月末，落地项目 2021 个、投资额 32965 亿元，环比增加93个、1483亿元，增幅分别为4.8%和4.7%；比2016年末增加670个、10629亿元，增幅分别为49.6%和47.6%；同比增加1402个、22402亿元，增幅分别为226.5%和212.1%。2017年上半年各月准备、采购和执行阶段项目数如图4-3所示。2017年6月末落地率为34.2%，环比提高0.1个百分点，比2016年末提高2.5个百分点，同比提高10.4个百分点。

图4-3　准备、采购、执行和移交阶段入库项目数及落地率趋势

自2016年同期以来的总体落地率季度变化情况如图4-4所示，落地率呈稳步提高趋势。第一批示范项目自2016年末以来、第二批自2017年3月末以来已100%落地。截至2017年6月末，第三批示范项目落地311个，落地率60.6%，环比增加15个落地项目，落地率提高2.9个百分点；与2016年末相比，增加91个落地项目，落地率提高17.7个百分点。

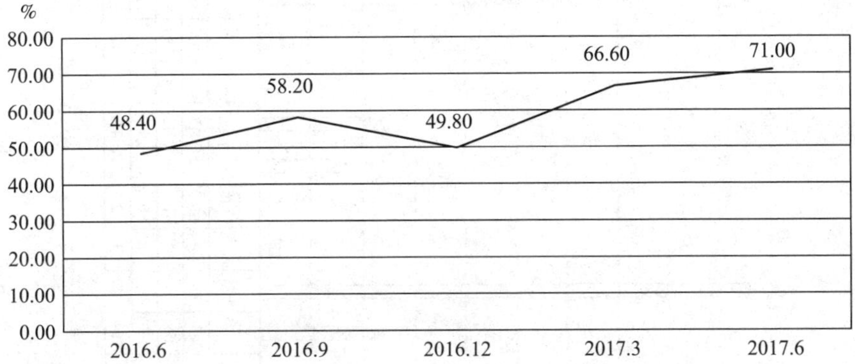

图 4-4 示范项目总体落地率变化趋势

(二) 地区分布

按地区统计，河南有 52 个国家示范项目签约进入执行阶段，居全国第一位。在河南之后，其他省落地项目数量为山东 41 个（含青岛 2 个）、安徽 35 个、河北 34 个、云南 30 个、福建 26 个（含厦门 1 个）、内蒙古 25 个、浙江 21 个（含宁波 3 个），其他地方均在 20 个以下。上述 8 个省合计占落地示范项目总数的 53. 3%，如图 4-5 所示。

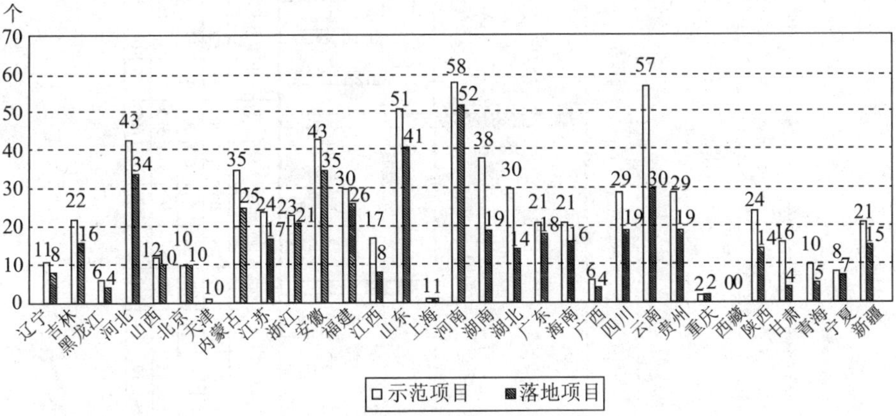

图 4-5 各省示范项目和落地项目数

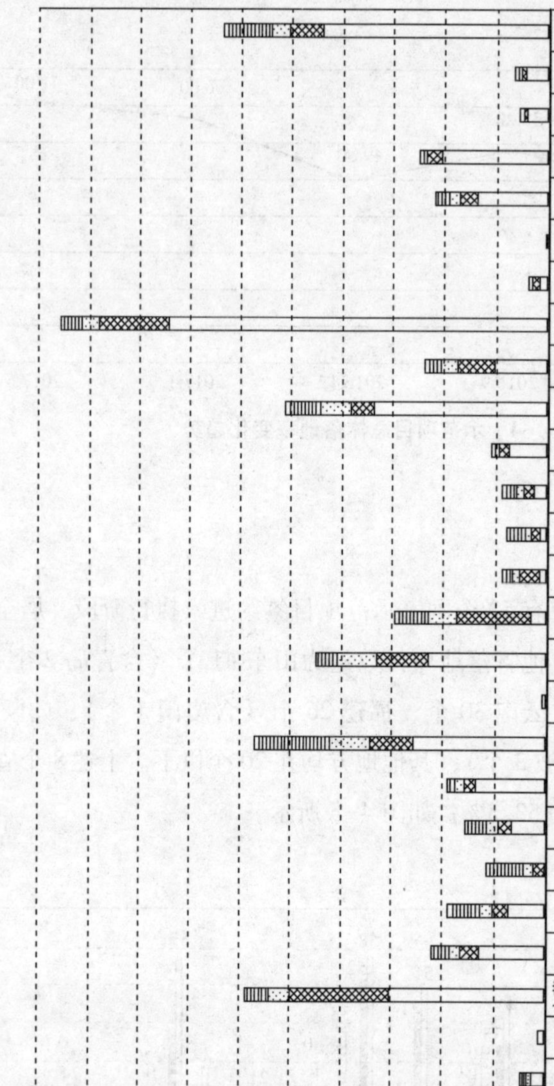

	辽宁	吉林	黑龙江	河北	山西	北京	天津	内蒙古	江苏	浙江	安徽	福建	江西	山东	上海	河南	湖南	湖北	广东	海南	广西	四川	云南	贵州	重庆	西藏	陕西	甘肃	青海	宁夏	新疆
执行阶段	43	31	20	88	23	28	0	88	66	120	140	80	29	293	1	83	132	39	72	56	17	139	67	84	11	0	52	13	7	15	184
采购阶段	25	15	10	52	31	5	0	83	41	52	37	49	35	158	0	153	111	28	24	29	13	119	65	69	0	0	44	12	4	9	72
准备阶段	59	18	30	81	37	9	2	395	75	62	47	50	45	170	0	203	289	76	37	37	39	92	143	277	30	0	69	59	15	19	135
识别阶段	293	10	94	329	20	52	23	607	255	141	0	132	271	518	0	460	59	29	22	50	147	675	204	1485	31	2	272	412	82	85	878

图4-6 各地区入库项目数按阶段分布情况

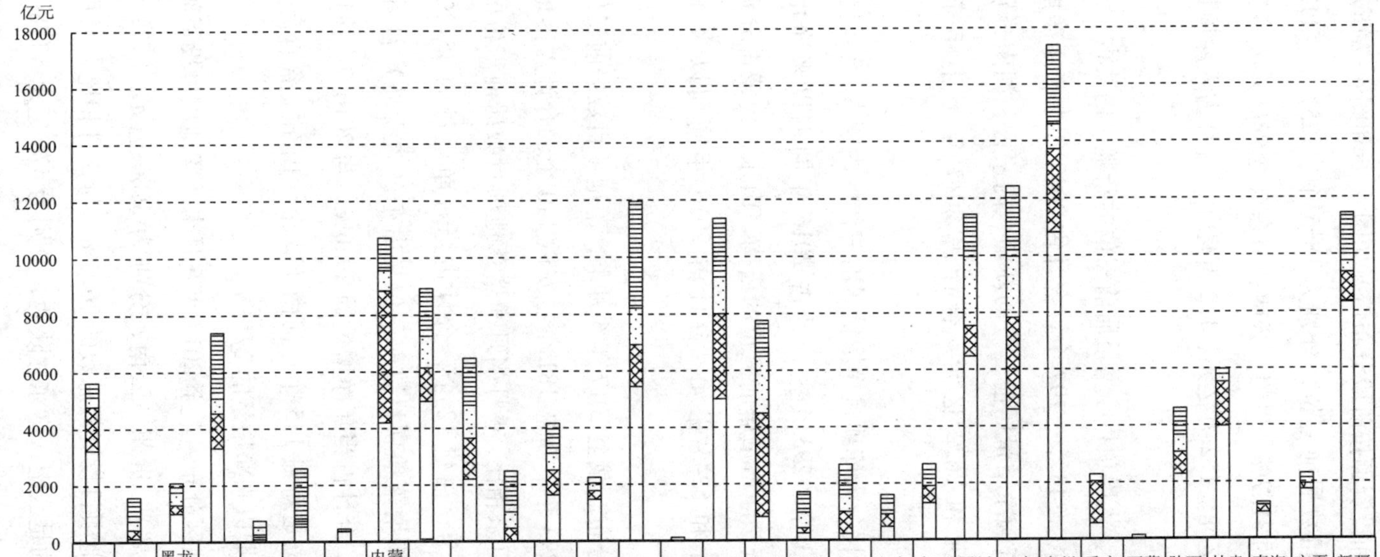

	辽宁	吉林	黑龙江	河北	山西	北京	天津	内蒙古	江苏	浙江	安徽	福建	江西	山东	上海	河南	湖南	湖北	广东	海南	广西	四川	云南	贵州	重庆	西藏	陕西	甘肃	青海	宁夏	新疆
▤执行阶段	427	828	330	2309	216	1859	0	1119	1669	1630	1439	1049	203	3686	14	2115	1273	717	1058	547	524	1503	2368	2779	242	0	999	189	43	172	1640
⚃采购阶段	350	314	452	527	266	81	0	713	1132	1164	576	604	266	1248	0	1205	2007	545	598	129	242	2347	2147	903	0	0	552	265	7	198	326
⊠准备阶段	1555	301	300	1236	168	79	25	4562	1175	1444	437	872	304	1479	0	2978	3641	179	771	434	604	1074	3244	2856	1476	0	775	1555	265	197	1050
□识别阶段	3204	98	976	3284	70	548	355	4171	4862	2171	0	1605	1443	5419	0	4971	810	233	208	452	1264	6430	4546	1070	534	22	2246	3936	909	1704	8297

图 4-7 各地区入库项目投资额按阶段分布情况

各地入库项目数和投资额按阶段分布情况如图4-6和图4-7所示。贵州、新疆、内蒙古项目数居前三位，分别为1865个、1257个、1173个，合计占入库项目总数的31.7%。贵州、云南、山东（含青岛）投资额居前三位，分别为1.7万亿元、1.2万亿元、1.2万亿元，合计占入库项目总投资的25.3%。

与2016年末相比，入库项目净增量居前三位的新疆、内蒙古、河南分别净增入库项目405个、345个、197个，合计占2017年上半年净增量的41.3%；入库项目投资额净增量居前三位的新疆、内蒙古、湖南分别净增6877亿元、3469亿元和2622亿元，合计占2017年上半年净增量的45.3%。

与2016年同期相比，入库项目净增量居前三位的内蒙古、新疆、河南分别净增496个、473个、293个，合计占2016年同期以来净增量的30.0%；入库项目投资额净增量居前三位的云南、山东、内蒙古分别净增8491亿元、6699亿元和5245亿元，合计占2016年同期以来净增量的35.4%。

落地项目数地区分布。截至2017年6月末，落地项目数居前三位的省份是山东（含青岛）293个、新疆181个、安徽140个，合计占落地项目总数的30.4%。与5月末相比，6月当月净增落地项目数居前三位的是内蒙古17个、安徽13个、福建12个，合计占当月净增量的45.2%。与2016年末相比，当年净增落地项目数前三位是山东（含青岛）71个、安徽69个、四川58个，合计占当年净增量的29.6%。与2016年同期相比，落地项目数增幅前三位是新疆145个、河南123个、山东（含青岛）121个，合计占2016年同期以来净增量的27.7%。

落地项目投资额地区分布。截至2017年6月末，落地项目投资额居前三位的是山东（含青岛）、贵州、云南，分别为3686亿元、2779亿元、2368亿元，合计占落地项目投资额总数的26.8%。与5月相比，当月净增落地投资额居前三位的是云南、广东、陕西，分别为575亿元、178亿元、148亿元，合计占当月净增量的60.8%。与2016年末相比，当年净增落地投资额居前三位的是山东（含青岛）、河南、云南，分别为 1759 亿元，918 亿元、880 亿元，合计占当年净增量的 33.5%。与 2016 年同期相比，落地项目投资额增幅居前三位的是山东（含青岛）、云南、河北，分别为 2191 个、2015 个和 1756 个，合计占去年同期以来净增量的 26.6%。

（三）行业分布

项目库共包括能源、交通运输、水利建设、生态建设和环境保护、市政工程、城镇综合开发、农业、林业、科技、保障性安居工程、旅游、医疗卫生、养老、教育、文化、体育、社会保障、政府基础设施和其他 19 个一级行业。

各行业入库 PPP 项目数和投资额按阶段分布情况如图 4-8 和图 4-9 所示。市政工程、交通运输、旅游项目数居前三位，分别为 4732 个、1756 个和 843 个，合计占入库项目总数的 54.1%；交通运输、市政工程、城镇综合开发项目总投资居前三位，分别为 5.1 万亿元、4.4 万亿元和 1.6 万亿元，合计占入库项目总投资的 68.0%。

落地示范项目数前三位是市政工程、交通运输、生态建设和环境保护。市政工程 225 个，占 45.5%，环比新增 3 个，比 2016 年末新增 45 个，同比新增 171 个；交通运输 49 个，占 9.9%，环比新增 1 个，比 2016 年末新增 12 个，同比新增 41 个；生态建设和环境保护 43 个，占 8.7%，环比新增 2 个，比 2016 年末新增 13 个，同比新增 34 个；其他各类 178 个，占 36.0%，如图 4-10 所示。

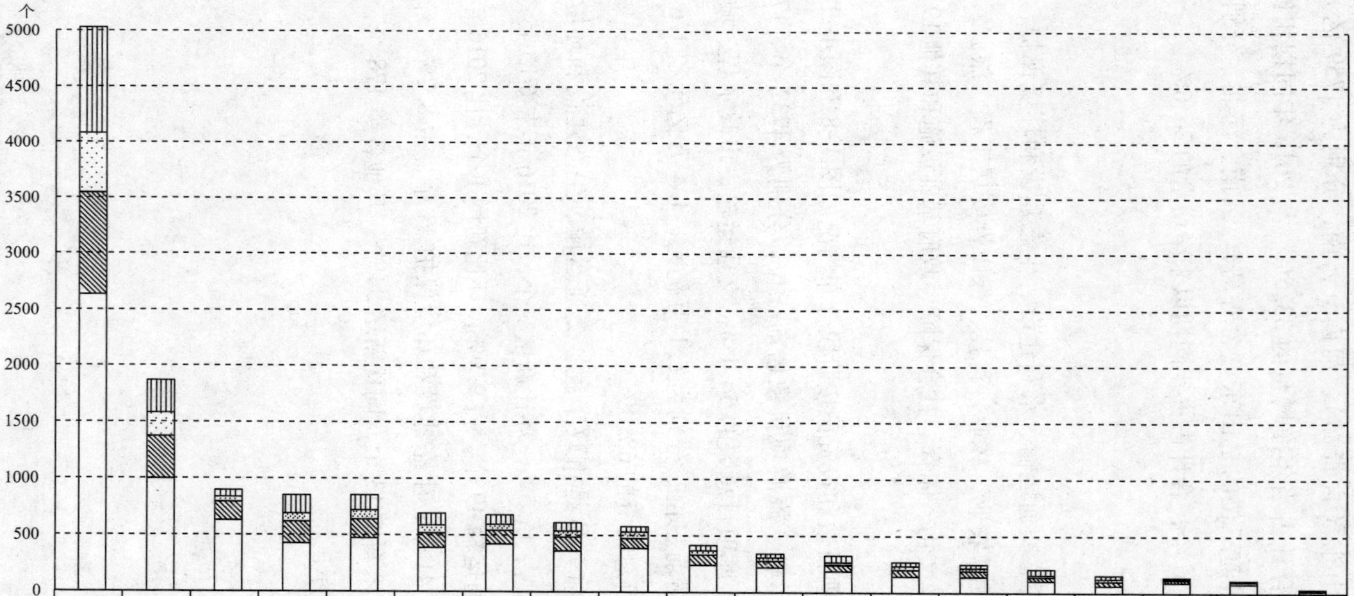

	市政工程	交通运输	旅游	生态建设和环境保护	城镇综合开发	教育	水利建设	医疗卫生	保障性安居工程	文化	其他	养老	政府基础设施	体育	能源	科技	农业	社会保障	林业
执行阶段	879	269	48	151	124	95	78	65	47	43	24	46	27	21	52	31	9	9	3
采购阶段	513	190	45	72	80	60	51	58	50	39	28	19	39	22	17	23	12	4	3
准备阶段	856	353	161	175	160	116	111	115	86	82	56	61	44	53	35	38	25	18	5
识别阶段	2484	944	589	407	445	378	403	342	368	234	212	180	145	140	106	65	94	83	19

图4–8 各行业入库项目数按行业分布情况

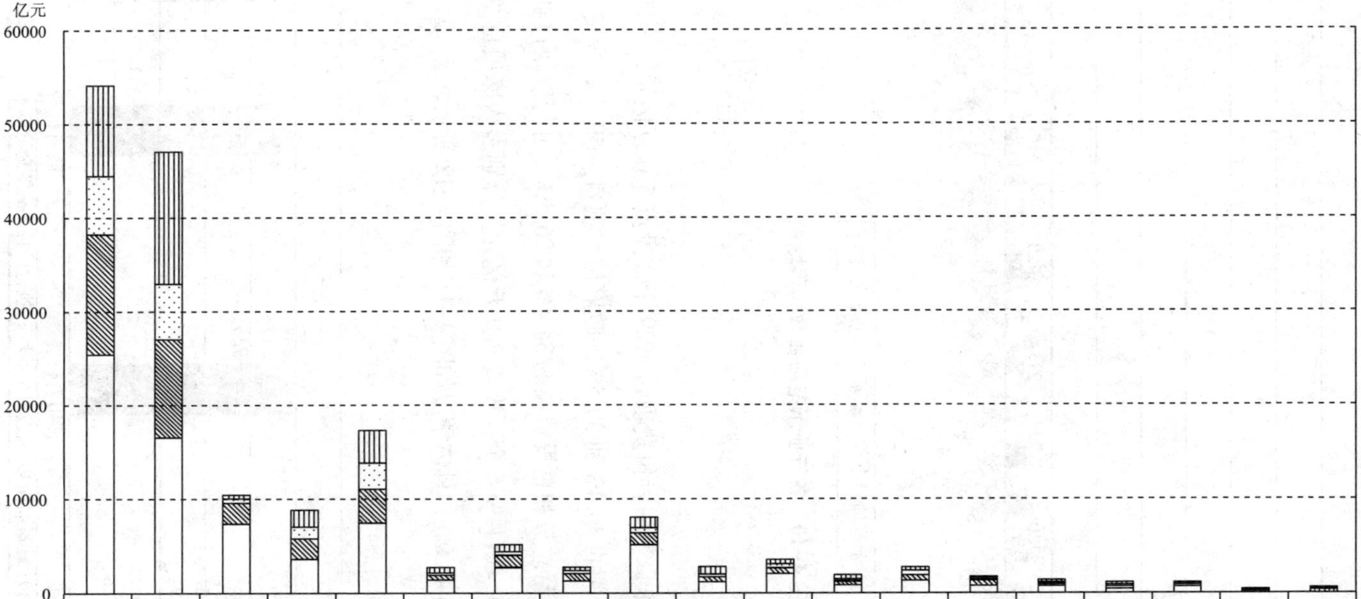

	市政工程	交通运输	旅游	生态建设和环境保护	城镇综合开发	教育	水利建设	医疗卫生	保障性安居工程	文化	其他	养老	政府基础设施	体育	能源	科技	农业	社会保障	林业
执行阶段	9072	13142	290	1764	3238	470	670	367	930	601	310	481	235	129	404	247	54	45	16
采购阶段	5856	5513	489	1181	2698	242	426	324	653	251	425	129	489	127	70	184	34	6	15
准备阶段	12035	9858	2065	1971	3301	505	1062	780	1088	524	606	366	577	562	186	276	203	32	43
识别阶段	23866	15533	6904	3435	7023	1408	2703	1294	4872	1188	1993	840	1325	765	735	420	670	168	335

图 4-9　各行业入库项目投资额按行业分布情况

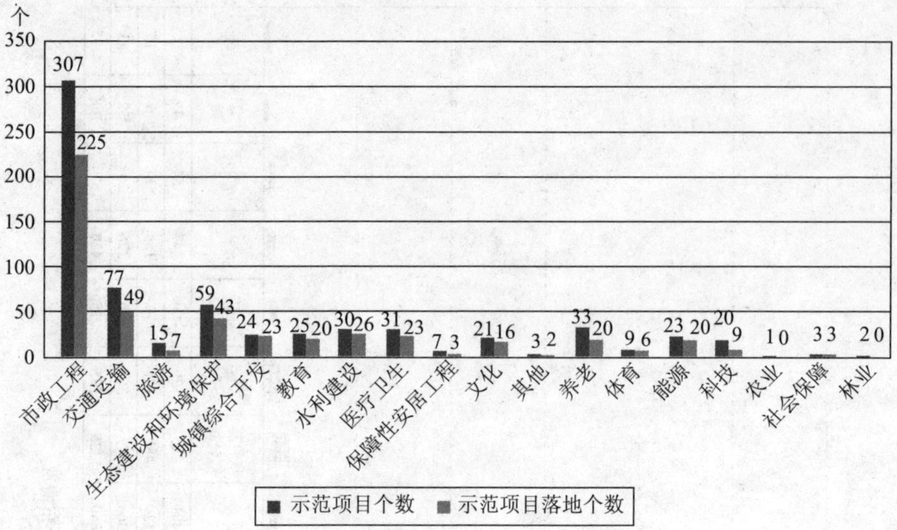

图 4-10　各行业示范项目数和落地数

（四）付费情况

截至 2017 年 6 月末，使用者付费项目 4929 个，投资 5.0 万亿元，分别占入库项目总数和总投资额的 36.4%和 30.5%；政府付费项目 4659 个，投资 4.3 万亿元，分别占入库项目总数和总投资额的 34.4%和 26.5%；可行性缺口补助（即政府市场混合付费）项目 3966 个，投资 7.0 万亿元，分别占入库项目总数和总投资额的 29.2%和 43.0%，具体情况如图 4-11 和图 4-12 所示。

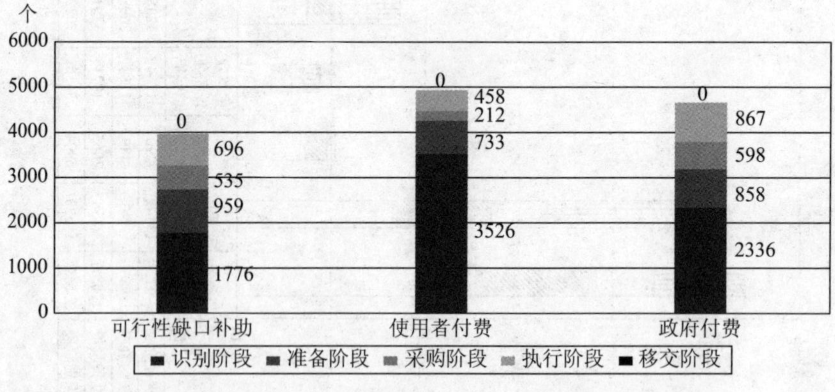

图 4-11　入库项目数按回报机制分布

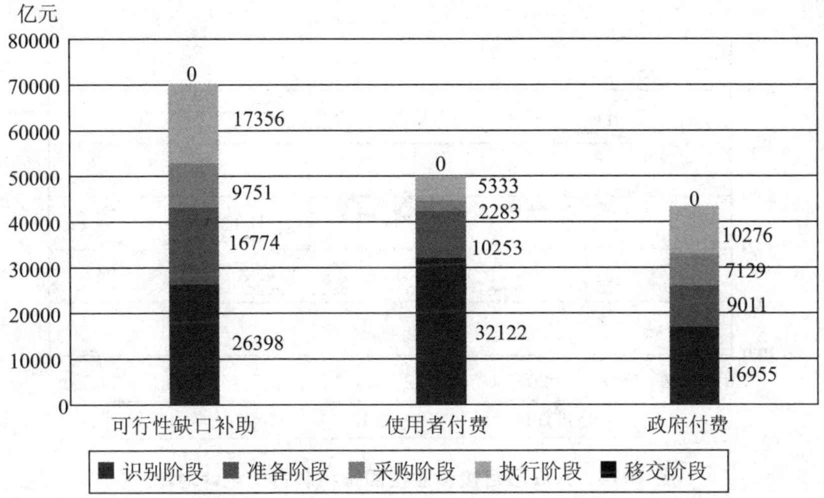

图 4-12　入库项目投资额按回报机制分布

2017 年上半年各月、2016 年末、2016 年同期的三种回报机制项目数占比如图 4-13 所示，投资额占比如图 4-14 所示。可见，政府付费类和可行性缺口补助类入库项目的比重基本上呈逐月、逐季度小幅上升趋势，使用者付费类入库项目的比重变化趋势则相反。

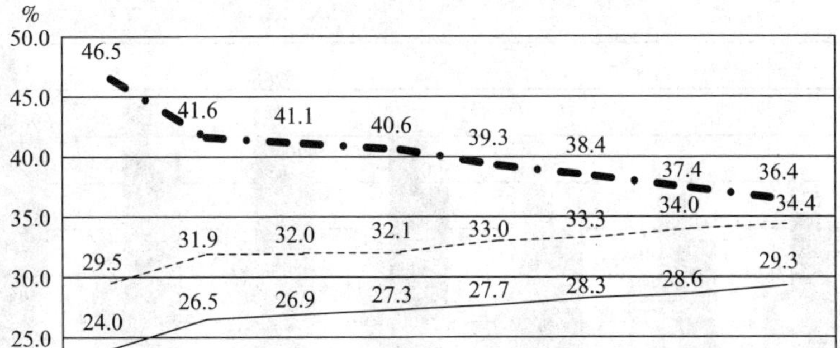

图 4-13　入库项目数按回报机制占比统计对比

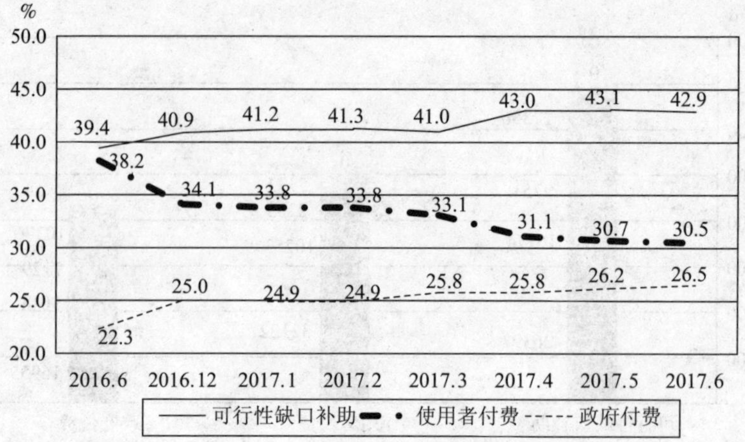

图 4-14 入库项目投资额按回报机制占比统计对比

截至2017年6月末，使用者付费类落地项目458个，投资5333亿元，分别占落地项目总数和总投资额的22.7%和16.2%；政府付费类落地项目867个，投资10276亿元，分别占落地项目总数和总投资额42.9%和31.2%；可行性缺口补助类落地项目696个，投资17356亿元，分别占落地项目总数和总投资额的34.4%和52.6%，如图4-15所示、图4-16所示。

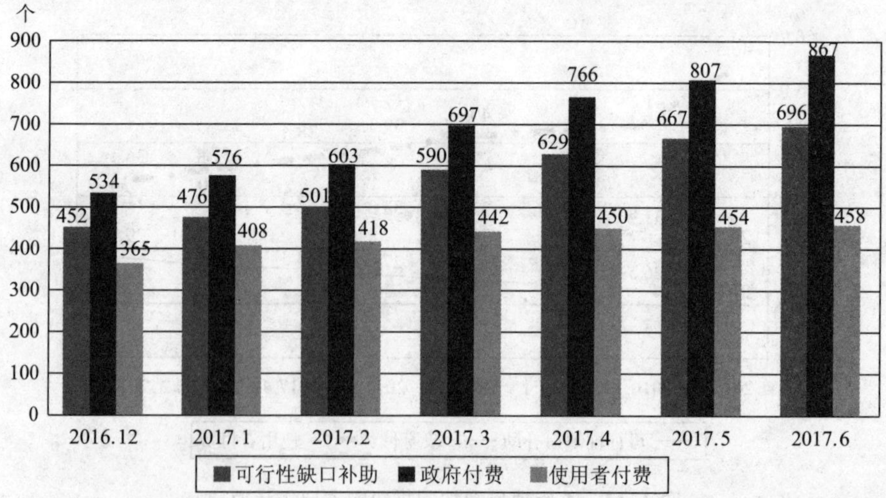

图 4-15 上半年落地项目数回报机制结构分析

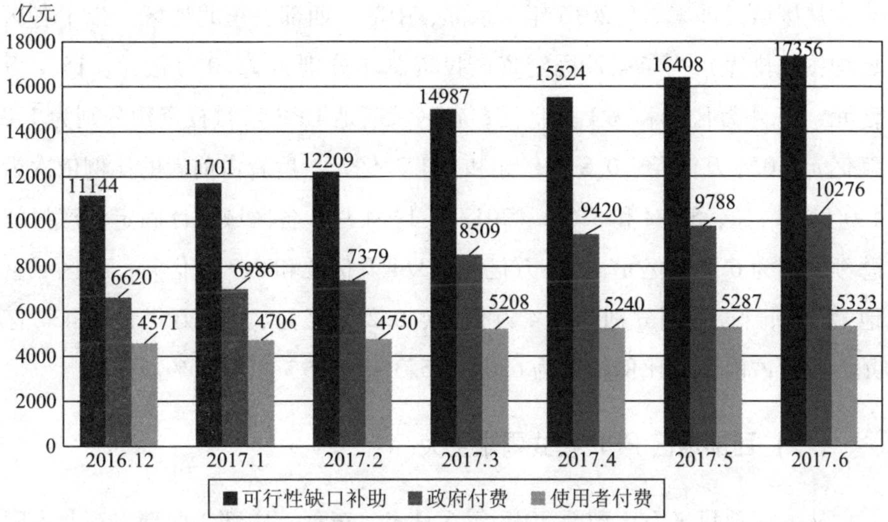

图 4-16　上半年落地项目投资额回报机制结构分析

与5月末相比，6月使用者付费、政府付费和可行性缺口补助的净增落地项目分别为4个、60个、29个，净增落地投资额分别为46亿元、489亿元、948亿元；与2016年末相比，6月使用者付费、政府付费和可行性缺口补助的净增落地项目分别为93个、333个、244个，净增落地投资额分别为762亿元、3656亿元、6212亿元；与2016年同期相比，使用者付费、政府付费和可行性缺口补助的净增落地项目分别为239个、670个、493个，净增落地投资额分别为2444亿元、7775亿元、12183亿元。

二、PPP市场结构分析

(一) PPP落地投资占固定资产投资比重上升

2016年，全国当年累计固定资产投资总额59.7万亿元，落地PPP项目投资额2.2万亿元，后者占前者的3.7%。2017年1—4月，全国当年累计固定资产投资总额14.4万亿元，当年累计新增落地PPP项目投资额0.8万亿元，后者占前者的5.6%。

从区域发展来看，2016年，东部、中部、西部、东北地区（以下各区域均按此排序）当年累计固定资产投资总额分别为25.0万亿元、15.7万亿元、15.4万亿元和3.1万亿元；各区域落地PPP项目投资额分别为1.0万亿元、0.4万亿元、0.8万亿元和0.1万亿元，后者占前者的比例依次为4.0%、2.5%、5.2%和3.2%。2017年1—4月，各区域累计固定资产投资总额分别为6.7万亿元、3.8万亿元、3.4万亿元和0.3万亿元；各区域落地PPP项目投资额分别为0.4万亿元、0.2万亿元、0.2万亿元和437亿元，后者占前者的比例依次为6.0%、5.3%、5.9%和14.6%。

（二）西部地区PPP模式需求更大

从入库项目来看，截至2017年6月末，东部、中部、西部、东北入库项目数分别为3259个、2377个、7270个、648个，分别占入库项目总数的24.0%、17.5%、53.6%、4.9%。入库项目投资额分别为4.6万亿元、2.7万亿元、8.2万亿元、0.9万亿元，分别占入库项目总投资额的27.9%、16.5%、49.9%、5.6%。2017年6月末的入库项目数、投资额对比情况分别如图4-17和图4-18所示。

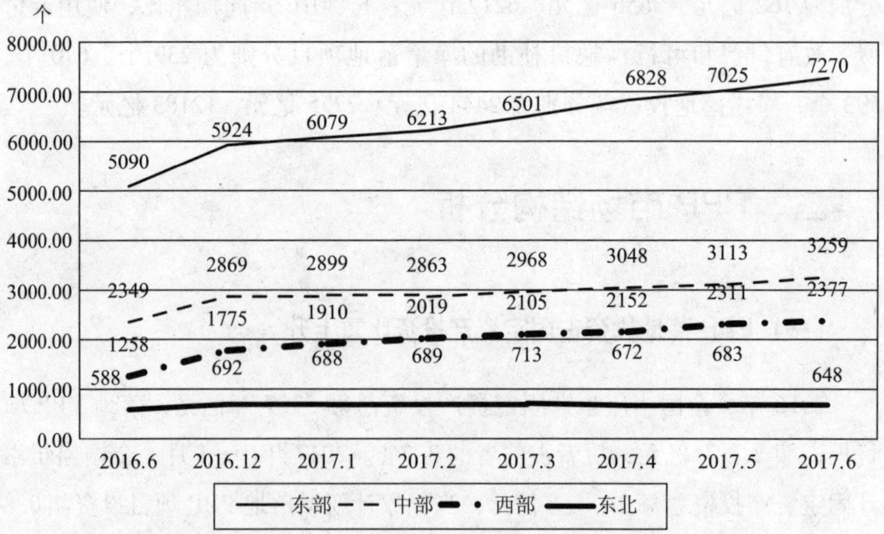

图4-17　截至2017年上半年四大板块入库项目数统计对比

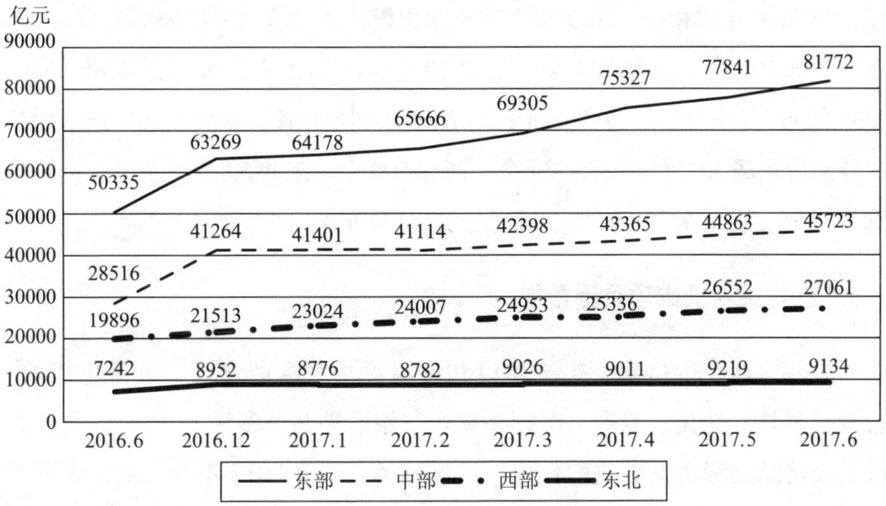

图 4-18　截至 2017 年上半年四大板块入库项目投资额统计对比

与 5 月末相比，当月四大板块入库项目变动情况分别为东部净增 146 个、中部净增 66 个、西部净增 245 个、东北净减 35 个（因项目退库），投资额变动分别为东部净增 859 亿元、中部净增 509 亿元、西部净增 3881 亿元、东北净减 85 亿元；与 2016 年末相比，2017 年上半年四大板块入库项目变动分别为东部净增 390 个、中部净增 602 个、西部净增 1346 个、东北净减 44 个，净增投资额分别为 4459 亿元、5548 亿元、18453 亿元、183 亿元；与 2016 年同期相比，四大板块净增入库项目分别为东部 910 个、中部 1119 个、西部 2180 个、东北 60 个，净增投资额分别为 17207 亿元、7156 亿元、31387 亿元、1892 亿元。

从落地项目来看，截至 2017 年 6 月末，东部、中部、西部、东北落地项目数分别为 804 个、446 个、677 个、94 个，分别占入库项目总数的 39.8%、22.1%、33.5%、4.7%。落地项目投资额分别为 1.4 万亿元、0.6 万亿元、1.2 万亿元、0.2 万亿元，分别占入库项目总投资额的 41.9%、18.1%、35.2%、4.8%。与 5 月末相比，当月四大板块落地项目变动分别为东部净增 27 个、中部净增 22 个、西部净增 45 个、东北净减 1 个，投资额变动分别为东部净增 357 亿元、中部净增 154 亿元、西部净增 985 亿元、东北净减 13 亿元；与2016年末相比，2017年上半年四大板块净增落地项目分别为东部236个、中部191个、西部223个、东北20个，净增投资额分别为4085亿元、2365亿元、3506亿元、673亿元；与2016年同期相比，四大板块净增落地项目分别为东部507个、中部336个、西部500个、东北59个，净增投资额分别为9095亿元、4375亿元、7757亿元、1174亿元。

（三）绿色低碳项目受重视

公共交通、供排水、生态建设和环境保护、水利建设、可再生能源、教育、科技、文化、养老、医疗、林业、旅游等多个领域PPP项目都具有推动经济结构绿色低碳化的作用。按该口径，截至2017年6月末，全国入库项目中绿色低碳项目7826个、投资额6.4万亿元，占全国入库项目的比重分别为57.7%、39.3%。与5月末相比，净增入库205个，净增投资额1740亿元，占全国入库项目的比重基本无变化。与2016年末相比，净增入库1214个，净增投资额9670亿元，占全国入库项目的比重基本无变化。2017年1—6月各阶段绿色低碳项目数和投资额对比见图4-19和图4-20。

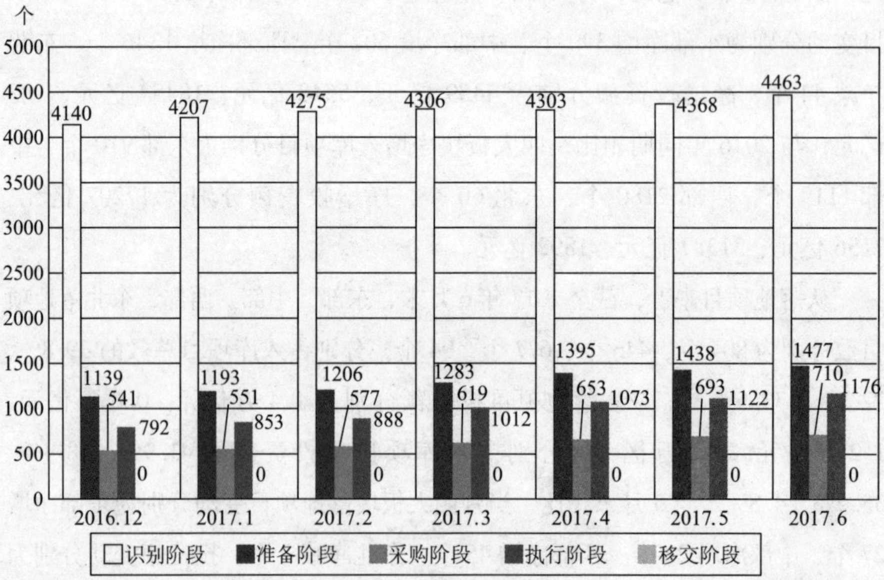

图4-19　各阶段绿色低碳项目数对比

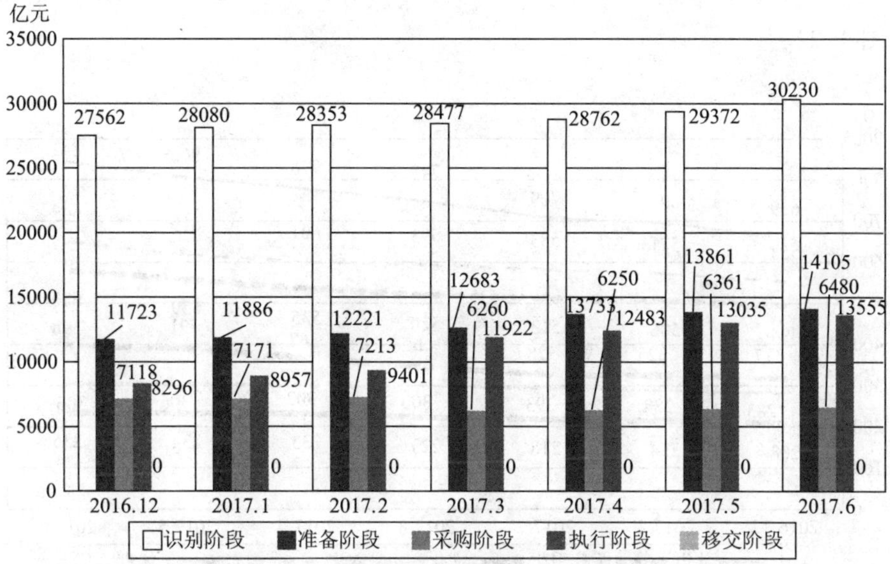

图 4-20　各阶段绿色低碳项目投资额对比

截至 2017 年 6 月末，已落地绿色低碳项目 1176 个、投资额 13555 亿元，分别占全国落地项目的 58. 2%、41. 1%。与 5 月末相比，净增落地项目 54 个、投资额 520 亿元。与 2016 年末相比，净增落地项目 384 个、投资额 5259 亿元。

（四）幸福产业落地投资额占比近 10%

根据《国务院办公厅关于进一步扩大旅游文化体育健康养老教育培训等领域消费的意见》（国办发〔2016〕85 号），幸福产业主要范围为“旅游、文化、体育、健康、养老、教育培训等重点领域”。健康产业对应项目库内医疗卫生领域。

从入库项目来看，幸福产业入库项目呈增长趋势，旅游作为幸福产业的排头兵，优势明显。截至 2017 年 6 月末，幸福产业项目数 3012 个、投资额 2. 2 万亿元，分别占当期项目总数和总投资额的 22. 2%和 13. 2%。与 5 月末相比，净增入库项目 97 个，净增投资额 1013 亿元；与 2016 年末相比，净增入库项目为 498 个，净增投资额为 4767 亿元。见图 4-21、图 4-22。

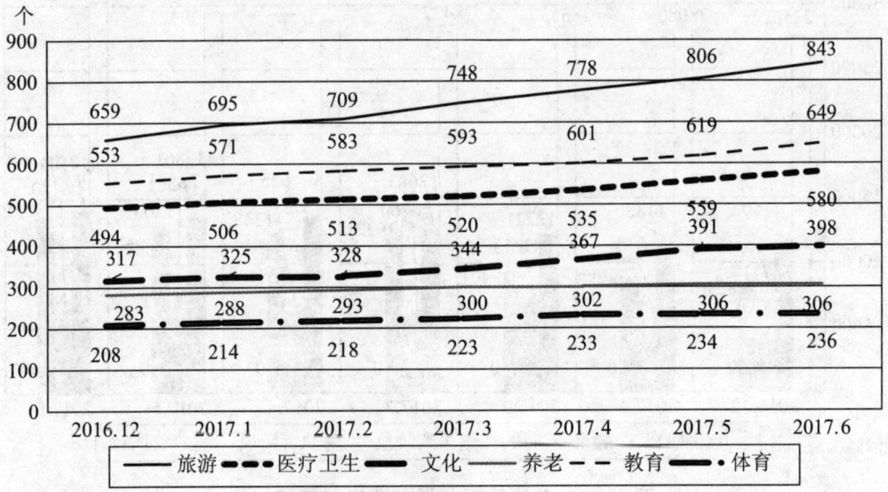

图 4-21　幸福产业入库项目数

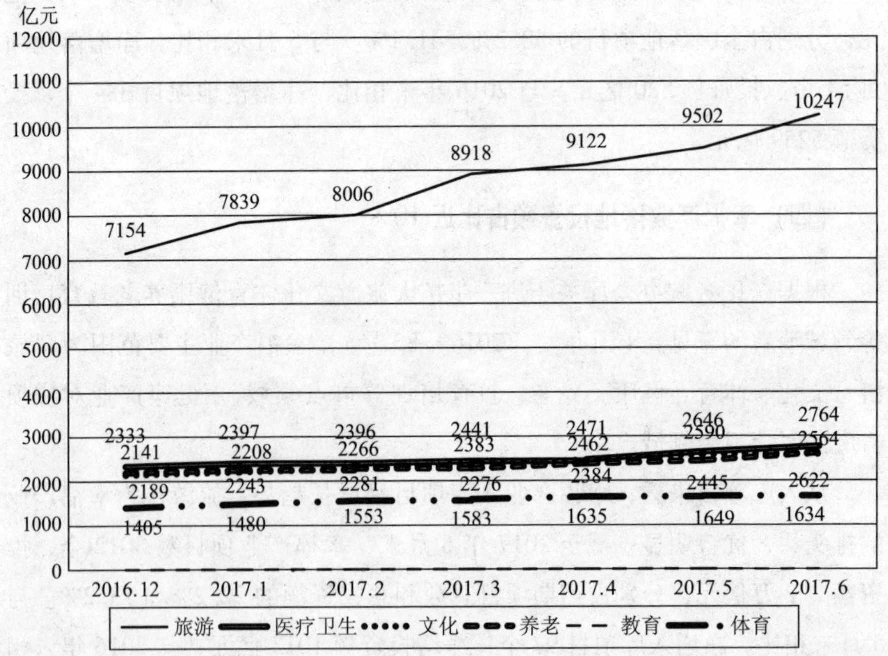

图 4-22　幸福产业入库项目投资额

从落地项目来看，截至 2017 年 6 月末，幸福产业落地项目 318 个、投资额 2838 亿元，分别占当期落地项目总数和投资额的 15.7%和 8.6%。与 5 月末相比，当月净增落地项目 23 个、投资额 115 亿元；与 2016 年末相比，2017 年上半年净增落地项目 128 个、投资额 1026 亿元。

（五）民企参与行业数增多

从社会资本合作方类型角度进行分析，截至 2017 年 6 月末，495 个落地的国家示范项目包括 283 个独家社会资本项目和 212 个联合体项目，签约社会资本共 785 家，包括民营独资 159 家、民营控股 132 家、港澳台 21 家、外商 15 家、国有独资 247 家、国有控股 189 家。另外，还有类型不易辨别的其他 22 家。民营企业（含民营独资和民营控股）291 家，占比 37.1%，如图 4-23 所示。比 5 月末统计结果高 0.9 个百分点，比 2016 年末统计结果低 1.9 个百分点，比 2016 年同期统计结果高 5.1 个百分点。

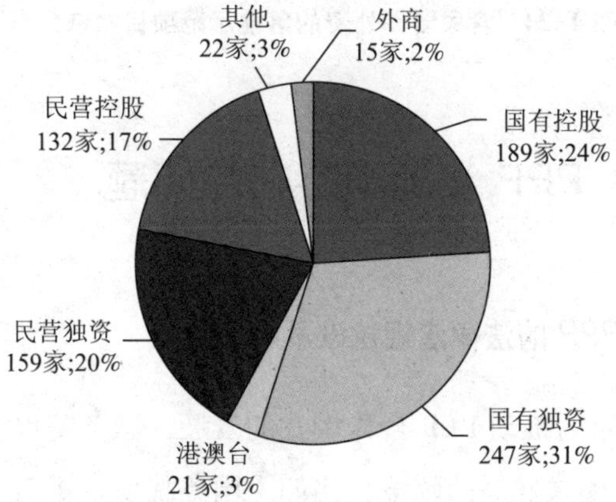

图 4-23　785 家社会资本的分类及占比

从民营企业参与领域角度进行分析，民营、含民营及外资的联合体两类项目数合计 240 个，占落地项目数的 48.5%，比 5 月末统计结果高 1.2 个百分点，比 2016 年末统计结果低 1.5 个百分点，比 2016 年同期统计结果高 9.5 个百分点。民营企业参与的行业领域达 15 个，如图 4-23 所示。

其中，市政工程94个、生态建设和环境保护27个、养老16个、水利建设15个、交通运输14个、医疗卫生13个、教育12个、城镇综合开发11个、能源11个，其余皆为10个以下。民企参与行业领域数与5月相同，比2016年末新增2个，比2016年同期新增5个。

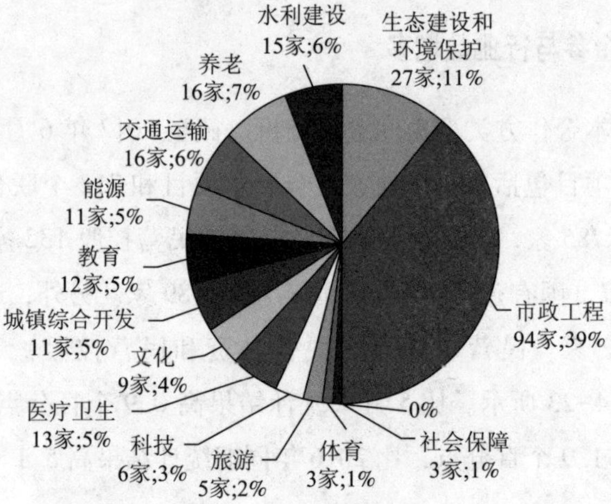

图4-24 含民营和外资的落地示范项目领域分布

三、国内PPP实施中存在的问题

（一）关于PPP的法律法规建设不够健全

近几年，国家为推动PPP合作模式的发展，国务院以及相关部委相继出台了支持PPP模式发展的政策，比如，国务院出台了对创新重点领域投融资机制鼓励社会投资的指导意见，国家发展改革委出台了开展政府和社会资本合作的指导性意见等。上述政策一般是站在地方政府的角度，对地方政府进行约束和规定，法律地位较低，对全社会PPP合作模式的指导效应不明显，而且多为指导性意见，只是从框架上进行了规定，缺乏具体的操作细则，可操作性不强。PPP合作模式还没有得到国家法律层面的支持，导致私人部门参与 PPP 项目的利益得不到有效保障。目前国内私人部门对 PPP 的热情度并不高，大多还处于观望状态。因此，加强 PPP 模式法律法规的建设刻不容缓。

（二）思想认识不到位

PPP 项目实施中，由于对 PPP 项目相关政策、规定学习不够，研究不深，不少人对 PPP 缺乏了解，存在认识上的误区，认为 PPP 是政府财政危机下的权宜之计，仅仅是为了融资，在认识上出现了两个极端：一方面，过分让利，把风险几乎完全留给政府，承诺固定回报率等，无法实现物有所值；另一方面，当社会资本大量盈利时又想方设法分一杯羹，没有树立起政府与社会资本的平等关系，影响项目的推进。

（三）社会信用基础较差

此处所讲的信用较差主要体现在两个方面：一方面，地方政府诚信度低的问题突出。地方政府为了追求政绩，存在盲目规划情况，在吸引社会投资方面开出优惠政策，但是如果遇到政府换届、地方规划修改以及财政收入不济等情况，地方政府可能无法继续履行合同，可能会单方面撕毁合同或对规划进行调整。而私人部门考虑到与政府搞好关系以及后续其他方面的合作，放弃通过法律手段解决争端，所受的损失只能由私人部门承担。另一方面，私人部门的信用状况也较差。私人部门在参与 PPP 项目投标时，往往不计成本，以最低价格获得 PPP 项目的建设和运营权。但在正式开工后，会找各种理由要求提价或变更条件，如果政府不接受，私人部门就会以拖延工程进度或降低工程质量标准进行威胁。由于项目已经开工，再重新找新的私人部门不切实际。因此，地方政府可能会在双方博弈中接受私人部门的要求，导致政府预算提高。正是公共部门和私人部门双方信用的缺失，导致双方在实际操作中，会对彼此不信任，影响工程进度。

（四）SPV 的融资渠道不畅

PPP 项目的投入资金数额大，从国内实际操作来看，虽然参与 PPP 项目的私人部门自身实力较强，但能够用自有资金满足项目建设的还是极少数，私人部门不得不从金融机构融资。在当前国内的大环境下，私人部门与国有企业相比，金融机构融资仍然存在先天性不足。金融机构往往都会优先考虑支持国有企业，因为国有企业有政府信用背书。私人部门从金融机构融资不仅条件苛刻，还很少有信用贷款，往往都需要提供担保。

对于 PPP 项目，土地属于地方政府，SPV 不享有土地使用权。因此，SPV 无法用土地抵押担保的方式从金融机构获得融资，只能寻求其他担保方式进行融资。除了私人部门自身存在不足之外，当前金融机构对 PPP 项目的融资支持政策方面力度也有所欠缺，大部分金融机构还没有一套支持 PPP 项目的制度，金融机构目前也处于摸索阶段，需要针对 PPP 的特点制定切实可行的支持政策，这还需要一段时间。因此，当前 SPV 从金融机构融资还是一个很大的难题，需要 SPV 和金融机构共同努力。

（五）SPV 的收益无法得到有效保障

一是未来收入有很大的不确定性。虽然私人部门在 SPV 中占有的股份较大，但这些 PPP 项目事关民生，政府对价格与服务具有很大的监督权，SPV 对服务价格的确定必须得到物价部门的许可，而且必须在规定范围之内。由于 SPV 项目带有很强的公益性质，政府一般会对 SPV 提供财政补贴，但补贴不一定能够足额到位，加上服务收入达不到预期目标，在运营期内无法收回成本，导致 SPV 资金压力大。例如，北京的地铁项目，价格由北京市政府统一划定，SPV 没有自己的定价自主权，但政府每年会对其进行财政补贴；琉璃河湿地公园项目门票收入极低，无法满足其基本建设和运营需求，政府承诺的服务费用支付带有很强的不确定性，可能会无法及时回款，严重影响私人部门的投资回报率。

二是地方政府会将 PPP 项目的收益与其他经营项目进行捆绑，但缺乏有效监管和法律效力。对于运营收费无法补偿 SPV 投入的，政府除了采取直接补贴之外，还会授予私人部门其他项目的经营权，如土地一级、二级开发、广告、物业等，但一般是合作中的口头承诺或磋商性意见，并没有形成有效力的合同。因此，其执行效力就会很低，而且附加的其他项目竞争性很强，需要私人部门自行管理，由市场决定收益，附加收益依然无法确定。

（六）项目风险分担问题

从已有的 PPP 项目实践中发现，社会资本往往处于弱势地位，风险与收益不对等的现象经常发生，而且在发生纠纷后利益无法得到保障，这也是社会资本投资最顾虑的地方。目前，在 PPP 建设领域风险分担机制尚不成熟，缺乏合理定价机制及存在利益输送的现象。已经开展的 PPP 项目中，出现一些 PPP 项目要么严重亏损，要么出现暴利的情形，项目各方的利益诉求、风险偏好及能力、责任不同是 PPP 项目风险产生的根源。一般来说，风险与收益对等，在追求其利益的同时意味着要承担与利益相对等的风险。政府部门的利益诉求主要体现在产品服务公共的效率性，而私人部门的利益诉求主要体现在经济利益上，不同的利益诉求使参与者目标存在多样性，不利于 PPP 的实施。因此，需要合理制定有效的风险分配方案来规范和协调他们在风险分担上的行为，保障各方利益。

（七）公众认知存在偏差

在 PPP 的认知方面，目前社会公众存在“万能论”“速生论”和“悲观论”三种不同的论调。“万能论”者认为，在当前经济增速回落、融资难度加大的背景下，PPP 是一把“万能钥匙”，不管什么类型的项目都可以采取 PPP 模式，这导致一些不适合采用 PPP 的项目也被包装成 PPP 模式，给项目后期落实带来一定的困难。“速生论”者认为，PPP 模式在我国全面推开以来，项目推进过于急速，一些地方存在“揠苗助长”现象，制度建设跟不上项目推进的速度，产生一系列的后遗症，这会给 PPP 的可持续性带来挑战。“悲观论”者认为，当前的 PPP 模式只是 BT 模式的一种“变种”，尤其是包装 PPP 现象的存在，导致 PPP 模式还会走以往 BT 的老路，生命力不强。尽管现在各地区“一窝蜂”上马 PPP 项目，但随着运营过程中存在的弊端逐渐显现，必然还会回到以往政府投资的老路上。

(八) 相关配套改革不到位

相关配套改革不到位主要表现在行政、财税、投融资、价格及其他改革方面。

1. 行政改革不到位

尽管近些年来政府在行政改革方面有了一定的进展，但由于没有改变政府运作体制，导致政府职能定位不准，边界不清晰，身兼直接投资者、经营者以及监管者等多重职能，既是“运动员”，又是“裁判员”，在具体工作中极易产生混淆。更为重要的是，由于政府职能转型不到位，政府现行运作方式不能适应 PPP 发展需要，无法体现 PPP 的“共治”理念。例如，在 PPP 项目的发起方面，基本是以政府发起为主，尽管相关政策规定了社会资本也可以发起 PPP 项目，但很难获得政府的认可。

2. 财税改革不到位

在财政改革方面，政府目前还没有建立起完善的跨年度预算平衡机制和中期财政规划、财务报告制度，难以对政府当前的财政实力及未来的发展趋势进行合理预测，不能够对政府付费及可行性缺口补助项目是否超出政府的财政承受能力进行准确评估，无法从法律层面规范 PPP 项目的财政支出责任。在税收改革方面，伴随着“营改增”（营业税改征增值税）的全面推开，PPP 项目的税务问题应如何处理，如税收缴纳、抵扣以及税收优惠问题，目前在制度层面还没有明确。

3. 投融资改革不到位

当前，我国投融资改革还不到位的问题比较突出，具体表现在：一是在投资领域简政放权方面，地方政府落实的力度不够，企业投资主体地位还没有完全确立；二是政府投资体制改革方面还不充分，国有资本引导和带动作用发挥不够；三是项目融资渠道不畅的局面没有得到改善，“融资难、融资贵”的问题依然比较突出。

4. 价格改革不到位

价格改革不到位主要表现为公共服务领域的价格市场化程度不高，调整机制不灵活。目前，大多数公共服务领域的定价实行的仍然是以政府指导价为主，且价格动态调整机制尚未建立，导致一些公共产品及服务价格过低，甚至存在远低于成本的情况。价格体制改革是否到位，直接影响社会资本参与 PPP 项目的积极性。

5. 其他改革

除了上述改革不到位外，还存在其他改革不到位的情况。例如，土地使用政策的不明确，使社会资本在获得 PPP 项目特许经营权的同时并不一定能保证竞得土地使用权；审计监督机制的不同步，导致实施机构不敢放开手脚；绩效评价机制的不健全，导致无法对政府及社会资本在 PPP 项目实施过程中是否履行职责以及尽责是否充分进行评价；工商登记的不明确，给 PPP 项目公司登记及经营带来一定的难度。

（九）缺少必要的 PPP 项目市场测试环节

在采购程序中安排市场测试，有利于在交易初期建立交易双方的沟通机制，对形成双方合理预期，促成交易有重要意义，也是一种富有弹性的博弈机制。但在国内 PPP 项目采购实践中，不仅缺乏市场测试的环节，而且从采购公告到递交文件截止日的时间安排也比较短，投资者往往是慌慌张张买了招标文件，匆匆忙忙编写投标文件，极少能仔细研究，更无法反馈合理意见。政府采购方设计的 PPP 方案和采购文件，寻找到高素质投标人的可能性被大大降低。

（十）推动能力不足

PPP在我国的发展时间不长，由于缺少足够的经验，作为PPP实施主体的相关机构在推行PPP的过程中只能边实施、边摸索。尽管在实际运作过程中，一般由行业主管部门操作，其对管理范围内的日常工作较为熟悉，但PPP项目往往涉及很多政府日常管理范围以外的业务，相应专业知识和经验相对缺乏与不足，无法对PPP项目进行全面系统的管理。由此导致PPP项目主要集中在市政交通等一些管理部门相对熟悉的领域，其他领域推广应用力度明显不足。

（十一）金融机构方面的问题

1. 金融产品不匹配

金融机构风险意识比较强，习惯于通过“利差”的方式获得盈利，惯性思维导致其创新动力不足。同时，股权融资在股权结构设计、股权退出等方面存在的难题尚未解决，导致股权融资在融资过程中运用甚少，金融机构对PPP项目的支持主要是传统的债券融资方式。一方面，这种金融产品与PPP项目周期长的要求不够适应；另一方面，能够融通的资金量非常有限，相对于PPP项目的巨大投资来说，只能是“杯水车薪”。

2. 对民间资本支持存在障碍

金融部门仍将PPP看成是政府融资行为，在对社会资本的融资支持方面，仍看重国有企业的参与，尤其是央企的参与。对民间资本的融资支持仍带有“有色眼镜”，民营企业在金融机构的信贷额度明显低于国企。民营企业的综合实力本身就弱于国有企业，在融资方面又难以获得金融机构的支持，导致资金约束成为民营企业参与PPP项目的主要“瓶颈”，这在很大程度上加大了民间资本参与PPP项目的难度。

（十二）SPV 方面的问题

1. 产权归属难以界定

在没有进行采购之前，PPP 项目前期立项、规划、可研、环评等工作往往由政府部门操作，项目立项的主体由各地的住建局、交通局等实施机构来代替。在进行项目采购之后，具体的项目运作则由社会资本通过 SPV 来承担，这就会造成 PPP 前期的准备手续办理主体与以后的实施主体不一致的情况，造成项目产权归属不统一、不明确，由此会带来融资障碍、不利于项目资产证券化等一系列问题。

2. 股权结构难以设定

合理的股权设计，有利于发挥股东的各自优势，提高项目的实施效率。但在 PPP 项目推进过程中，由于缺少相关的案例经验借鉴，相关参与方在 PPP 项目公司 SPV 中的股权比例并无明确的参考标准，地方政府在实施 PPP 项目时只能“摸着石头过河”，这给 PPP 项目的后期运营带来了很大的不确定性。调研发现，围绕出资比例问题，政府和社会资本双方往往需要花费不少时间进行谈判。

3. 运营管理无法保证达到公众预期水平

PPP 项目后期的运营周期长，在后期运营考核和监督机制缺乏的情况下，社会资本自身没有提升服务水平的动力，有可能导致 SPV 的运营管理达不到预期标准，无法满足公众需求，带来极大的社会问题。此外，调研发现，SPV 运营管理存在“二次转包”现象。一些大型国有企业，尤其是央企在参与 PPP 项目时，经常是项目建设任务一完成，资金一回收，就从 SPV 中退出，而把后期的运营转包给当地的一些企业去管理，无法实现借助于大型国有企业管理经验的初衷，这也为 SPV 后期运营水平达到预期标准带来了极大挑战。

（十三）中介服务机构方面的问题

1. 综合性咨询机构缺乏且整体水平不高

PPP 项目咨询涉及金融、法律、财务、工程技术等多个方面，而同时能够提供诸多综合性咨询业务的中介机构不多，这使得在实际操作中，可供选择的 PPP 项目咨询机构的余地不大。同时，由于 PPP 在国内推广应用时间短，许多中介服务机构以往参与 PPP 项目的机会并不多，从业经验不足，加之长期以来缺少足够的专业人才积累，导致提供 PPP 项目相关咨询服务的中介机构整体水平不高。

2. 缺少统一的咨询机构入库标准

目前，从中央到地方都在建立 PPP 咨询机构库，但由于没有统一规范的入库标准，许多有实力的咨询单位被“拒之门外”。一是一些地方选择咨询机构，采取最低价中标的方式，一些业务水平不高的咨询机构因为报价较低而入选，而业务水平较高的咨询机构由于报价较高而无法中标。二是一些地方出于地方利益的考虑，倾向于选择当地的咨询机构，人为排斥一些质量较高的外地咨询服务机构，导致一些咨询机构能够入选国家、省等级别较高的 PPP 项目咨询库，而无法入选市县等层级较低的 PPP 项目咨询库。

3. 咨询机构约束机制不健全

在实际运作中，咨询机构参与实施方案的编制定位于咨询，其在 PPP 运作中的法律责任不明确，无硬性约束。同时，PPP 项目实施方案主要以实施机构委托中介咨询机构编制为主，缺乏外部对比评价，导致部分中介咨询机构贪多求快，对具体项目研究深度不够，没有充分发挥中介服务机构专业的项目策划能力。在实践中，经常出现咨询公司服务质量低、责任心不强等情况。另外，虽然多数 PPP 项目也有律师参与，但现有的政策并没有对 PPP 项目中律师的参与角色提出明确要求，实践中实施机构容易忽略 PPP 运作中的相关法律问题。

四、国内 PPP 模式风险管理现状

在 PPP 项目较长的运转周期内，存在多种不确定性，这些不确定性导致 PPP 项目产生很多风险。在当前国内公共基础设施项目中，公共部门大力热捧 PPP 合作模式，基本动因还是其自身融资渠道受到限制。为了发展当地经济，各地纷纷大量推出 PPP 合作项目，在规划立项时可能存在美化项目、故意忽视风险的情况，这为后续合作埋下了很大的隐患。因此，只有对各种风险进行充分预估，才能确保 PPP 项目的顺利运转。但是，我国 PPP 模式起步相对较晚，目前还处于借鉴国外先进经验阶段。由于国内社会的特殊性，国外的经验在国内未必适用。当前社会各界，包括各级政府、学界以及企业界等对 PPP 模式还处于摸索当中，并没有形成一套全面的风险管理经验，只是遇到风险时才会找寻解决办法。此外，问题在于，国内还没有形成统一的法律法规对 PPP 模式进行规范，众多规章制度分散在不同部门之中，如国务院、财政部、发展改革委以及建设部等，使风险管理操作不规范，导致 PPP 项目风险问题突出。

（一）风险管理意识不足

要想确保 PPP 项目的顺利实施，就要对当中存在的风险进行充分分析，并研究制定风险分散方案，不仅公共部门和私人部门应该考虑这一问题，建设单位、承包单位等也应提高风险管理意识，这样 PPP 项目的质量才能得到有效保障。但是当前国内 PPP 项目当中，均存在一定程度的风险管理意识不足问题，主要原因如下：

1. 国内的社会环境影响

由于国内官本位思想较严重，因此，不管是公共部门，还是私人部门，在对 PPP 项目进行风险研究时，都会认为该项目是政府主导项目，不管产生何种风险，通过政府手段均能得到有效解决。这就造成在对 PPP 项目进行风险分析时，各方均持乐观态度，对 PPP 项目的风险管理、风险控

制意识不强。

2. 风险识别能力不强

一方面，由于国内公共基础设施PPP合作风险管理工作起步晚，与西方国家相比存在很大差距，风险管理存在很大漏洞。国内对数据的精准度和把握度远远没有达到西方国家水平，许多数据更多的是依靠想象力，这在今后项目的实施中势必会产生很大风险。另一方面，以前的公共基础设施项目建设均由公共部门负责实施，风险由公共部门兜底。国内公共部门对风险的预先识别方面存在很大不足。私人部门在参与PPP项目时，更加看重财政补贴情况，忽视运营收益情况，因此，对PPP项目的风险识别能力较弱。分析国内一些失败的PPP项目案例得出，失败的主要原因为对法律变化风险、审批时效延误风险、政策不断调整风险、公众反对风险、公共部门信用风险、不可抗拒自然风险、融资风险、收益达不到预期风险等识别不足。

3. 风险防范措施不到位

由于我国负责PPP项目的单位风险意识不足，在制定风险防范措施时，没有对存在的风险进行详细研究，风险防范措施太大太笼统，缺乏针对性，导致国内PPP项目遇到风险时无法按照当初制定的风险防范措施进行化解，只能依据实际情况重新制定应对措施。

（二）缺乏科学的风险管理制度

对PPP项目中存在的各种风险，国内外学者均对其进行了大量研究和探索，并试图用模型对风险进行量化，为PPP风险管理提供合理参考，如PV模型、PSC模型等。这些模型能够将PPP项目中存在的风险进行量化，并提出科学的解决办法。但是，我国引入上述模型的时间较晚，虽然一些学者对其进行了分析，但缺少能够将其运用到实际项目中的相关案例。这就导致我国在对PPP项目的风险预判上，更多的是依靠人为的主观经验。此外，上述模型能够适用于国外的PPP项目，但如何与国内PPP项目实际相结合，制定出适合于国内 PPP 项目风险分析的模型，还需要进一步探索。因此，将国外的模型完全照搬到国内 PPP 项目中的做法不切实际。

（三）缺少能够对 PPP 项目进行风险管理的专业机构和人才

专业的风险管理咨询机构和人才是 PPP 风险管理的重要保障，经验丰富的专业咨询机构和人才能够帮助公共部门和私人部门对 PPP 项目的风险做出充分预估，并制定行之有效的合理应对措施。由于我国 PPP 项目发展较晚，目前这方面缺少大量的专业咨询机构和人才，而且由于项目案例的匮乏，专业咨询机构和人才能够掌握的经验和数据较少，即使能够提供咨询和经验，但是全面性有所欠缺，并不能应对所有的 PPP 项目，实践能力较差。

（四）缺乏良好的风险监管体制

PPP 项目一般需要很长时间才能获得收益，只有良好的监管体制才能确保项目的顺利进行。这需要有合理的监管体制，确保私人部门资金的安全性，帮助私人部门获得低成本的融资资金，保障私人部门能够获得一定收益，这样才能保障国内 PPP 项目的大量推广和实施。目前在国内，公共部门存在一定的强势性，虽然与私人部门在法理上是平等的合作伙伴关系，但是在实际操作中，私人部门往往会对公共部门进行妥协，私人部门的收益无法得到有效保障，这也会严重影响 PPP 项目的质量。目前我国对私人部门的合理收入、服务质量等方面还缺乏良好的监管机制。

五、我国实施 PPP 项目的有效对策

通过对国内 PPP 运作模式的研究分析，发现其中存在的问题和风险，对国内 PPP 模式的未来发展提出以下对策和建议：

（一）完善关于 PPP 模式的法律法规

PPP 项目均由公共部门发起，公共部门在合作中的表现较为强势。目

前，国内关于PPP合作模式的规章制度一般都是站在公共部门的角度，在很大限度上维护了公共部门的利益，往往会损害私人部门的利益。私人部门为了确保自身的利益，就会通过签订合同条款进行约束，并且与公共部门协商对合同中对自身不利的因素进行补充修改。但是合同效力的执行还需要法律法规的保障，如果得不到有效保障，私人部门参与PPP项目的热情将大大下降，影响国内PPP发展规划。当前，国内中央政府以及地方政府相继出台了支持PPP模式发展的相关规章制度，但是在监管职能方面存在互相交叉、打架的现象，严重影响制度的执行力度，而且目前国内还缺乏对PPP发展模式具体操作细则的规定，使PPP合作中存在的问题难以得到法理上的支持。

因此，我国应该从全局出发，总结分析国内外PPP发展经验、项目具体实施过程、项目运转过程中遇到的问题等，由统一的部门对PPP进行立法，整合其他各部门的相关法规制度，制定具体的实施操作细则，切实保障私人部门的利益，提高私人部门参与PPP项目的积极性，确保我国“一带一路”“长江经济带”“京津冀一体化”等重大战略的顺利实施。

（二）完成政府角色的转变

在传统的公共基础设施建设项目当中，政府承担的角色包括规划者、投资者、建设者以及后期运营维护者等，由于管控能力较弱，导致项目的建设和运营成本较高，而且效率低下。在公共基础设施项目引入私人部门后，政府部门也应该改变自身角色定位，按照市场规则运营PPP项目。

一是做好项目的服务者。公共部门要转变以往对私人部门的垂直管理思维，本着以服务为主的理念，从项目的规划、合同的起草，到政策的扶持，要坚持按照法律法规规定执行，要从长远的角度出发，而不是从当届政府或领导人的喜好出发，切实保障私人部门的利益。

二是优化财政补贴机制，提高资金利用效率。公共部门要做好财政预算，量入为出，切实对PPP项目做出合理补贴，而不是依靠关系等因素，盲目地对PPP项目进行财政补贴，增加财政压力。对于盈利能力较强的

PPP 项目，如高速公路、电力等项目，这些项目可以通过后期向客户收费获得收益，可以不对其进行财政补贴或降低财政补贴；对于公益性较强、盈利能力较弱的 PPP 项目，如公园、市政设施等，这些项目基本上免费向公众开放，盈利能力差，需要提高对这些项目的补贴。总的来说，对 PPP 项目财政补贴多少不能以牺牲私人单位的利益为前提。

三是做好 SPV 和客户的协调者。PPP 项目建好后，由 SPV 负责运营，在运营期间，SPV 直接面对的是广大客户。因此，公共部门要平衡 SPV 和客户之间的利益，督促 SPV 提高服务质量，满足客户需求，同时，也要帮助 SPV 协调解决面对客户时存在的问题，不能一味地损害 SPV 的利益。

（三）成立专门负责 PPP 项目的机构

目前国内的 PPP 项目一般都是由地方政府进行规划，报省级发展改革委立项审批，并纳入 PPP 项目库，向全社会进行公开。发展改革委只是负责项目的审批，并不负责对项目的全流程运作。如同当前的法规制度一样，对 PPP 项目有管理权力的机构也较多，如建设部、财政部、发展改革委等，造成权力分散，无法对 PPP 项目进行有效指导。PPP 模式将会是今后一段时间内主流的公共基础设施项目建设合作模式，随着国内 PPP 项目数量的大量增加，缺乏统一的领导将会制约 PPP 项目的发展。因此，我国应该将管理 PPP 的职能部门权力进行整合，成立专门负责 PPP 项目的机构，负责对全国 PPP 项目的管理和监督，建立全面的 PPP 项目数据库，能够对各类 PPP 项目进行研究分析，总结经验以及教训，更好地为 PPP 项目的发展提供强有力的支持。

（四）建立完善的风险分担机制

不管是公共部门还是私人部门，对 PPP 项目都承担着很大的风险。公共部门参与 PPP 项目的目的是改善社会基础设施条件和为社会公众提供更好的公共服务，私人部门参与 PPP 项目的主要目的是赢得社会形象及获得一定的收益。由于项目周期长，涉及的关系复杂，任何一方出现差错都会导致PPP项目的失败。因此，我国需要不断地完善公共部门和私人部门之间的风险分担机制，从机制上对风险做出防范和处理手段，减少损失，确保项目的顺利实施。

首先，应该明确风险责任，由各个阶段的主要负责单位承担责任，将收益与风险挂钩，同时对风险承担设置上限。其次，要设置动态的风险分担管理机制，根据项目的实际情况适时对分担机制做出相应调整，满足实际需求。最后，建立健全风险监督机制，确保出现风险能够得到有效应对。

(五) 创新PPP模式融资手段

当前，PPP项目在融资过程中遭遇众多“瓶颈”，严重制约了PPP项目进度。与国外在PPP项目融资方面的成功案例相比，国内还有很大差距，这也是由于受到国内的融资环境影响。因此，我们应该在借鉴国外PPP项目成功融资案例的经验基础上，研究支持国内PPP项目融资的政策，主要做到：一是鼓励国内政策性银行、世界银行、亚开行、亚投行等金融机构重点支持PPP项目的建设，同时放开对社保基金、住房基金等国家基金的管制，允许它们投资PPP项目，既可以盘活基金，也可以改善PPP项目融资尴尬的局面。二是将PPP项目的发展与证券结合起来，应将证券市场的有关政策向PPP项目倾斜，构筑资本市场与PPP项目之间的桥梁，利用资本市场激活PPP项目，撬动大量资金，扶持PPP项目的建设。三是对PPP项目的担保方式提供帮扶，例如，成立国家或地区性质的担保公司，专门为PPP项目提供担保，解决SPV从金融机构获取融资中存在的担保不足问题。四是鼓励国内金融机构出台支持PPP项目发展的政策，在风险可控的范围内放松对金融机构支持PPP项目的管制，允许金融机构尝试新的金融产品支持PPP项目，并对金融机构在支持PPP项目建设和运营中可能产生的坏账给予一定的政策扶持，解决金融机构的后顾之忧。

（六）加强对 PPP 人才的培养

PPP 模式流程复杂，涉及的学科知识较多，需要经济、法律、合同、设计、财务等方面的人才。PPP 项目在我国属于新兴事物，随着国内 PPP 项目的大量实施，这方面的人才将更加紧缺。因此，一是需要院校开设专门课程，教授关于 PPP 项目的专业知识，为社会储备 PPP 项目人才；二是国家要大力开展 PPP 课题研究，支持课题组对 PPP 项目进行研究分析，在实证研究中培养专业的实务人才；三是培育专业的 PPP 项目咨询机构，对其提供各方面的政策支持，为国内 PPP 项目的发展提供专业咨询；四是公共部门、私人部门以及金融机构等 PPP 项目参与者也要培养自己内部的复合型人才。只有对 PPP 项目具有开拓精神和全面视野，才能保证 PPP 项目各个阶段的顺利实施。

（七）做好定价策略、投资回报研究和税收筹划

一是咨询机构在前期测算时能及时、准确地收集同地区同类项目的历史数据进行测算，并在此基础上进行谈判和公开招标，既能保障项目的物有所值，又能给予投资方合理的收益和回报；二是建议地方政府每年年初根据同期本地债券收益率合理确定统一的利率作为折现率，避免各项目咨询机构在测算选择折现率时随意性较大，从而影响政府支出责任数据测算；三是国家尽快针对 PPP 项目出台相关税收政策，各地政府应当根据国家相关规定出台相应细则。鉴于 PPP 项目税收对于项目成本的重要影响，在 PPP 项目的前期阶段就应进行税务筹划，一方面要对项目运作方式在税务操作上的合法合规性进行评估，避免潜在的涉税业务事项处理不规范；另一方面也要充分考虑国家和地方所提供的税收优惠政策，优化 PPP 项目交易模式，降低税负和交易成本，在项目各方之间合理分配风险，确保项目的顺利实施。

（八）提供稳定的 PPP 模式法律环境

一是加快落实制定适用 PPP 模式的国家法律法规，对政府和社会资本

在项目中的权利和义务做出明确的界定，增强社会资本的投资信心；二是提高PPP立法的法律位阶，对于当下我国PPP立法存在的缺乏PPP专门法律立法层级低的问题，可通过制定高位阶的专门PPP法律予以解决；三是PPP专门法律应重点解决PPP项目适用范围、参与主体及方式、项目合作期限、项目交易结构、监督管理、项目流程等事项，并重点关注PPP项目用地、政府和社会资本方的权利和义务、PPP项目争议解决机制等。

（九）加快构建综合性管理平台

构建综合性政府管理平台，是PPP项目顺利实施的前提。根据我国PPP的实践，结合中国的国情，笔者认为应从以下三个层面来构建PPP综合性管理平台，并发挥其职能作用。

一是综合协调议事机构。PPP模式既不是公共产品的供给，也不是投融资体制改革，而是涉及国家治理和政府公共产品管理体制与机制的创新。因此，各级政府应成立以政府主要领导担任负责人、有关政府职能部门领导参加的协调议事机构。主要职能是加强战略谋划和顶层设计，统筹推进项目规划、财政预算、配套方案等工作，协调解决PPP实施过程中出现的重大问题，研究决定重大事项，增强各部门之间的凝聚力。

二是综合管理机构。目前全国大部分地方都成立以财政部门为牵头单位的PPP管理机构，但鉴于其机构性质、职责等因素无法完全承担指导、管理和监督PPP工作，因此，建议政府财政部门或政府有关部门成立具有行政管理职能的机构，专门履行PPP管理职能，以适应PPP项目特点。管理机构重点发挥的职能，包括做好PPP项目库和专家库等综合信息平台建设，建立“大数据”分析体系，实现PPP项目信息充分公开和共享，完善统计监测、绩效评价、动态调整和监督考核机制，开展PPP运营绩效考核和评价，为PPP项目提供全周期服务等。

三是实施管理机构。PPP项目政府行业管理部门应设立项目实施机构，具体负责项目的准备、采购、监管和移交等工作。PPP项目的专业性和实施生命周期长，以及项目全生命周期实施机构承担的职责，决定了政府职能部门必须设立实施机构，配备专职人员，否则将影响项目的推进。同时，我国地方 PPP 项目的实践也证明了实施机构在整个项目的实施过程中的重要性。构建综合性管理平台，可以进一步明确、理顺政府部门的职责，转变政府职能，提高工作效率，为 PPP 项目顺利实施提供保障。

（十）积极培育完善的资本市场

培育完善的资本市场，是 PPP 项目顺利实施的动力。PPP 的推广应用离不开资本市场，更应通过发达的资本市场缓解“融资难、融资贵”及产权交易、社会资本退出的问题。因此，应积极培育资本市场、创新金融产品，为 PPP 项目顺利实施提供资本支撑。

一是建立多元化的 PPP 资本市场。积极吸引银行、证券、保险、信托、社保基金等金融资源，构建由股权、债权、基金、担保、保险组成的多元化 PPP 投融资市场。在以股权转让为主的基础上，加快 PPP 二级融资市场建设。加快推进 PPP 交易市场建设，为社会资本的进入、退出和交易提供平台，构建从发起、融资、建设、运营到退出即涵盖 PPP 项目全生命周期的完整生态链，充分调动社会资本参与 PPP 项目的积极性，真正实现 PPP 与市场对接，提高资本流通性，降低交易成本，吸引社会资本和金融资本投入 PPP 项目。

二是创新金融产品。一方面，金融机构要创新金融产品，设计与 PPP 项目全生命周期匹配的产品；另一方面，项目单位可以按照 PPP 项目的不同阶段进行融资。在建设阶段，不确定因素比较多，可通过股权投资进行融资。随着 PPP 项目建成并顺利运营，项目有比较稳定的现金流，PPP 项目既可以获得银行贷款，又可以债权、资产证券化等方式进行融资，符合条件的项目运营主体可以在多层次股票市场挂牌或者上市。探索研究将重大项目建设的债券融资和贷款融资统一规划、统一管理，更好地应用直接融资、间接融资两种方式，创新 PPP 项目融资债贷组合和债贷基组合模式。

三是完善信贷评审制度。PPP 项目融资信贷评审方法需要进一步创新，将项目未来的现金流作为评估的基点，以适应 PPP 项目融资需要。

四是提高综合性融资服务能力。金融机构除为 PPP 项目提供融资外，还应发挥其专业优势，参与到项目设计、开发、运营等过程中，为项目提供综合性的融资咨询服务。

（十一）全面强化市场化运作

强化市场化运作，是 PPP 项目顺利实施的核心。政府作为 PPP 模式的监督者和合作者，在发挥好引导作用的同时，更要充分调动市场积极性，充分发挥市场在资源配置中的决定性作用，让专业的人做专业的事，切实强化市场化运作。

一是强化契约精神。PPP 的实质是政府与社会资本平等地订立契约，建立利益与风险分担机制。PPP 项目实施方案、绩效评价、监管权限、运作模式、付费方式、再谈判机制等都有合同约定。双方要尊重并共同信守契约，防止政府“新官不理旧账”、政策“朝令夕改、因人而异”，透支政府信用。企业必须履行责任，严格履行 PPP 合同项目进行建设、运营和移交。

二是减少政府直接干预。在 PPP 项目识别、准备、采购、执行、移交 5 个阶段 19 个操作步骤环节中，尊重市场规律，充分发挥第三方中介服务机构作用，减少政府干预。在项目识别阶段，要进行充分的市场测试，减少政府“拍脑袋”决策；在项目准备阶段，要进行充分的市场论证，更多地让第三方机构进行规范的物有所值论证、财政承受能力等评价评估；在政府采购阶段，要进行公开的市场竞争，让专业的人干专业的事；在项目执行和移交阶段，要进行充分的绩效评估。

三是收益共享风险共担。PPP 模式是政府与社会资本在公共产品和公共基础设施建设方面的合作，既要强调利益共享，也要强调风险共担，更要坚持市场化的“收益与风险相匹配”的原则。一方面，要保障 PPP 参与各方合理的收益，还要考虑留给社会资本合理的盈利空间。在 PPP 项目长达数十年的全生命周期内，要设置合理的价格动态谈判机制。另一方面，要强调风险共担，强化全程合作理念，避免出现风险由政府单方面承担的政府兜底现象，防范政府债务风险。

四是强化项目筛选。强化 PPP 项目前期论证，严格按照 PPP 项目操作指南履行相关论证程序，做到手续齐备，提高项目的可行性。在按照有关规定可实施 PPP 项目的领域内，政府部门或社会资本发起的项目要组织专业咨询机构进行物有所值论证。严禁将人为包装的项目纳入 PPP 项目，把不适合做 PPP 的项目做成 PPP。通过严格的约束问责机制确保项目做好、做实，确保 PPP 项目的顺利实施，实现各方利益共赢。

五是完善 SPV 法人治理结构。真正建立激励和约束相容的现代公司法人治理结构，从源头解决 SPV 公司参与方单一、股权设置不合理的问题。鼓励政府资本、社会资本、金融资本、基金等各方入股 SPV，形成股东优势互补。同时，完善保障 SPV 公司的建立、运营、再融资、解散和退出机制，确保 PPP 项目后期的有效运营。

六是提高项目信息透明度。只要不涉及国家安全和商业秘密，都要依法及时、充分地披露项目实施方案、招标投标、采购文件、项目合同、工程进展、运营绩效等相关信息，主动接受社会监督，切实保障公众知情权，维护公共利益，保障 PPP 运作过程的公平、公正、公开，使市场在资源配置中的决定性作用能够充分发挥。

（十二）加大宣传推介力度

加大宣传推介力度，是 PPP 项目顺利实施的先导。目前，对推广应用 PPP 存在着不同的认识，例如，PPP“万能论”“悲观论”和“速生论”等，严重影响了 PPP 项目的顺利实施。因此，应采取切实有效的措施，利用各种媒体、会议、论坛、培训等形式，加大 PPP 的宣传和推介，营造良好的社会氛围。

一是加大认知宣传。充分利用广播、电视、报纸、期刊、网络等媒体，宣传 PPP 理念、政策和典型案例，增进全社会对 PPP 的共识，通过宣传不断地转变政府相关部门及社会公众对 PPP 的认知，从国家治理能力和治理措施现代化的高度，从引领经济发展新常态的动力模式的高度，从行政管理体制改革和政府职能转变的高度，从财税体制改革和建立现代财政制度的高度，从公共产品供给体制改革和提高公共产品供给效率的高度，充分认识推广 PPP 的重大意义。

二是强化理念引导。通过举办各类会议、论坛等形式，有效地引导、提升各级政府、金融机构、社会资本和中介机构等参与 PPP 项目的主动性、积极性。推动政府在公共产品和公共基础设施供给方面的理念转变，开始从公共服务的“管理者、提供者”转向“监督者、合作者”，将单纯依靠政府融资进行公共产品和基础设施建设的传统思维不断地引导到政府和社会资本合作的理念上来。

三是强化规范引导。加强对 PPP 项目操作科学性、规范性的引导，通过建章立制规范 PPP 项目操作，使 PPP 实务部门和各参与方从一开始就树立规范操作的理念，严格按照项目识别、准备、采购、执行、移交 5 个阶段 19 个步骤，设计规范的运作方式、交易结构、合同结构、监管架构，防范 PPP 项目“异化变形”“走弯路、念歪经”，从源头上打消“伪 PPP”操作，避免 PPP“万能论”“速生论”“悲观论”等错误观点，形成正确的舆论导向。

第五章　特许经营类形式的操作流程合规性分析

PPP 模式历经三十余年的发展，内涵也在不断丰富与拓展。PPP 模式包含的实现形式多达数十种，世界银行、欧盟等多个国际机构均对 PPP 模式有具体的分类和研究，结合中国的国情，我们在研究 PPP 模式的时候一般将其分为三大类：外包类、特许经营类及私有化类。每一个大的类型下面，我们又有不同的项目实现形式，如 BT、BOT、BTO、BOO、DB、DBFO、BLT、TOT、ROT 等。本章着重对特许经营类狭义 PPP 模式下的 BOT、TOT、ROT、BLT、BTO 的操作流程合规性进行分析，以便为特定的公共基础设施项目选择适合的 PPP 模式提供有价值的参考。

一、BOT（建设—运营—转移）模式的操作流程合规性分析

（一）BOT 模式操作流程

1. BOT 模式基本结构

BOT 项目基本结构如图 5-1 所示。

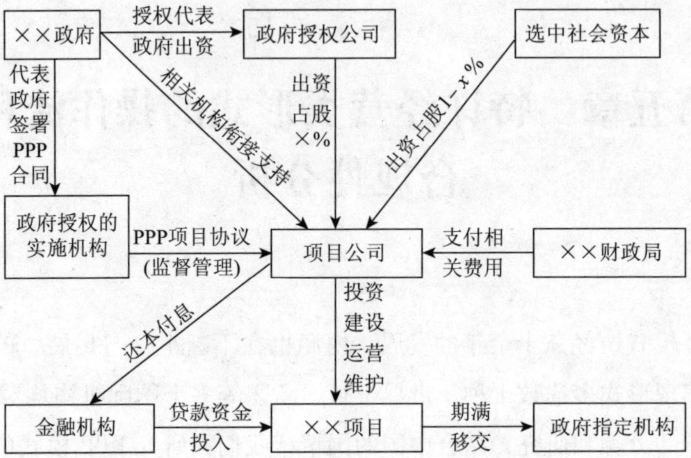

图 5-1　BOT 模式基本结构

在 BOT（建设—运营—移交）模式下，项目公司负责本项目的投资、融资、设计、建设、运营维护及期末移交等工作。政府方负责委托第三方机构进行相关前期工作，项目公司成立后按有关规定比例支付相关费用。

一是政府方委托第三方机构完成前期咨询工作，由经公开招标、邀请招标、竞争性谈判、竞争性磋商、两阶段招标、单一来源采购等方式，选择确定的社会资本方与政府方授权出资主体即政府授权的公司，按股份出资比例出资共同成立项目公司，由项目公司负责本项目的投资、融资、设计、建设、运营维护及合作期满后移交等工作，明确合作双方在建设期及运营期的权利和义务，并由项目公司在成立后约定时间内支付前期咨询工作费用。

二是建设期内，项目公司负责本项目建设及融资工作。项目建设期间，政府根据政府授权的实施机构的委托，承担协助行政审批、进行造价控制等相关管理工作。

三是运营期内，政府授权的实施机构对项目公司进行监督管理，项目公司按相关工程养护标准，对相关工程进行按期养护。财政局支付项目公司相关费用，合作期满后，项目公司将项目资产完好、无偿移交给相关政府或政府指定的其他机构。

2. BOT 模式运作流程

BOT 模式项目建设流程如图 5-2 所示。

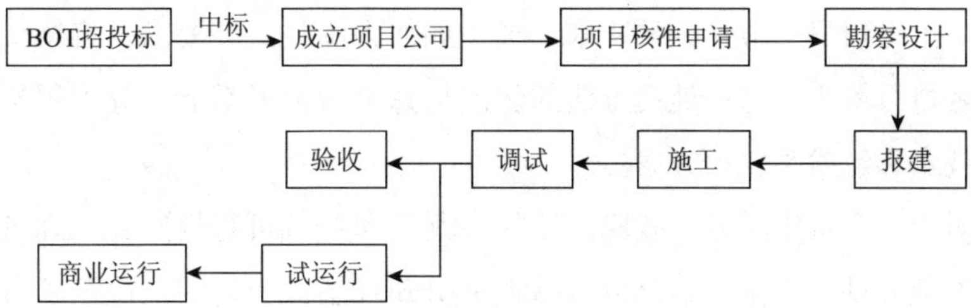

图 5-2　BOT 模式项目建设基本流程

相对于其他融资方式而言，BOT 项目的运作程序比较复杂。按照惯例，BOT 项目的运作程序主要包括：项目确定阶段、项目招标与审定阶段、合同谈判阶段、成立项目公司阶段、项目筹资阶段、项目建设阶段、项目经营阶段和项目移交阶段。对于发起 BOT 项目的国内政府及其代理机构而言，从确定方案阶段开始到实施阶段之前的各阶段，是 BOT 项目的前期工作，需要落实各种建设条件、选定投资人、落实项目资金来源、基本确定建设方案。这一过程既可以采用协商方式，也可以采用招标方式。针对大型复杂的 BOT 项目，往往采用招标方式来选择投资人。一般来说，协商方式的成功率并不高，即便协商成功，往往也会由于缺少竞争对手而使政府答应条件过多，导致项目成本增加。因此，目前国内倾向于通过招标的方式来选择投资人。

（1）项目确定

BOT 项目和传统公营项目之间的明显差别，从项目方案确定阶段就开始了。传统的公营项目在项目方案确定方面要做以下三方面的工作：确定对项目的要求；雇佣工程咨询公司或者靠自己的技术力量做一个详细的可行性研究和工程项目设计，以满足项目要求；进行施工招标，按照已定的设计建设项目。

BOT项目在所有方面可能都与传统的公营项目不同：鼓励私营机构在确定项目方案前提出建议，并在项目构想和设计方面提出新的观点。对于BOT项目而言，即使公营机构已经确立或负责确定一个投资项目的要求，但可能在任何设计工作开始之前，就邀请投标，而且标书只需要大致地列出这一工程项目所应达到的要求。至于如何去满足这些要求，将留给私人投标者自行解决。这种处理方法的优点是每个投标者都能充分利用自己最好的技术和经验来设计方案。

对于一个特定项目，政府需委托咨询公司进行可行性研究，确定项目技术参数并进行实施方案比较。是否采用BOT方式，主要取决于项目的经济利益，尤其是产品（服务）价格。确定采用BOT方式后，政府需要成立项目委员会或全权委托一家机构代表政府运作项目。这一委员会或机构的首要任务是项目准备：第一，按基本建设程序制订建设计划；第二，选择项目发起人。如果采取招标方式选择，则应委托咨询公司编制招标文件。在中国，根据国家有关规定，还应按基建程序办理立项并需符合规划要求，初期工作要有一定深度。

（2）项目招标与审定

项目招标与审定是指项目提出并经政府评审同意后，政府主管部门对拟参与此项目的私人投标者进行综合对比，从中选择最合适的私人投标者承担该项目。这一过程主要分为四个步骤：

第一步是意向登记。政府部门对拟采用BOT方式建设的项目，通过新闻媒体等将项目的概要、政府对建设此项目所要达到的社会和经济以及对公众服务的目标、建设资金和建设计划的安排设想、对意向登记者自身素质的要求、政府对意向登记者所提方案的评估程序及评估的基本标准等向社会公众发布，邀请有兴趣的私人投资、建设或经营者对此项目的建设提出初步设想。实行意向登记的目的主要是考察和确定正式参加投标的候选私营机构，因此，在此阶段的花费不是很大，时间也较短，各私营机构所提方案可粗略一些。提方案的时间一般不超过一个月，如果需要组成联合集团以满足大型方案的要求，提方案的时间可以适当延长。

第二步是资格预审。政府部门根据意向登记者的资信、所提交的初步方案进行资格预审和评价，以确定邀请参加正式投标的候选者名单。列入候选名单的被邀请者一般不少于3人，不多于6人。此时所做初步方案的费用均由各私营机构自己承担。资格预审很重要，尤其是周期长而复杂的项目对投标者的资格要求比较高，只有那些具备一定技术能力和财务能力的公司才能参加投标。另外，投标准备工作常常需要花费大量的时间和精力。如果通过预审的投标者在财力和技术上都是健全和可信的，则尽管投标者数量不多，也能保证投标过程中的激烈竞争。

第三步是邀请投标。资格预审完成后，政府部门或公共机构邀请通过资格预审的投标者进行投标，并要求他们按照招标书文件中规定的技术参数，提出详细的技术建议。在投标者的技术建议中，必须就有关内容在所提建议中做出详细的阐述。包括：项目的类型和所提供的产品及服务的性能和水平；项目竣工日期；项目产品的价格（服务）费用；履约标准（产品的数量和质量、资产寿命等）；资产回报和所建议的资金结构（股本和债务的比例）；价格调整公式；不可抗力事件；外汇安排；维修计划；风险分析。BOT项目标书的准备时间较长，往往在6个月以上。在此期间，受政府委托的机构要随时回答投标人对项目提出的问题，并考虑投标人提出的合理建议。投标人必须在规定的日期前向招标人呈交投标书。

第四步是评标和决标。投标工作结束后，为了在许多竞争者中选择一个中标者，政府应按照标书规定的评标标准，让项目的这些目标达到最优，尤其是要求对主要目标（如最终消费者支付的价格最低，或者公共开支最低，或者对整个经济而言项目的资金费用达到最低等）有一个清楚的定义，以选择和确定最后的中标者。项目要达到的目标将要确定评标标准的方法，规定的评标标准将受下列因素的影响：第一，折现率的选择。如果以资金费用为目标，应该用资金的社会机会成本对未来的费用效益进行折现计算；用私有资本的市场利率作为财务费用的比较则较为适宜。第二，税金处理。在以消费者支付的价格为目标时，税金被认为是一项费用；但在与以公共开支为目标的比较中，税金则可不必计入。第三，免去公营机构所承担风险的意义。将风险转移给私营机构，从整个经济来看，可能并不影响项目的资金费用，但如果把公共开支控制到最小作为评标标准，项目采用BOT方式将比由公营机构承担更具有优越性。评标方法的选择将明显地影响最终的决标。因此，一开始就应让私人投标者了解明确的评标方法（在项目的招标文件中明文规定出来），从而使他们能据此提出项目建议书。

（3）合同谈判

决标后应邀请被选定的中标者与政府机构进行有关该项目的特许权范围、承包商的权利和义务等合同内容进行谈判。

在一系列合同谈判中，特许权协议或合同是项目的核心，它具有法律效力并在整个特许期内有效，它规定政府和BOT项目公司的权利和义务，决定双方的风险和回报。因此，特许权协议或合同谈判是BOT项目的关键一环。在谈判时政府必须指派经过严格培训、经验丰富的人员来了解BOT项目的复杂性并进行谈判。政府的谈判人员必须有足够高的地位和足够大的权力来代表政府或政府机构对特许权协议的有关条款及时做出承诺。BOT项目的合同谈判时间较长，且非常复杂，因为项目牵涉一系列的相关合同，使私营机构能为项目筹集资金，并使政府能把项目交给最合适的投标者。在确定的协议签订之前，政府和中标人都要准备花费大量的时间和精力起草合同，进行谈判。如果政府与第一中标者不能达成协议，政府可以转向第二中标者与之谈判，以此类推。双方谈判达成一致时，则签订合同和特许权协议。

（4）成立项目公司

特许权协议或合同签订并得到政府批准后，政府向中标人发出中标通知，并向中标人授予项目。中标人接受项目，应在规定的时间内提交履约保证金。特许权协议生效后，中标人将组建项目公司。该项目公司即BOT项目公司或称为特许权公司。成立项目公司的主要目的是能有一个责任主体来具体承担项目的建设与经营。因为前面的投标企业或称发起单位通常是由多个私营机构组成的一个松散的联营集团，不是一个独立的法人实体，不能独立承担相应的民事法律责任。因此，由项目发起人共同出资成立一个专门从事该项目的BOT公司就十分必要，也是必经的程序。BOT项目公司成立后，该项目的融资、建设和经营管理则全权由该公司负责。

（5）项目筹资

BOT项目筹资是项目实施的关键环节，由项目公司具体负责。大多数BOT项目公司在筹资上采用将项目发起人提供的股本与商业银行、国际金融机构和双边政府放款人等提供的贷款结合在一起的办法。在大多数情况下，股本投入为10%~30%，剩余部分以无追索权或有限追索权方式筹集。

项目公司欲取得金融机构的贷款，必须给予贷款人一定形式的担保。除了政府给予的特许权和其他支持外，贷款人还会要求公司股本所有者保证将其全部股票作为贷款的担保，并取消股票的赎回权，一旦项目面临“危机”，贷款人可最终成为项目公司的所有人。

（6）项目建设

在这一阶段，项目公司根据特许权协议或合同规定的技术和时间等要求，组织项目的设计、施工和采购等工作。具体可分为项目公司组织有关机构对项目进行详细设计，委托建筑公司对项目建设总体承包，建筑公司对项目进行施工并交付给项目公司等步骤。BOT项目的建设一般采用交钥匙固定价格总承包方式，工期提前可得奖金而延误则要罚款。由于BOT项目较传统项目复杂得多，为使项目顺利执行，项目公司常雇佣独立的监理机构对设计、施工、费用控制和项目管理等进行检查。BOT项目一般从方案的选择，项目规划、设计、建筑施工、提供设备与安装，人员培训直至开始生产，都由主承包商负责，目的在于确保建造的支出和完成工期的时间保持不变（但这些合同在某些情况下允许建设开支与工期的变化、调整）。待工程建成、设备安装完毕，经过试运行，在产品质量、产量和原材料消耗方面完全符合合同规定标准的条件下，项目移交给项目公司。

（7）项目经营

项目经营是项目投资者偿还贷款、回收成本、分得红利和上缴税收的重要阶段。在项目经营期内，项目公司全权负责整个项目的生产经营管理，其经营管理越好，经营费用越低，就越能早日偿还贷款，尽早获得利益。因此，项目公司会采用最优的方法，对项目运营实施管理。项目的具体运营，既可以是项目公司本身，也可以是项目公司的股东，但在项目公司及其股东没有运营经验或能力的情况下，经营工作也可通过签订《运营维护合同》分包给独立的运营维护商。运营维护商必须具有丰富的经验和良好的业绩，有较强的商业和合同管理能力，且有较强的专业技术力量。一般情况下，运营维护商在项目早期就应参加到项目工作中，在设计过程中提出好的建议，以保证在现有造价条件下使项目实现最有效地运行。运营维护商在运行维护项目时，一般指派若干名技术和管理人员，在当地招聘技术工人，并培训技术和管理人员。在项目运营期内，运行维护工作要逐步过渡到由政府人员来完成。运营维护商也可将部分相对独立的工作分包给当地有能力完成经营工作的公司。根据特许权协议，为保证 BOT 项目的垄断性，有些情况下，政府也可以将与新建项目有竞争的现有项目交由 BOT 项目公司经营。在这种情况下，运营维护商除运营新建项目外，还要负责经营现有项目。值得一提的是，项目的维护保养对政府具有特殊意义。BOT 项目的最终的所有权要交给政府，若平时维护不善，移交的很有可能是一个即将废弃的项目。因此，项目公司与运营维护商签订《运营维护合同》及在合同执行过程中，政府都要参与意见并监督执行。

(8) 项目移交

特许期满后，项目公司必须按特许权协议中规定的项目质量标准和资产完好程度等，将项目的资产、经营期预留的维护基金和经营管理权全部移交给政府。这是采用 BOT 投资方式与其他投资方式相区别的关键所在。采用 BOT 方式，可以合资经营、合作经营、独资经营，但在经营期满以后，却会遇到投资方如何将财产移交给政府的问题。项目移交的日期可以适当灵活，如果项目公司超过了预期，并提前实现其全部的股本收益，移交的日期就可提前；如果由于非股本投资者和非项目公司所能控制的因素作用，其预期的收益到期后还没有达到，那么特许期也可推后；移交可以是无偿的（我国 BOT 项目的移交是无偿的），但这些灵活的办法必须在特许权协议中有所规定，或在项目经营期通过谈判，获得双方的认可。当然移交也可能发生在一些非正常情况下，如违约和不可抗力等。项目移交政府后，项目公司还可以继续经营，但这时的经营只是作为受政府委托代为经营，项目公司本身已不再享有原特许权协议中授予的各项权利。政府是否继续委托原项目单位经营，由政府自己决定。项目移交标志着 BOT 项目的结束。

（二）BOT 模式参与主体

BOT 模式各参与方及主体关系如表 5-1 和图 5-3 所示。

表 5-1　BOT 项目参与主体及主要职能

序　号	参与主体	职　能
1	政府	特许授予、税收、土地政策，非竞争承诺等
2	项目发起人 （政府或社会资本方）	投资、组建项目公司
3	项目公司	融资、建设及管理项目运营
4	贷款人	提供项目融资
5	项目使用方	项目产品/服务的购买方/用户
6	原材料供应商	提供项目生产所需原材料
7	工程承包商	为项目施工提供土建施工、设备安装等工程服务
8	保险机构	分担项目建设及运营阶段的部分风险
9	专业营运管理公司	受托管理项目的日常运营
10	财务托管人	项目公司经营现金流及其他合同权益管理的托管人

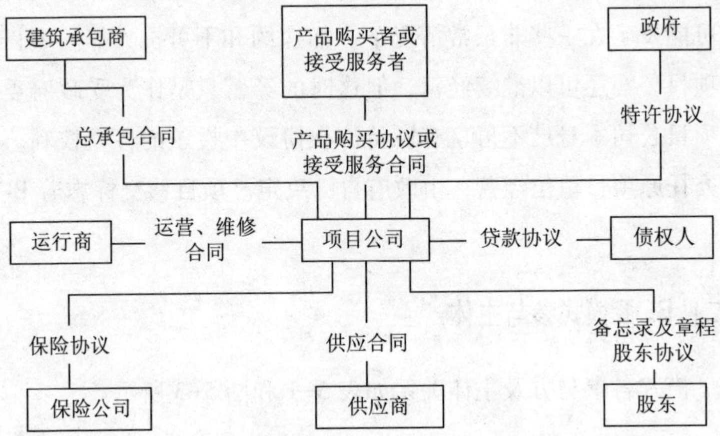

图 5–3　BOT 模式各参与主体关系

（1）政府方

首先，对项目进行识别，判断项目建设的必要性和存在的风险。其次，确定项目是否以 BOT 模式执行，并对项目进行包装吸引私人部门进行投标，与由中标单位组建的特殊目的公司签订合同，对其进行相应的政策扶持作为补偿，如特许权授予、贷款担保、税收优惠、给予民营企业沿线土地优先开发权等。在特殊目的公司对项目进行筹资阶段，政府方负责提供借贷的金融机构签订担保协议，目的在于更好地使特殊目的公司获得资金。尽管给予了项目公司特许经营权，但是政府自始至终都拥有对该项目的控制权，在项目的履约阶段，政府方对整个基础设施工程项目履行监督责任，严格把关，项目经营中价格的确定也受政府的约束。最后，项目经过 30~50 年的盈利阶段后，政府方将项目收回。

（2）项目公司

从政府获得某些基础设施的建设经营特许权后，由其独立或联合其他方组建的项目公司负责项目的融资、设计、建造、运营和维护，融资阶段中为项目提供贷款担保。整个特许期内项目公司无理由地接受政府方的监督，建成后项目通过运营来获取利润，并用此利润来偿还债务。在特许期满之后，整个项目由项目公司无偿或以极少的名义价格转交给政府。

（3）贷款人

了解项目完工计划和技术目标的可行性以及风险承担者，查证偿还债务的收入来源是否可靠，能否保证大部分项目收入用于偿还债务。根据项目发起人及其他参与者做出的承诺，确定贷款人拥有的追索权以及明确政府实施项目的决心、实力及对风险分担的态度。

权衡利弊后与项目公司约定融资条件，签订融资合同，为项目提供融资。

（4）用户

用户即 BOT 模式下项目提供产品或服务的对象，一般是公众或政府的公用事业机构。为保证项目的正常收入，项目公司一般与政府管理部门或公用事业机构签订购买协议，保证项目的最低收入。对于一些项目（如道路项目），服务对象为个体用户，这种情况下项目公司与用户是没有合同的。

（5）供应商

供应商即为 BOT 模式下项目提供原材料和燃料的供应商。项目的运营可能需要一些原材料和燃料，如火电厂需要煤或油。

（6）承包商

承包商是项目的承建者，与项目公司签订承包合同。合同一般为总承包合同，包括设计、采购和施工。承包商也可以是项目公司的股东或其所属企业。

（7）保险公司

保险公司是指接受项目公司的保险费，为项目提供保险的公司。它的职能是对项目中风险进行保险。

（8）运营公司

运营公司受项目公司委托，按照双方签订的运营合同对已完成的项目进行运行、管理、设施的维护以及收费。

（9）信托银行

项目公司按贷款人的要求，在一家银行设立一信托账户（或称为第三方账户），在满足必要的开支后，项目收益直接汇入该账户。设立信托账户的主要目的是保护贷款的权利，确保项目收益的合理分配。

（三）BOT模式相关注意事项

1. 建设地点的确定

民营资本一般会选择经济较繁荣，工程建设较容易实施，投资回收期较短，资金回收有保障的地方；反之，那些地理环境较差，施工不易进行、投资回收期较长，但急需架桥修路以带动当地经济发展的地方常常不易受到投资商的关注。

2. 经营期限的确定

《市政公用事业特许经营管理办法》第十二条规定，“特许经营期限应当根据行业特点、规模、经营方式等因素确定，最长不得超过30年。”有时，当地政府为了吸引资金，把特许经营期定的很长，力求使投资者满意。应该注意的是，经营者期限的长短直接关系投资者所能获得利润的多少，当投资成本一定后，其他条件不变，经营期限越长，投资者所获得利润越多，因此，投资者会想方设法要求政府将经营期限尽可能设置长一点。这样一来，投资者满意了，却给当地的经济带来了影响，包括当地的投资环境，严重时会阻碍当地的经济发展，同时，经营期限过长会导致国有资产的流失。

3. 经营中的垄断问题

当某一区域仅有民营资金修建路桥设施，形成一定规模后，会形成垄断经营，出现收费价格定价的随意性，投资者就会尽可能地提高收费标准，谋求利润最大化，形成垄断利润。为了节约资金，设施损坏后不积极维修保养，导致设施质量存在缺陷，影响行人、车辆的正常安全通行。这样就损害了过往车辆的经济利益，导致他们的经营成本上升，同时会导致车辆通行减少，造成设施资源浪费，不利于当地投资环境的改善，制约当地经济的发展。

4. 项目的可行性问题

BOT项目成功的最重要影响因素之一是项目是否可行，尤其是项目在经济上是否可行，包括项目收费能否被用户或政府接受等。在项目初期，政府机构和发起人都应进行可行性研究，确定项目的可行性。可行性研究应该证明项目在不同方案下，财务和经济均是可行的。政府在进行可行性研究时，应该对项目进行认真规划，增强项目的吸引力。

在选择项目时，首先应考虑项目的必要性，包括项目是否在国家允许私人投资进入的产业范围，特别是项目是否是国家急需建设的基础设施。其次，在考虑项目的必要性时，还应分析项目的经济性，主要是对于国民经济的满足程度。例如，项目除了满足需要外，还需考虑最终提供的服务，其成本是否可以接受；政府不做任何融资，项目是否可以进行；特别是项目要有良好的经济效益。由于BOT项目是通过股东的股本投资和借贷筹集建设资金，股本回报和贷款本息的偿还，完全依赖于项目建成后的运营收益，项目本身能否产生预期收益，是股本投资、债权人贷款所要考虑的首要问题。只有项目具有良好的收益保障，才能吸引投资者和贷款人。最后，项目在技术上的可行性和技术创新也是影响项目的关键因素。一般来说，为了保证项目的顺利完成，BOT项目反对采用新技术，但是，如果项目建设者能为其使用新技术给项目完成带来的风险提供担保，那么技术方面的创新也是允许的。

5. 要有良好的投资环境

良好的投资环境包括法律环境、经济环境、信用等级及政治环境。

（1）法律环境

项目当事人在融资结构中的地位、所拥有的权利、所承担的责任和义务是通过一系列法律文件确定下来的。法律文件能够准确无误地反映出项目各个参与方在融资结构中的地位和要求，各个法律文件之间的结构关系严谨，是保证项目融资成功的必要条件。如果被融资项目是在第三国，则无论是投资者还是贷款银行，都需要注意该国的法律体系与国际通用法律体系是否相衔接、相适用。作为投资者，应特别注意知识产权的保证、贸易公平的保证、生态环境的保证等方面的法律保护；作为贷款银行，则需要考虑担保履行以及实施接管权利等有关的法律保护结构的有效性问题。有一些法律文件对项目融资的结构设计起着关键性的作用。例如，项目产品的“无论提货与否均需付款”合同，对于这类法律文件，在融资工作一开始就应加以注意，确定基本原则框架甚至具体细节，否则很有可能影响整个项目的进度。

(2) 注意经济环境问题

一个BOT项目通常要求有一定比例的本国贷款人和本国股本投资者，在具有发达银行系统和某种有组织的金融市场国家，寻找这种贷款人和投资者不是件难事。如泰国、马来西亚和巴基斯坦。大多数BOT项目将取得本国货币收益。本国货币常被用来为进口原料或燃料付款，以及为偿债和偿还股本付款。如果一国经济没有过度的通货膨胀或过快的汇率变动，在这种经济环境下较容易开发项目。即使东道国政府愿意保护项目的投资者免受通货膨胀风险和汇率风险，在一个比较稳定的经济环境中也要比在高度不稳定的环境中开发BOT项目要容易得多。

(3) 政府的信用等级

在贷款者决定是否为一个特定国家的一个项目筹资时，不会因为BOT方案而不考虑政府的总体信用。项目的可行性需要政府的支持和担保，支持和担保越多，贷款人就越关心总体信用。就商业贷款人及其各自的出口担保机构而言，对于一个特定国家BOT项目的贷款，其承受风险的极限可能已被用光了，所以一个特定的贷款人或机构不会愿意再为该国以后的项目筹资提供担保，而不管是否使用BOT方案，拥有较高信用等级的发展中国家，如泰国和马来西亚，比起其他信用不太好的国家，可以拥有更多的机会开发BOT项目。信用等级处于中间状态的国家，如印度尼西亚、土耳其、巴基斯坦、墨西哥、智利和菲律宾，仍具有足够高的信用等级，因而也能够实施BOT项目。信用等级低于上述国家的那些国家，在其信用等级有所改观以前，不大可能实施BOT项目。

(4) 政治环境

BOT成功实施的另一个必要的先决条件（在国家的信用等级中可能已考虑）是政治稳定。政治不稳定，实施BOT项目所需的广泛政治支持就是一句空话。即使做出许诺，这种许诺也不一定可信。像曼谷高速公路那样，完成一个BOT项目一般需要10~25年，如果私人发起人不相信在此期间政治稳定，他们不会愿意拿出大量时间和金钱开发一个 BOT 项目，同时承担 10~25 年的风险。

6. 政府的支持程度

政府在 BOT 项目中的影响，贯穿于确定项目、招标、特许权协议的签订、法律法规的制定、税收、外汇政策的调整、政治风险的避免等方面，BOT 项目的成败在很大程度上取决于政府的支持程度，政府在 BOT 项目中起着关键作用。从主观上讲，取决于：第一，政府对 BOT 项目的态度。政府既然希望采用 BOT 方式建设项目，当然也希望项目实施成功，所以政府首先必须对 BOT 项目有热情。政府应牢记 BOT 项目的特殊性，与一般的商业项目不同，它对特许权协议依赖极大，由特许权协议建立项目并由所有的辅助协议支持它。第二，政府应有吸引人的 BOT 一揽子计划。首先，政府在选择项目时，项目规模要足够大。BOT 项目的复杂结构决定了这类项目较高的前期费用，项目无论大小，前期工作量差别并不大。如果项目较小，前期费用占投资将很大，这样的项目在财务可行性上就会遇到问题。其次，一揽子计划应有一个介于垄断和竞争之间的平衡。有时一个项目需要拥有垄断权或一定程度的垄断权才能实现，那么就应在项目计划中规定一定的垄断权，并给予项目一定的竞争保护。但是，竞争保护不能因过高的垄断权而让承包商占太大便宜，尤其不能因此而损害公众利益和政府利益。最后，合理地风险分配。原则上，项目的风险全部由项目发起人承担，但风险与回报之间的关系是对应的。如果发起人真正承担了全部风险，那么根据风险定价原理，项目收费将很高，很可能会超出用户和政府的承受能力。为保证项目的财务可行性，政府可以适当承担一些可以控制的风险。

7. 项目公司的能力

项目公司的选择对于项目成败影响重大，适合于进行 BOT 项目的发起人必须尽可能满足以下要求：一是项目公司的规模对于项目而言必须足够大，项目公司是与政府签署特许权协议的合同一方，是 BOT 项目的执行者，必须具有足够的实力。一个公司的规模越大、财务越雄厚，其进行BOT项目成功的可能性就越大。具有雄厚财力的项目公司能为项目提供较多的资金，同时对项目的后备资金也有较可靠的保证。此外，公司规模大，财力雄厚，在信贷机构中拥有良好的信誉，为项目融资的能力也较强，融资成本也可能较低。二是项目公司具有项目开发经验和较强的实力，BOT项目在实施过程中一个常见的问题是私营机构经验不足，项目经常由经验不足或毫无经验的私营机构来经营管理，因此，对新项目的大多数管理人员来讲，学习的任务非常艰巨。另外，他们通常要接受来自上级领导的具体要求和指标。这些上级领导不能深入地介入项目，且缺乏经验，这种现象往往导致期望过高，项目受挫。因此，发起人是否具有BOT项目开发经验，或者是否拥有富有经验的管理人员，对于项目的成功与否非常重要。退一步讲，即使发起人缺乏BOT项目开发经验，发起人有建设类似项目的经验，对于项目的成功也会有很大的帮助。项目公司的总体经验和实力还表现在能否正确、妥善地处理项目实施阶段的各种问题。这些问题包括：利益冲突问题；“台风现象”也叫“旋涡效用”；债权人摇摆现象；对项目管理改变的应付；开发资金贫乏问题。三是风险管理能力较强。为了防止上述问题的发生，需要建立合理的项目管理结构，保证项目的各个投资者有充分的利益需求而投入足够的资源承担起项目的管理责任，建立一支有经验的经营管理队伍。同时，应建立相应的平衡制约机制，明确规定项目的决策程序，保护其他投资者的利益。否则，项目管理的随机性、随意性太大，一旦出现问题，项目可能会成为“无头苍蝇”，从而导致失败。BOT项目的整个实施过程实际上就是一个对风险的管理过程。一个好的项目公司必须对各种风险有清楚的认识，能够较好地处理各种风险。项目公司应具备较强的风险管理能力，风险管理班子应有丰富经验，对风险进行有效的控制与通报，坚持一贯的管理风格，并对成本、时间、质量等做必要的储备。在风险管理工作中，项目公司应掌握正确的风险分配原则，将风险分配给最有能力承担这种风险的一方，并使风险承担方获得相应的回报。尽可能地采取多种方法降低风险，如进行细致地场地调查、市场调查、准备备用方案、进行竞争控制以及取得货币可兑换性担保等。

8. **项目承包商和运营商的能力**

BOT项目的前期工作是复杂而艰巨的，一旦所有的协议都签订完毕，项目便进入建造和运营阶段。事实上，后两个阶段才是项目的实质性阶段。虽然前期工作中政府、项目公司及涉及项目的其他各方所有的谈判相当重要，但项目承包商和项目建成后的运营商对BOT项目成功实施也有不可忽视的作用。在项目前期工作中，项目公司就应考虑和确定是依靠自身的能力促进项目公司进行工程建设，建成后抽调或聘用自己的管理人员对项目进行运营管理，还是采用分包的方式，将建设和运营交给更有经验的专业项目公司和运营公司去做。项目公司进行施工建设所采用的最普通做法是“交钥匙固定价”合同承包方式。项目承包商的总包价格不得随通货膨胀浮动，并且必须对不可预见的情况承担风险。BOT建设合同的另一个普遍特点是工期提前可得到奖金，而延误则要施以处罚。在施工建设阶段，项目承包商对项目进行施工，并在施工中调动项目融资。但是，采用这种“交钥匙”合同方式也会出现一些问题，当项目承包商需要组建一家项目合资公司时，由于合资公司各成员之间以及与其各自下属的分包商和供应商之间的不同商业利益，各分包商的经营风格、企业文化和合资公司间的相互竞争等原因，各合资方可能产生严重的意见分歧，这就会使项目一揽子计划实施受挫。考虑到BOT项目可能出现类似的复杂情况，为保证项目顺利实施，承包商常雇佣独立的监理机构对项目进行监理。在项目运行阶段，运营维护商可能是项目公司中的一个股东，他们将管理建成的设施，归还贷款，向主管政府交纳税金以及为股东分红。但如果项目公司中找不出一个有经验的运营商，那么项目公司也极有可能将项目的运营分包给一家专业公司。一旦项目公司做出分包施工运营权的决定，就存在一个对项目承包商和运营商的选择评价问题。在选择评价时，应对其信贷能力、财力、经验、资源状况、技术水平以及价格等多因素进行综合分析。只有既具备雄厚的财力、物力等硬件指标，又拥有较强的专业技术水平和富有经验的专业队伍等软件指标，才能较好地按照项目目标，以最好的设计、最低的建造成本和运营成本完成项目的实施。

9. 其他方面需要注意的问题

由于在特许权协议结束时，项目最终要移交给政府，因此，从政府角度来讲，选择项目公司还要包括：一是项目经营在特许权协议期间能否提供符合要求的服务；二是项目经营要符合环境保护标准和安全标准；三是项目产品（服务）的收费要合理；四是项目经营者要保证做好设备的维护和保养工作，保证在特许权协议终止时项目所在国政府接收的是一个运行正常、良好的项目。

二、TOT（移交—经营—移交）模式的操作流程合规性分析

（一）TOT 模式操作流程

1. TOT 基本结构图

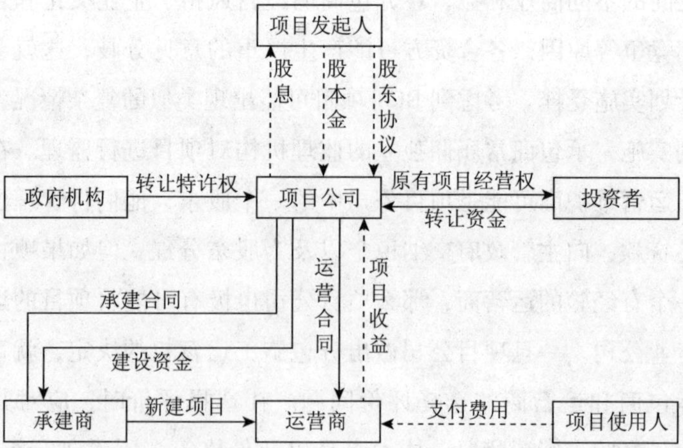

图 5-4　TOT 模式结构

在TOT（移交—经营—移交）模式下，由政府或国有企业将建好的项目一定期限的经营权有偿转让给投资者，投资者在有限的运营期限内通过选取专业的运营团队来运营项目，并通过使用者付费在其中获得合理的回报，运营期结束后再将项目转交给政府或政府指定的机构。

2. TOT模式运作流程

一是制定TOT方案并报批。采用TOT方式转让国有资产时，转让方必须首先根据国家有关规定，编制项目建议书，在征求主管部门（或原投资部门）的意见后，按照现行的有关规定，上报有权审批部门批准。项目建议书中主要说明项目概况、转让的目的、出让方、转让内容、期限、转让后的经营方式、转让所得的初步投向、债务偿还初步方案、资产评估结果、拟采取的选择受让方的方式等内容。初步选定受让方后，还要编制可行性研究报告（或资产权益转让方案）并上报审批部门批准。可行性研究报告（或资产权益转让方案）中必须说明以下内容：受让方选择情况及选择结果、出让方、受让方、转让内容、价格、期限、提供的经营条件、转让后的经营方式、权利及义务的分享分担、债务偿还方案、转让收入使用方案、经济社会效益分析、国有资产保值增值分析、财务分析等。

二是确定受让方的选择方式。在准备项目建议书的同时，还应该考虑采用何种方式来选择受让方：是采用面对面协商谈判的私募方式，还是采取邀请招标的方式，或者采取完全竞争性的公开招标方式。选择方式应该根据转让方的情况和项目特点综合确定。

三是TOT项目的招标程序。采用招标方式选择TOT项目的受让方，其程序与BOT方式大体相同，即包括确定项目方案、项目立项、招标准备、资格预审、准备投标文件、评标、谈判、融资和审批、实施等阶段。

四是SPV与投资者洽谈，以达成转让投产运行项目在未来一定期限内全部或部分经营权的协议，并取得资金。

五是转让方利用获得的资金，用以建设新项目。

六是新项目投入使用。

七是项目期满后，收回转让的项目。转让期满，资产应在无债务、未设定担保、设施状况完好的情况下移交给原转让方。当然，在有些情况下是先收回转让项目，然后新项目才能投入使用。

3. 运作相关规定

（1）投资方规定

投资主体应协调政府部门及项目各参与方及时按照投标遴选文件和项目合同约定，按时足额出资设立项目公司，监督项目公司通过制定相应规章制度发挥项目管理的主导作用，对项目进行统一的组织协调，实行目标管理。

（2）项目公司规定

项目公司作为项目法人单位，既是项目建设的直接承办者，也是项目实施和管理中心，承担的主要职责有：资金筹措、税务筹划、建设管理、运营管理、养护保修、债务偿还、项目移交等。

项目公司应做好与投资主体、政府部门和项目关联方之间的联系协调，为顺利履约创造条件，尤其应注意积极与政府部门协商沟通，推动政府的支持，保证项目尽早落地，争取政府的政策优惠与扶持。

项目公司应根据运营管理需要，合理设置组织结构、管理幅度和管理层次，建立完善的运营管理制度体系，并密切与投资主体、政府部门、银行以及当地群众之间的沟通合作关系，为运营创造良好的外部环境。

（3）运营管理

定价机制应考虑的因素主要包括：规定的产出标准服务要求及相关成本、客户的支付意愿及能力、成本回收期限、投资主体对投资回报的期望、补贴需求及其可得性。同时，也应充分考虑政府、行业及社会承受能力等。定价应根据产出标准/服务要求的更改、消费指数、通胀、税率等因素进行调整，在特殊情况下还可做出周期性或一次性的调整。定价调整的规则应在项目实施前确定，并成为所有参与风险分担主体关注的对象。

在突出优质服务和产品质量的前提下，应充分利用项目产权及自身资源，拓宽业务领域，通过合资、合作或承包等多种形式，推进产业协同和综合服务开发（包括项目周边土地开发、投资、仓储、联运、广告、观光旅游、信息咨询等），增加项目收益。

（4）项目移交

在项目合同中应明确约定项目移交形式、补偿方式、移交内容和移交标准。移交形式包括期满终止移交和提前终止移交；补偿方式包括无偿移交和有偿移交；移交内容包括项目资产、人员、文档和知识产权等；移交标准包括设备完好率和最短可使用年限等指标。

采用有偿移交的，项目合同中应明确约定补偿方案；没有约定或约定不明的，政府部门应按照“恢复相同经济地位”原则拟定补偿方案，报政府审核同意后实施。

如发生项目合同提前终止的情况，应按项目退出流程，在签署完补偿协议等后，才可办理移交手续。

（二）TOT 模式参与主体

TOT 模式省略了建设的环节，因此，相对于 BOT 模式而言，TOT 各参与方更为简单，主要为以下几方：

（1）政府机构

政府机构与项目中标单位组建的项目公司签订合同，有偿转让项目经营权。在项目的履约阶段政府方对项目公司经营项目履行监督责任，严格把关。最后，项目经过 30~50 年的盈利阶段后，政府方将项目收回。

（2）项目公司

由独立或联合其他方组建项目公司，从政府获得项目经营特许权后负责项目的运营和维护。整个特许期内项目公司无理由地接受政府方的监督，通过经营项目来获取利润。在特许期满之后，整个项目由项目公司转交给政府。

（3）项目发起人

项目发起人（同时也是投产项目的所有者）设立 SPV 或 SPC（Special

Purpose Vehicle, or Special Purpose Corporation)，发起人把完工项目的所有权和新建项目的所有权均转让给 SPV，以确保有专门机构对两个项目的管理、转让、建造全权负责，并对出现的问题加以协调。SPV 常常是政府设立或政府参与设立的具有特许权的机构。

(4) 投资方

投资方将贷款等方式获得的资金交付于政府方，并从政府获得基础设施项目的经营权。投资人在一个约定的时间内通过经营收回全部投资和得到合理的回报，并在合约期满之后，再交回给政府部门或原单位。

(5) 承建商

特许阶段下，项目公司具有新建项目的所有权，因此，承建商的职能主要是与项目公司签订承包合同。合同一般为总承包合同，包括设计、采购和施工。承建商可以是项目公司的股东或其所属企业。

(6) 运营商

运营公司受项目公司委托，按照双方签订的运营合同对已完成的项目进行运行、管理、设施的维护以及收费。运营商也可以是项目公司。

(7) 项目使用人

TOT 模式下项目提供产品或服务的对象，一般为公众或政府的公用事业机构。为保证项目的正常收入，需对基础设施项目的使用者收取一定的运营服务费。

(三) TOT 模式相关注意事项

1. 转让方必须首先取得合法的转让权

国有企业的法人对其占有的国有资产只有使用权、经营权等权益，没有所有权，一般无权出售，地方政府和其他相关部门也只能行使行政管理职能。只有在获得国有资产管理部门的授权后，国有企业才能具备出让国有资产的合法主体地位，与受让方签订的国有资产转让合同才具有合法性。

2. 原有企业或者企业直属的厂的改制是前期工作中的重点

转让资产可能是一个完全独立的国有企业，或者是一个集团公司下属的企业，或者是一个独立企业所属的一个厂，往往存在债务如何处理、人员如何安排、离退休等历史包袱如何解决等问题。因此，在资产转让前必须对这些问题进行深入的探究，并形成基本可行的方案。例如，负债问题，如果转让资产存在未偿债务，那么如何处理这些债务，应该由政府、上级企业以及转让方共同研究确定。如果涉及债务人的改变，还需要取得债权人和债务担保人的认可。又如，人员安排问题，可以由转让方自行解决，也可以由出让方拿出一笔资金进行一次性补偿，还可以由投资人全部接收，并在一定期限内进行培训，再择优上岗。无论采取何种方式，都应该首先确保不出现严重的社会问题，并兼顾资产转让后高效运营管理的需要。

3. 需要进行国有资产评估

利用 TOT 模式，受让方需要买断某项资产的全部或部分产权或经营权，会产生产权的转让问题，这就需要对现有资产进行合理的估价。一般来讲，转让资产是基础设施，属于国有资产，估价过低，会造成国有资产流失；估价过高，则会影响受让方的积极性。这就需要处理好资产转让与国有资产正确估价的关系。聘请的评估机构应该具备相应的资质，具有与转让资产相类似的项目的评估经验，而且在评估时最好与转让方和其聘请的融资顾问及时沟通，尽可能在形成正式评估报告之前就评估价格达成一致意见。评估的结果应该报请国有资产管理部门审批核准。

4. 对潜在投标人要进行尽职调查

投标人在编制标书期间，为了尽可能降低投资风险，同时保证建议的投标价格具有竞争力，一般会要求对转让资产进行全面的调查，包括现有的经营状况、转让资产涉及的法律情况、员工情况、技术装备水平等。转让方在组织投标人进行现场考察期间，应该向投标人提供转让资产的有关资料，安排投标人对转让资产进行调查。

5. 转让必须符合转让方的战略目标

在采用 TOT 模式的情况下，投资人可能完全买断资产的经营权，也可能只是部分买断资产的经营权，同时，转让方可能要求以现有资产的一部分与投资人进行合作或者合资，共同经营管理现有资产。在部分买断资产经营权的情况下，转让方往往是在一个整体的战略构架上转让资产，要求受让方必须接受转让方提出的主要合作条件。因此，人和因素十分重要。只有建立在互惠互利、平等友好的基础上，转让方和受让方在合作项目上具有一致的战略目标和共同的经营理念，合作才能取得完全成功，项目在合作期间才能顺利进行。

6. 注意新建项目的效益

由于新建项目规模大，耗费资金多，因此，一定要避免以前建设中出现的“贪洋求大”、效益低、半途而废等情况。首先，在目前 TOT 融资方式经验不足的情况下，要做好试点工作，及时总结经验，从小到大，从单项到综合项目逐步展开。其次，在建设前一定要进行全面、详细地评估、论证，要充分估计 TOT 模式的负面效应，提出相关预防措施。对于事关国家建设全局的重大项目，要慎之又慎，切忌草率决定，仓促上马。中央有关部门应从国民经济全局的角度出发，严格审核、审批，防止一哄而起，盲目引进外资，防止重复建设。

7. 注意 TOT 模式的投资法律环境问题

尽管 TOT 模式涉及的环节较少，但作为一种利用外资的新形式，必然要求有完善的法律环境的保证。政府应通过立法规范 TOT 相关主体的行为，明确各方的权利义务，保证转让项目的有偿使用和特许经营权的稳定性，保障投资者合法权益，尽量减少投资的法律风险。因此，有必要依据我国国情和国际惯例，制定出一套适合于 TOT 方式的法律法规，为 TOT 模式在我国的有效利用创造良好的法律环境。

三、ROT（改扩建—经营—移交）模式的操作流程合规性分析

（一）ROT 模式操作流程

1. ROT 模式基本结构图

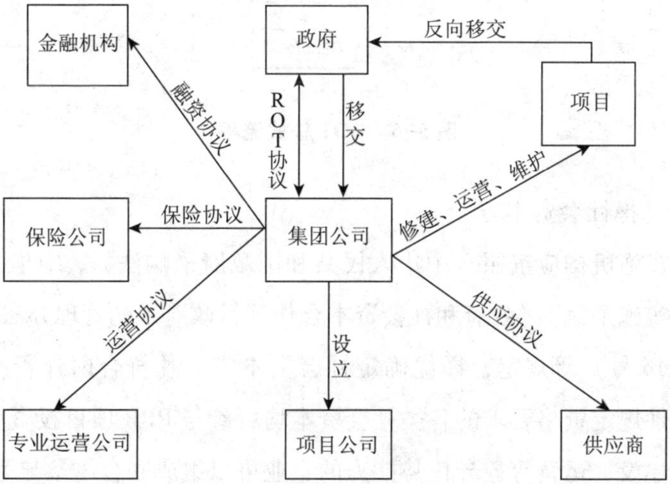

图 5-5　ROT 模式基本结构

政府将现有需要改造的项目移交给社会资本方进行改扩建和运营，社会资本方通过成立项目公司进行项目融资，并引进专业的运营团队进行运营，合理有效地配置项目资源，并在其中收回成本赚取一定的利润，最后在约定的运营期结束后将项目无偿转移给政府或政府指定的机构。

2. ROT 模式运作流程

ROT 模式运作流程如图 5-6 所示。

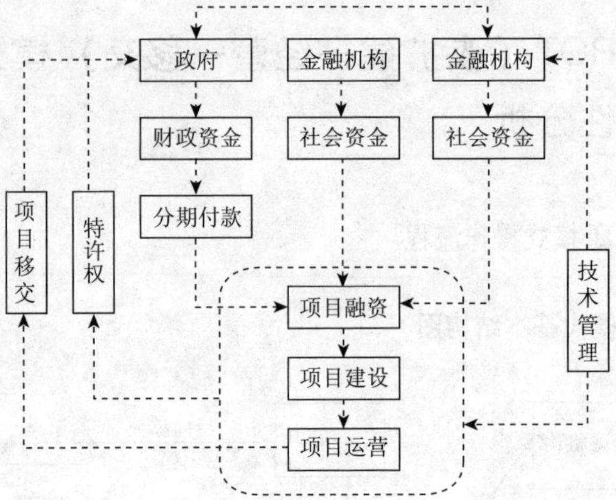

图 5-6　ROT 模式流程

（1）选择社会资本方

项目实施机构应按照《中华人民共和国政府采购法》《中华人民共和国采购法实施条例》《政府和社会资本合作项目政府采购管理办法》（财库〔2014〕215 号）等规定，择优确定社会资本方。凡符合内外资准入条件和采购文件规定资格要求的各类社会资本均可参与 PPP 项目投资竞争。具有投资、建设、运营等差异优势能力的企业可以组成联合体参与竞争。

（2）确定相关合同

项目实施机构根据项目实施方案、采购文件规定与合作方签署项目合同，确定各方的责任、权利和义务，明确合作期限，合理分配风险。合同内容应按照国家发展改革委及财政部发布的相关文件要求编制。

合作合同应报市政府与社会资本合作服务中心备案。项目合作期限原则上不少于 10 年，不高于 30 年，有特殊要求的项目，经市政府与社会资本合作部门联席会议批准，可以适当调整期限。

（3）合同的履行

项目公司应依法办理 PPP 项目所需规划选址、用地和项目核准（备案）等手续，负责项目融资，并按照《中华人民共和国招标投标法》《中华人民共和国招标投标法实施条例》等规定，确定项目设计、施工、监理及设备供应等承包商。

项目公司完成项目融资并履行设计、改建、运营、维护和移交等合同义务，提供安全、优质、高效的公共服务。项目实施机构按照合同约定，会同有关部门对项目建设和公共服务质量进行验收。政府负有支付义务的项目，由项目实施机构根据合同约定，定期监测项目产出绩效指标，形成绩效监测报告，并报市财政局，作为财政支付的依据。项目实施机构每3~5年对项目进行中期评估，对发现的问题制定、采取应对措施，报市政府与社会资本合作服务中心备案。

（4）项目移交

项目合作期满后，项目实施机构会同有关部门负责项目移交工作，依据合同约定进行项目资产移交。移交时应对移交资产进行性能测试、资产评估和登记入账，并按照国家统一的会计制度进行核算。项目移交完成后，市政府与社会资本合作服务中心应对项目产出、成本效益、监管成效、可持续性、PPP 模式应用等方面进行绩效评价，评价结果作为政府工作决策的参考依据。

（5）项目的退出和介入

因不可抗力、合同一方发生严重违约、社会资本主体破产清算等因素，导致合作合同无法继续履行的，可依法解除合同，并按合同约定分担损益。项目发生退出情况时，由项目实施机构制定退出方案，报市政府与社会资本合作部门联席会议批准，并做好接管工作，保证项目设施持续运行和公众利益不受侵害。当项目出现重大经营或财务风险，威胁或侵害债权人利益时，债权人可依据直接介入协议或条款，要求社会资本或项目公司改善管理。

（6）项目投资回报

项目实施机构根据财政承受能力及公众利益控制成本，原则上以商业银行中长期（5 年期以上）贷款基准利率作为基数适当上浮，上浮比例最高不得超过 50%。社会资本在不损害公众利益前提下，通过提升内部管理效率等方式实现收益最大化。项目实施机构不得承诺固定投资回报。

(7) 实行损益分担机制

依据合同约定，对超出社会资本合理收益的部分，政府与社会资本应合理分享，出现亏损的部分，政府与社会资本应依约合理分摊。

(8) 金融扶持

鼓励金融机构积极开发 PPP 金融产品和提供金融顾问服务，并加大对符合条件的 PPP 项目信贷支持力度，支持金融机构提前介入并主动帮助各地做好建设项目策划、融资方案设计、融资风险控制、社会资本引荐等工作。探索利用收费权、购买服务协议项下的权益质押等方式获得无追索权的项目贷款。

(二) ROT 模式参与主体

由于 ROT 模式是 BOT+TOT 模式，所以 ROT 模式的主体及职能大体上是 BOT、TOT 模式的结合，主要参与主体为下列各方：

(1) 政府方

项目前期决策阶段，政府方需要对有关项目移交运营的协议、合同文件中对投资方和政府的权利、义务、运营、移交期限、所承担的责任做出详细的规定，论证通过后，进行项目的招投标。对中标单位而言，政府方提供一定技术、设备等资金支持，最终成立项目公司。在项目转让运营之前，政府或公共部门应对项目做出准确的资产评估，以防国有资产流失；在运营阶段，政府应该时刻履行其监督职能，期满后政府收回项目。

(2) 项目公司

项目公司从政府方获得基础设施的建设经营特许权后，由其独立或联合其他方组建的项目公司负责整个项目的融资、设计、改建、运营和维护，融资阶段中为项目提供贷款担保。整个特许期内项目公司无理由地接受政府方的监督，改建完成后项目公司通过运营来获取利润，并用此利润来偿还债务。在特许期满之后，整个项目由项目公司无偿或以极少的名义价格移交给政府。

(3) 贷款方

了解项目完工计划和技术目标的可行性以及风险承担者，查证偿还债务的收入来源是否可靠，能否保证大部分项目收入用于偿还债务。根据项目发起人及其他参与者做出的承诺，贷款人拥有多大的追索权以及明确政府实施项目的决心、实力及对风险分担的态度。权衡利弊后与项目公司约定融资条件，签订融资合同，为项目提供资金来源。

（4）承包商

承包商是项目的承建者，与项目公司签订承包合同。合同一般为总承包合同，包括设计、采购和施工。经过项目公司对能产生最大资产名义现值的改造方案的确认和同意，承包商就可以按设计、采购和施工（EPC）交钥匙合同实施改造了。随后，根据定期运行和维护合同，ROT 承包商在协议期限内对改建项目的运行和维护负责。

（5）运营公司

运营公司受项目公司委托，按照双方签订的运营合同，对已完成的项目进行运行、管理、设施的维护以及收费。

（6）用户

用户即 ROT 模式下项目提供产品或服务的对象，一般是公众或政府的公用事业机构。为保证项目的正常收入，项目公司一般与政府管理部门或公用事业机构签订购买协议，保证项目的最低收入。

（7）供应商

供应商即为 ROT 模式下项目提供原材料和燃料的供应商。项目的运营可能需要一些原材料和燃料，如火电厂需要煤或油。

（8）保险公司

保险公司是指接受项目公司的保险费，为项目提供保险的公司。它的职能是对项目过程中的风险进行保险。

（三）ROT 模式注意事项

（1）技术风险

技术风险直接与项目实际建设与运营相联系，技术风险应由私营合作方承担。在 ROT 模式中，私营合作方在基础设施改建完成后，需运营与维护一定时期，因此，私营合作方最为关注运营成本的降低，运营成本的提高将减少私营合作方的投资回报，这将促使私营合作方高质量完成基础设施的建设，以减少日后的运营成本。

（2）汇率风险

汇率风险，是指在当地获取的现金收入不能按预期的汇率兑换成外汇。其原因可能是因为货币贬值，也可能是因为政府将汇率人为地定在一个很不合理的官方水平上。这毫无疑问会降低收入，减少项目的投资回报。私营合作方在融资、建设经营基础设施时总是选择融资成本最低的融资渠道，不考虑其是何种外汇或是本币。因此，为了能够抵御外汇风险，私营合作方必然要求更高的投资回报率。政府可以通过承诺固定的外汇汇率或确保一定的外汇储备以及保证坚挺货币（如美元）的可兑换性与易得性，承担部分汇率风险。这样私营合作方的汇率风险将大为降低，在其他条件（盈利预期等）相同的情形下，项目对民营部门的吸引力增强。

（3）财务风险

财务风险大小与债务偿付能力直接相关。财务风险是指基础设施经营的现金收入不足以支付债务和利息，从而可能造成债权人求诸法律的手段逼迫项目公司破产，造成PPP模式应用的失败。因此，现代公司理财可以通过设计合理的资本结构等方法、手段最大限度地减少财务风险。私营合作方可能独自承担此类风险，如果债务由公共部门或融资担保机构提供了担保，则公共部门和融资担保机构也可分担部分财务风险。

（4）营运风险

营运风险主要来自项目财务效益的不确定性。在PPP运用过程中，应该确保私营合作方能够获得合理的利润回报，因此，要求服务的使用者支付合理的费用。但在实际运营过程中，由于基础设施项目的经营状况或提供服务过程中受各种因素的影响，项目盈利能力往往达不到私营合作方的预期水平，而造成较大的运营风险。

私营合作方可以通过基础设施运营或服务提供过程中运用创新等手段提高效率，增加营运收入，或减少运营成本，降低运营风险，所以其理应是运营风险的主要承担者。私营合作方可以通过一些合理的方法将 PPP 运用过程中的运营风险控制在一定的范围内或进行转嫁。

四、BLT（建设—租赁—转让）模式的操作流程合规性分析

（一）BLT 模式操作流程

1. BLT 模式基本结构图

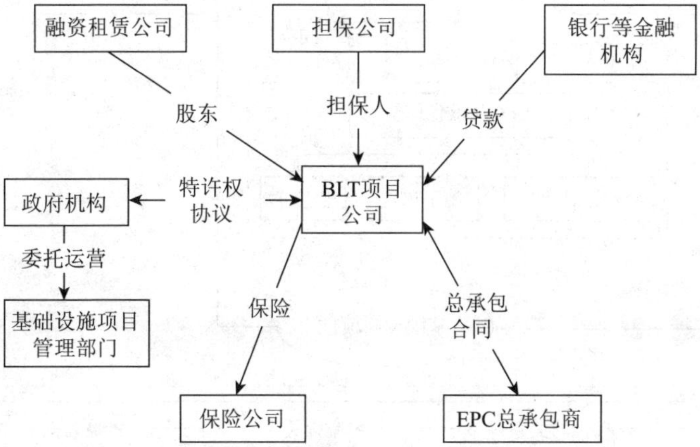

图 5-7　BLT 模式基本结构

政府将项目的建设权利交给项目公司，由项目公司进行融资建设，项目建设好之后再将项目回租给政府机构进行运营维护，项目公司通过政府付给的租金收回成本及赚取合理利润，运营期结束后将项目所有权移交给政府或政府指定的机构。

2. BLT 模式项目建设流程

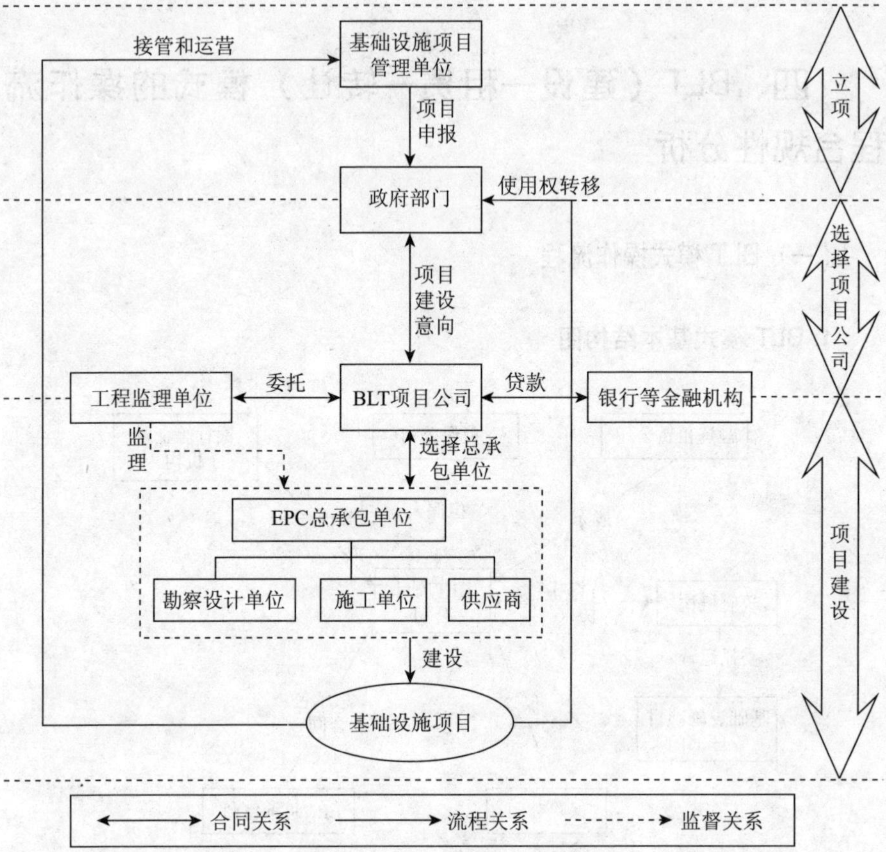

图 5-8　BLT 模式基本流程

3. BLT 模式运行中的相关规定

(1) 政策环境

第一，不动产融资租赁市场准入的政策支持。自财政部和国家税务总局〔2013〕37 号文颁布后，关于不动产融资租赁的市场准入问题受到重点关注。在 2013 年 9 月 27 日“关于融资租赁税制改革及售后回租业务研讨会”上，上海租赁行业协会常务副会长、资深租赁专家俞开琪介绍说，在融资租赁业发达的国家，不动产租赁业务很发达，并占有相当大的比重。

在美国，通过融资租赁和信贷方式进行交易的不动产达到 2.4 万亿美元，其中不动产融资租赁业务占到 1.08 万亿美元。许多租赁专家根据自己的实践认为，按照《物权法》中对不动产的定义及权利人责任义务的关系，以及融资租赁业不动产业务的实务操作经验，同时借鉴国外不动产融资租赁业务实践，将不动产融资租赁列为我国融资租赁业务范围具有积极意义。有专家建议，在当前对不动产融资租赁认识存在分歧的情况下，国家有关部门的文件中可表述为“允许不动产，例如商业地产、厂房、公共设施等作为融资租赁的租赁物，土地使用权可暂不作为租赁物”。

不动产能否作为融资租赁标的物一直是融资租赁业内的热点问题，“37 号文”的颁布在政策层面上对不动产融资租赁业务的开展提供一定程度上的支持。这对于扩大我国融资租赁业务范围，促进我国不动产融资租赁业的发展具有重要意义。生产性基础设施项目，在建成后有稳定的现金收入，可作为租金来源，更适合采用 BLT 模式来建设，基础设施项目作为不动产租赁标的物，建设资金需求巨大，采用融资租赁模式为其进行融资建设，可谓一举两得。

第二，促进基础设施项目发展的政策支持。2003 年，建设部发布的《关于培育发展工程总承包和工程项目管理企业的指导意见》（以下简称《指导意见》）中第四条第七款提出：“提倡具备条件的建设项目，采用工程总承包、工程项目管理方式组织建设。鼓励有投融资能力的工程总承包企业，对具备条件的工程项目，根据业主的要求，按照建设—转让（BT）、建设—经营—转让（BOT），建设—拥有—经营（BOO），建设—拥有—经营—转让（BOOT）等方式组织实施”。BLT 模式作为 BOT 模式的一种发展衍生模式显然包含在《指导意见》所提倡的建设管理模式中。该条款的提出，对 BLT 融资建设模式参与基础设施项目的建设给予了政策上的积极倡导。中央有关部门以及金融机构把基础设施项目作为优先保障领域和重点支持对象，从财政、金融、税收、土地、价格等方面全方位加大支持力度，形成了较为完善的基础设施项目建设配套政策体系，例如，国务院于 2004 年发布的《国务院关于投资体制改革的决定》中明确提出：“各级政府要创造条件，利用特许经营、投资补助等多种方式，吸引社会资本参与有合理回报和一定投资回收能力的公益事业和公共基础设施项目建设”；建设部于2004年颁布的第126号令《市政公用事业特许经营管理办法》成为我国调整特许经营权模式的主要规章；2005年国务院颁布的《关于鼓励支持和引导个体私营等非公有制经济发展的若干意见》在很大限度上促进了非公有资本参与各类基础设施和公用事业的建设。另外，国务院在2010年发布的《国务院关于鼓励和引导民间投资健康发展的若干意见》中着重提出：“国家不断鼓励和引导民间资本进入基础产业和基础设施市政公用事业和政策性住房建设领域”。目前，各地政府在采用BOT、BT模式进行基础设施和公用事业等政府工程建设时，一般都参照国家六部委第30号令关于《工程建设项目施工招标投标办法》实行。上述这些政策性文件为基础设施项目探索新型融资建设模式提供了政策性支持和引导。

（2）法律环境

我国关于指导企业融资租赁行为的《融资租赁法》草案已经出台，但还未正式颁布。目前，商务部监管融资租赁业务的主要法律依据是商务部于2005年3月5日实施的《外商投资租赁业管理办法》，而银监会监管融资租赁业务的主要法律依据是《金融机构管理规定》《非法金融机构和非法金融业务取缔办法》，以及2000年6月30日人民银行颁布的《金融租赁公司管理办法》。但随着相应法律及相关政策的确立，我国融资租赁业的法律环境得到明显改善：①修订后的《中华人民共和国合同法》，明确了融资租赁合同各方当事人的权利与义务规定。在《合同法》第二百三十七条中，对融资租赁合同的定义进行了说明：“出租人根据承租人对出卖人、租赁物的选择，向出卖人购买租赁物，提供给承租人使用，承租人支付租金的合同。”其中，还对出租人和承租人对融资租赁标的物的权益归属进行了相关说明，即在融资租赁合同生效之后，承租人有权对租赁物进行占有和使用，而租赁标的物的所有权则归出租人享有。②我国现行的《企业会计准则——租赁》，明确了融资租赁交易中租赁物的确认与计量。③自2007年10月1日起实施的《中华人民共和国物权法》，为“明确物的归属，发挥物的效用，保护权利人的物权”提供了法律依据，从根本上保障了以融资租赁为主体的 BLT 模式下出租人对租赁物的所有权，降低了出租人的风险，为 BLT 模式在基础设施项目中的应用提供了产权支撑和法律依据。《物权法》第一百八十条规定“正在建造的建筑物、船舶、航空器”可以抵押，为正在建设的基础设施项目融资提供了法律保障。

（二）BLT 模式参与主体

各参与主体间的关系如图 5-9 所示。

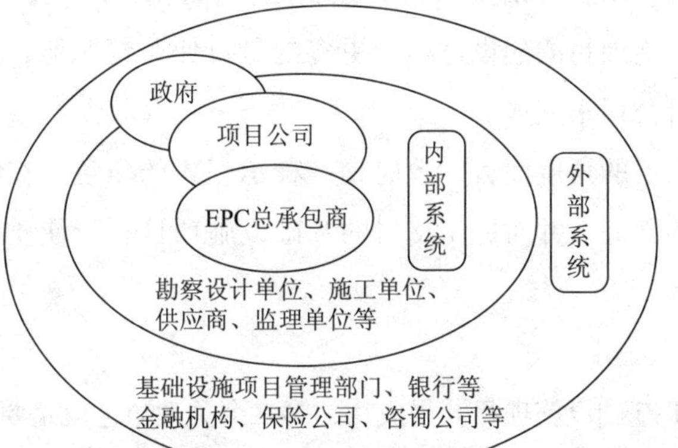

图 5-9　BLT 模式各参与主体关系

通过采用 BLT 模式建设基础设施项目，不但有效地减缓了政府财政压力，而且由于其机制创新、管理灵活、权责分配明确，比传统的政府直接投资建设模式更为高效。BLT 基础设施项目的成功运作需要多方的共同参与及紧密配合。单纯的融资租赁模式中主要项目参与方包括出租人、承租人、供货商、银行等各方，传统的融资租赁过程中，在承租人向出租人提出设备租赁意向后，由出租人根据承租人的具体要求向相应供货商购买符合租赁要求的设备即可，而在以不动产项目为标的物的 BLT 模式中，整个不动产项目的采购不再是单纯意义上的购买，它可能涉及工程项目勘察、设计、施工的整个过程，采购合同中涉及的当事人也不再是单纯的供应商，而可能包含总承包单位、施工单位、监理单位、供应商、银行等多个参与主体。

（1）政府方

政府即承租人，是指基础设施项目所在地政府、政府机构或政府所属公司，也是基础设施项目的最终所有者。政府是BLT项目中的关键角色，与传统的基础设施项目建设相比，政府角色发生了转变，由传统的项目建设实施者转变为项目监督管理者，即只需出面提供相应的政策及法律支持和保证，承担一定的风险，并按约定在租赁期内支付一定的租金，便可获得项目的经营权，并最终获得项目所有权。其中，政府的信用、提供的政策支持和保证，以及对诸多因素的控制是项目公司顺利实施项目的保证。政府在基础设施项目的建设过程中更多的是行使监督职能，具体的项目建设任务由项目公司来完成。

从融资租赁的角度而言，政府是一种承租人的角色，在租赁期内有按期支付租金的义务，并对完工交付的基础设施项目有行使质量瑕疵索赔的权利。

（2）项目公司

要使BLT基础设施项目获得成功，第二个关键角色就是要有一个或一组具有较强实力、信誉良好和经验丰富的项目投标人。其可以是国际财团、融资租赁公司、工程公司或咨询公司等组成的一个有限责任公司，即项目公司，同时也是项目出租人的角色。另外，按照我国对基础设施项目的相关规定，项目公司股东一般需要投入30%以上的资金作为项目资本金。项目公司响应政府BLT招标通告，组织参与基础设施项目投资、建设过程。

BLT项目公司是基础设施项目成功建设的关键，其权利义务通过与政府签署BLT特许权协议来规定。项目公司通过特许协议获得项目的建设权，并负责筹借项目资金，选择EPC总承包商进行项目的建设。同时，项目公司还与监理单位、供应商等之间签订合同，对项目的整体建设负责，从这个角度而言，项目公司是基础设施项目建设过程中真正意义上的“业主”，其自身专业化的管理在很大程度上改善了我国基础设施项目建设管理水平及投资效率，克服了传统融资建设模式下的业主缺位问题。

从融资租赁角度而言，项目公司是一种出租人的角色，与传统的融资租赁标的物采购过程相比，标的物由传统的大宗设备变为大型不动产项目，采购过程也由传统的“单纯意义的购买”变为“项目的具体建设管理”。在项目完工交付政府后，进入租赁期，利用政府付给的租金进行还贷并获得合理的利润。

（3）EPC 总承包商

EPC 总承包商即广义的供应商，是基础设施项目建设过程的主角，一般由项目公司通过公开招标确定，项目公司与中标的 EPC 总承包商签订 EPC 总承包合同。EPC 总承包商应当具有先进的建设管理技术和工程经验，具有较强的风险管理能力，保证基础设施项目建设能够按时、优质、不超预算地完成。

在项目的具体建设过程中，EPC 总承包商还可能与勘察设计和施工单位签署相应合同，分别负责整个项目的勘察、设计和施工的职能，并保证项目的完成，是整个项目的直接关系者。另外，EPC 总承包商还与设备材料供应商签订合同，负责 BLT 项目建设阶段设备和材料的供应。

（4）银行等金融机构

由于基础设施项目投资巨大，资金是保证 BLT 项目顺利建设的关键因素之一，向 BLT 项目提供贷款的金融机构主要是国际金融机构、融资租赁公司、商业银行、信托投资机构等。传统的项目融资模式下资金主要以项目公司贷款形式筹集，而在 BLT 模式下，项目公司可以通过融资租赁的方式为项目筹集所需建设资金。

由于基础设施项目一般建设周期长，风险因素较多，项目公司应享有相应的权利，比如，项目公司有获取资产和抵押权的第一优先权，项目公司在租赁期内除了收回相应的租金进行还贷，还应获取合理的收入。

（5）保险公司

基础设施项目建设具有周期长，需筹集巨额资金，未来有许多难以预测的不利因素等特点，这就需要项目各主要参与主体能相对准确地认定自己面临的主要风险，包括政治风险、信用风险等，并及时为它们投保。因此，保险公司作为一个项目保障人的身份存在于 BLT 项目的实施过程中，可以成为分担项目风险的重要一方。

(6) 其他参与主体

在 BLT 基础设施项目的实施过程中还可能会有许多其他方的参与，如咨询公司为 BLT 项目提供政策咨询、协助项目公司确定融资方案和风险分配方案等经济、技术、法律方面的专业咨询服务；政府质量监督部门代表政府对 BLT 项目进行质量监督，确保基础设施项目在完工交付时能够满足政府的要求。

(三) BLT 模式相关注意事项

BLT 项目涉及众多利益主体，其实现过程和一般的产品生产过程不同，由于项目持续时间长，又在不确定的外部条件和环境下进行，项目复杂多变，所以其本身的属性决定了在实施过程中会发生各种不确定性因素，有些因素发展成风险事件对租金产生影响。风险主要分为 3 种，即宏观风险、中观风险与微观风险。

1. 宏观风险

(1) 政治风险

由于 BLT 项目的建设首先是在我国政治环境的背景下进行的，政治局势的不稳定，如爆发战争、时局动乱、政权变动等，可能激发各种矛盾，对 BLT 项目的实施产生重大影响。在我国对外开放的长期国策下，为了适应国际发展的趋势，国家一些政策性文件也在与时俱进，在外汇管理、关税、对外贸易等方面做出调整。由于 BLT 模式主要运用在基础设施项目上，政策的变化关系，BLT 项目能否获得政府的批准，而即使获批，政府能否履约支付租金、是否利用职权过多干预项目的设计、施工等问题威胁着 BLT 项目的顺利实施。因此，BLT 项目的政治风险主要包括：政治局势的不稳定、政府政策的不稳定、项目获准风险、政府信用风险、政府越权干预风险。

(2) 经济风险

项目的经济风险主要是指金融市场可能对项目产生的负面影响。BLT

项目一般都是基础设施项目，此类项目持续时间长、投资额大、复杂多变。如果遇到宏观经济因素的变动，如汇率变动、利率调整、通货膨胀、物价上涨等情况，对工程造价、融资费用等会产生重大影响。

（3）法律风险

由于BLT模式在基础设施项目中的应用尚未普及，属于一种新型融资建设模式，项目客体本身比较特殊，主办人的身份也很特殊，使BLT合同的法律关系比较复杂，实践中主办人和承办人之间的权利义务的制定尚需逐步完善。法律的改变、税收政策的变化以及行业规定发生变化都是BLT项目面临的法律风险，严重的可能造成项目被迫停建等不良后果。

2. 中观风险

（1）项目选择风险

项目立项关系到当地政府的社会发展需求及其经济承受能力。对项目技术、经济方面做出的可行性研究是否正确直接关系项目的成败，而且政府能否顺利完成居民的拆迁工作，为项目获得土地提供可能，都是项目在选择时可能面临的风险。

（2）项目融资风险

BLT项目主办人需要吸引社会资本进行项目的投资建设，如果项目收益对投资人没有吸引力的话，其将面临资金缺乏的风险。对项目承办人来说，融资方案的可行性、项目的融资结构都会影响其资金的到位程度。

（3）项目勘察与设计风险

项目前期需要经过各种复杂的审批程序，政府各个职能部门要核实项目的勘察设计是否达到标准，在此过程中出现的审批拖拉、办公效率低下的问题对项目正常开工造成延误。项目勘查与设计风险还包括详细勘察过程出现意外状况、政府突然变动规划方案、对设计方案提出不合理要求，这些都会造成项目进度的延误和工程造价的增加。

（4）项目的租赁风险

在租赁阶段，主办人使用项目主要面临项目能否实现预期的设计功能的风险、工程质量瑕疵风险及项目运营、维护的风险；承办人主要面临主办人不能按期租赁项目的风险及租赁期限突然变动的风险。

3. 微观风险

（1）合作关系风险

由于 BLT 项目的本质是公私合作类项目，因此，合作关系风险也是必须要考虑的，它是公私合作类项目的特有风险。主要包括：合作者之间工作方法和知识水平存在差异、缺乏对对方的了解以及组织协调能力不足、缺乏项目经验、责任界定不合理的风险等。

（2）第三方风险

在 BLT 项目的整个运作过程中，参与主体之外的各种关系引起的不确定因素，包括第三方民事侵权行为、劳工纠纷。

五、BTO（建设—移交—运营）模式的操作流程合规性分析

（一）BTO 模式操作流程

1. BTO 模式基本结构图

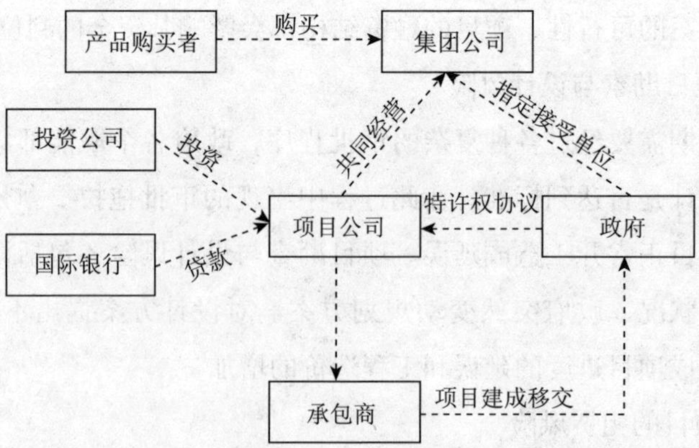

图 5-10　BTO 模式基本结构

政府通过与社会资本签订合作协议，通过社会资本来融资建设，项目完工后将所有权转交给政府，政府再和社会资本方签订合作协议，社会资本方找专业的运营公司进行运营，并获得合理的投资回报。

2. BTO 模式建设流程

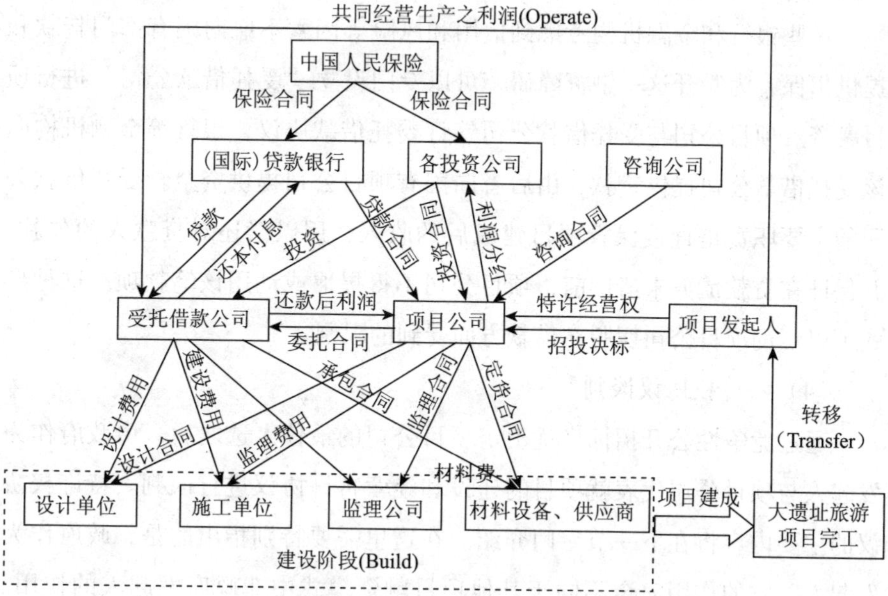

图 5-11　BTO 模式流程（以旅游项目为例）

（1）项目立项

由项目所在地政府或所属机构根据当地现状等规划建设相关项目，并根据项目投资大小分别由各地发展计划委员会或国家发展委员会审批立项，并委托专业咨询公司开展项目的可行性研究和报批。

（2）项目公司的组建

在项目融资的操作中，项目公司或项目承建单位的选定，一般都是通过公开招标的形式确定的，以使项目特许给最优秀的投资商承建，同时使得项目的建设成本最低、技术最先进、收费最合理，充分利用招标的公开、公平、公正、高效优势。在项目公司的组建过程中，可以通过竞争性招标来实现项目公司的组建，旨在吸引资深的项目开发公司参与项目的建设，提高开发项目的信用等级。另外，通过公开招标将项目特许给最优秀的投资商承建，不仅可以降低项目开发成本，而且可以学习先进的技术和管理经验。

（3）受托借款公司的组建

一些银行和金融机构考虑到信用和风险等因素不愿向国有部门贷款和提供担保，为避开这一融资障碍，可以专门设立“受托借款公司”进行项目融资。项目公司与受托借款公司签订委托借款协议，银行等金融机构向该受托借款公司提供贷款，由后者向国有项目公司提供资金。受托借款公司的主要职责是直接保管项目建成后的收入，用以偿还对贷款人的欠款，并保证在贷款债务未清偿前，项目公司不得提取或动用该笔款项。这种形式可以帮助项目公司摆脱在借款方面受到的限制。

（4）特许权协议谈判

通过竞争性公开招标择优确定项目公司的最佳人选之后，由政府作为发起人与项目公司代表就项目的建设和经营特许协议进行谈判。特许权协议的主要内容将在下一节专门介绍。在这里需要特别指出的是，政府作为发起人，它的作用完全不同于其他项目融资模式中非政府发起人的作用。政府作为发起人对项目没有直接的控制权，在融资期间也无法获得任何经营利润，只能通过项目的建设和运营获得间接的经济效益和社会效益。其职责在于给予项目某些特许经营权和一定数额的从属性贷款或提供贷款担保。在融资期限结束后，政府发起人通常无偿地获得项目的所有权和经营权。因此，BTO 项目融资模式中作为项目发起人的政府的作用就显得至关重要。项目的成功实施离不开政府的各种支持和积极参与。这种支持和参与主要表现在以下几个方面：

第一，选择项目公司。在 BTO 项目融资模式中，项目公司一般由政府或其政府部门根据某些标准竞标产生。BTO 的项目公司实际上相当于其他融资模式中的工程承包公司，其选择权主要在政府部门，一般政府部门根据国际公开竞争选择项目公司的标准有：

一是项目合作方有较强的资金、管理和技术能力，以保证在特许权协议期间内为项目开发和经营提供足够的服务；二是项目合作方提供的服务要达到环境保护标准和安全标准；三是对消费者的收费要合理或者要根据东道国政府物价局批准的收费标准来收费；四是要保证项目转让后一定期限内的维修和保养工作。

第二，投资风险。

第三，提供 BTO 项目附近设施、土地的开发权。

第四，明确投资回报政策，在税收上给予一定的优惠，以使项目公司对投资回报和风险大小程度做到心中有数。

第五，提供适当的产品购置担保。这样政府为项目公司承担了一定程度的市场风险，即如果预测的市场需求发生变化，为保证项目公司的收益，政府许诺给予一定程度的经济补偿，以降低项目公司的投资风险，吸引国际上有实力的公司踊跃参加投标竞标。

（5）BOT 合同的签订

政府作为发起人与项目公司即工程总承包公司签订一揽子 BTO 合同，明确双方责任和权利。签订的 BTO 一揽子合同作为特许权协议的附件，在特许权协议生效后才能生效。一揽子合同包括工程设计和工程施工总承包合同。

（6）监理公司的选择

由政府以发起人的身份主持，项目公司参与，通过公开招投标方式选择工程监理公司，对项目建设的全过程进行跟踪监理，并对项目发起人即政府负责。

（7）项目的建设

项目经有关部门批准开工后，在监理公司的全程跟踪监督下，由施工单位进行建设，并保证项目按时、按质、按量完工。

（8）项目的转让

项目按时按质完工后即由项目公司按照特许权协议规定的期限及时转交给政府。

(9) 项目的共同经营

由于某些项目不允许暂时的私有化，因此，项目公司在项目完工后，必须按照特许权协议的规定，先将项目移交给政府，由政府将项目指定给相关公司与项目公司共同经营。为加快项目公司的资金回收周期，降低项目公司的投资风险，特许权规定的经营期限内相关公司采取保本经营的策略，将合作经营期内项目产生的利润一部分分配给项目公司。

3. 运作相关规定

在BTO项目投资中，政府一般不参股或提供贷款，或者少量参股或提供贷款，政府作为主权者已使政府与投资者处于不平等的地位。外国投资者承担的商业和非商业风险无疑是最大的，不仅在项目一开始就要投入大量资金，而且还必须承担融资、建设、经营直至移交各个环节的风险。因此，在项目中，政府的影响贯穿项目确定、招标、特许权协议的签订、法规的制定、税收、外汇调整、政治风险等多方面，BTO项目的成败在很大程度上取决于政府的支持程度，政府在BTO项目中起着关键作用。

只有通过政府保证，才能形成对其自身特权的约束，提高项目投资方的信心。这是为了保证政府以平等的民商事主体身份履行特许专营权中的权利和义务。同时，由于BTO项目风险大、周期长、回收慢，应当给予管理上的优惠和保证，即政府保证履行BTO协议，如果违约，愿意赔偿因此给外国投资方造成的损失。

(二) BTO模式参与主体

(1) 项目发起人

项目发起人一般是当地政府，提出项目建议和项目可研报告，通过招投标确定项目公司，颁布BTO项目实施和管理相关政策和协议。同时授予项目公司特许权，在项目特许期内，对项目进行宏观调控。在一定程度上对项目公司进行有关立法、管理、行政以及财政上的支持。

(2) 项目公司

项目公司是由多个私营企业组成的联合体，一般是一个独立的法人组织，也可以包括其他的投资主体。项目公司可以参与项目的建设，或者寻找其他的承包商完成项目建设，更利于解决项目公司与承包商的利益冲突。

（3）承建商

一般情况下，承建商是具有极强的管理水平和先进技术的建设队伍，主要承担项目的设计和建造，并与项目公司订立固定价格的总承包合同。

（4）保险公司

BTO 项目运行中，存在许多潜在的风险，需要专门的保险公司对各项目参与方都不愿意承担或者无法承担的风险担保。针对 BTO 项目运营期限长、风险因素多、成本高等特点，一般是由大型保险公司承接 BTO 项目的相关风险。通常情况下，世界财团、出口信贷、商业银行等金融机构皆能够整体考虑 BTO 项目的经济性，为其提供贷款。

（5）供应商

供应商主要承担为项目提供燃料、原料、设备等责任。考虑到 BTO 项目供应的充足性，供应商应确保具有良好的资信能力，最低应该保障还款期内的原料供应。

（6）产品服务购买者

为确保项目建成后有充足的还本付息的资金进入，项目公司与产品购买方需订立长久购置合约，从一定程度上保障购置产品数量，减少项目的销售风险。但是项目公司应该根据信用和赚取利润能力选择产品购买者，因为这直接关系项目公司收回资金、支付贷款本息和股息及获得利润情况。

（7）运营商

在 BTO 项目的运营上，可以是项目公司自己负责，或者是委托具备丰富运作经验、管理水平和先进技术的运营商负责。若是后者，为实现项目的持续经营管理，项目公司应与运营商签署合作协议的期限不低于还款期。

(三) BTO模式相关注意事项

1. 特许权的范围问题

特许权的范围主要包括三个方面：一是权利的授予，即由政府授予通过竞争性公开招标方式选定的项目公司从事BTO项目在建设和联合经营等方面的特权。二是授权范围，即政府规定授予项目公司主办一个BTO项目权利的范围，包括项目的建设、转移、联合经营和维修，在特别需要时，还可授予该项目公司从事其他事务的权利等。三是特许期限，即政府许可项目公司在该BTO旅游项目建成并转移后联合经营项目的期限，由于该条款与政府的利益存在密切的关系，通常是特许权协议的一条核心条款。

2. 管理问题

(1) 建设期管理风险

项目在建设阶段所遇到的风险主要是完工风险与造价风险，即项目由于管理不善，未能按规定的标准按时投产、竣工，或虽已投产，但巨大的负债影响了项目效益的正常发挥，从而使投融资主体产生难以弥补的损失。其主要表现形式有以下几种：

一是成本超支。由于投资管理与控制不力，造价失控，项目实际费用超出预算，巨大的成本超支可能使整个项目被迫停建，或虽已建成，但投资额巨大，成本增加，从而使项目市场竞争力削弱。

二是延期竣工。由于管理松散，缺少整体计划，项目在时间上延迟竣工，财务成本增加。另外，因延迟竣工，可能使项目错失良好的机遇，从而给投融资主体造成损失。

三是资金缺口。资金管理计划不善，项目建设资金未及时到位，而使项目正常建设受到影响，从而造成项目的停建或延期建设、财务成本增加等。

四是质量缺陷。由于监理控制不力，造成施工单位偷工减料、材料质量低劣，项目建设质量较差，项目虽然按时完成，但不能正常运行或存在严重隐患，从而产生风险。

（2）经营期管理风险

总体来讲，BTO 模式经营期的管理风险已大大小于建设期的管理风险，但经营期管理风险也不可忽视，其主要表现在：管理费用过多、直接成本增加，引发重大事故。

3. 市场风险

（1）通货膨胀风险

对于通货膨胀风险可利用金融衍生工具来减少其影响，例如，远期合约、货币期权和其他货币市场套期工具等。当然，这些工具在我国还不是很普遍，在项目融资风险管理中的应用也受到很大限制。

（2）项目产品预计售价与物价局批准售价风险

银行要求项目收入的确定性，希望项目收费与有关的成本相关并且通过有关合同中的公式加以定义，这些有关成本包括当地的通货膨胀、汇率、投入价格等。这使银行相信债务的偿还是有保证的，但在实际中，收费标准必须经过有关物价局进行一年一度审核批准，物价局的决定权给项目贷款人带来重大风险。

4. 信用风险

所谓信用风险，是指项目参与各方因故无法履行或拒绝履行合同所规定的责任与义务的可能性。客观地讲，我国在项目融资方面的法制还不够健全，因而信用风险发生的概率更大。信用风险的表现形式主要有：①项目发起人是否在项目中起重要作用，或是否提供了股权资本或其他形式的支持；②项目承包商是否提供了一定的保函来保证赔偿承包商未能履行合约所带来的损失；③项目运营方是否有先进的管理技术和方法。

5. 政治风险

我国政府机构目前一般不准对项目做任何形式的担保或承诺，中方机构也不得对外出具借款担保。因此，在我国进行项目融资时，其政治风险尚不能由我国政府及政府机构来承担。

6. 环保风险

项目的环保风险，是指项目投资者可能因为严格的环境保护立法而迫使项目降低生产效率，增加生产成本，或者增加新的资本投入来改善项目的生产环境，更为严重的甚至产生迫使项目无法继续生产下去的风险。

7. 不可抗力风险

由于地震、台风、洪水、火灾等自然灾害的发生给项目建设和运营造成影响的可能性称为不可抗力风险。不可抗力风险可以通过向保险公司投保将风险转嫁给保险公司，从而达到防范风险的目的。

第六章　私有化类形式的操作流程合规性分析

一、BOO（建设—拥有—运营）模式的操作流程合规性分析

（一）BOO 模式操作流程

1. BOO 模式基本结构

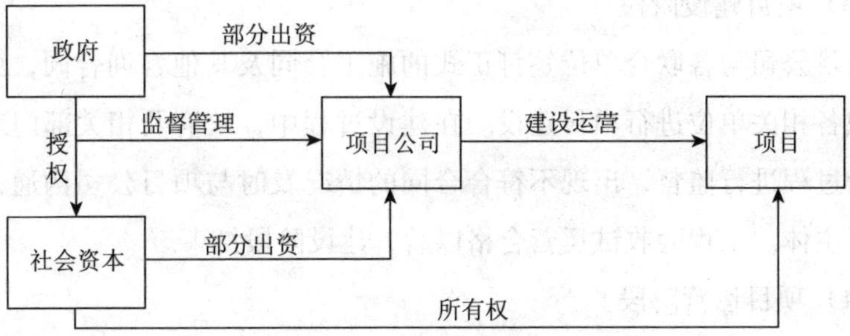

图 6-1　BOO 模式结构

政府授予社会资本方特许经营权，由社会资本负责项目的建设和运营，政府负责监督。

2. BOO 模式运作流程

BOO 运作的基本流程大致分四个阶段：项目前期准备阶段、项目开发阶段、项目建设阶段和项目运营阶段。

（1）项目前期准备阶段

项目前期准备阶段主要是选定 BOO 项目，通过资格预审和招标，选定

项目承办人。项目前期准备阶段包括项目发起和项目准备两个部分。

项目发起阶段工作内容主要包括：启动准备和前期调研等工作，具体涉及组建项目实施班子、制订整体工作计划、开展项目调查等工作。

项目准备阶段工作主要是项目策划实施方案研究和编制，包括：聘请顾问团队；项目协议；开展项目的前期论证，确定项目范围、建设规模、建设内容、建设投资等；前期沟通，研究项目模式，设计项目结构，编制项目实施方案；财务分析；确定投资人比选方式和原则、双方的主要权利和义务；组织相关单位讨论方案；实施方案公示和报批。

（2）项目开发阶段

在项目开发阶段，中标人要组成并依照法律注册项目公司。项目公司与政府就最终的特许权协议进行谈判，并就最后的股东协议、贷款协议、经营管理合同、供应合同以及实施项目所必需的其他附属合同进行谈判并签署所有上述协议。

（3）项目建设阶段

项目公司与各联合单位签订正式的施工合同及其他咨询合同，项目公司组织各相关单位进行项目建设。在建设过程中，政府及相关部门对项目建设的过程进行监督，出现不符合合同的情况及时与项目公司沟通，并确定责任主体。工程验收试运营合格以后，建设阶段结束。

（4）项目运营阶段

在运营阶段，项目公司根据与政府签订的合同对项目进行运行、维护以及项目设施的管理，所产生的全部或部分收入即成为项目公司的收益来源，用以偿还贷款及作为盈利收入。

（二）BOO 模式参与主体

根据 BOO 项目特点及运作模式，其参与主体主要有：项目发起人、政府、项目公司、投资者、贷款人、保险公司、总承包商、项目运营开发公司、用户。各参与主体之间的权利和义务依照各种合同、协议而确立。BOO 项目管理模式的参与主体关系如图 6-2 所示。

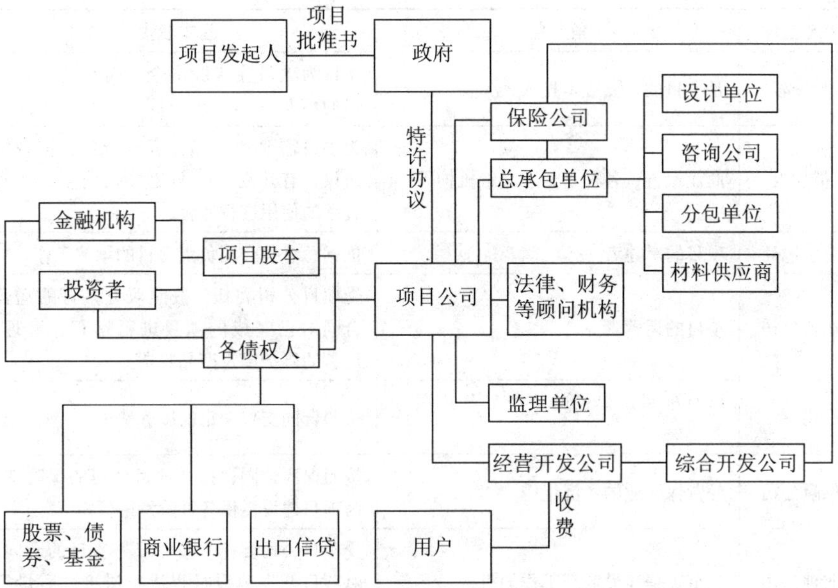

图 6-2　BOO 模式参与主体关系

根据 BOO 项目管理模式的参与主体关系图，为了保证 BOO 项目正常运作，BOO 项目各参与主体在项目建设和运营中需遵守各自职责，具体详见表 6-1。

表 6-1　BOO 项目各参与主体基本职责一览

参与主体	角　色	基本职责
项目发起人	项目公司的主组建人、项目的主要股本投入人，是项目的拥有者	为项目注入股本金，负责项目的承办
政府	是 BOO 项目的批准者	颁布支持 BOO 项目的政策和措施；确定 BOO 项目的执行程序以及对项目的选定；授予特许协议；对项目进行宏观管理
项目公司	通常是由一些项目投资公司、承包商、设备供应商、运营公司组，依照政府的相关规定和法律建立。项目公司是整个 BOO 项目的核心，是项目的主办者	拥有特许协议规定的特许权；全面负责项目的融资、建设及运营；负责对贷款银行债务和利息的清偿，以及在股东中利润分配等

续表

参与主体	角 色	基本职责
投资者	是项目的主要股本投入人	不仅为项目注入股本金，而且还负责项目的承办
债权人	商业银行、各种基金、金融机构等	为项目需要的大部分资金贷款，按贷款协议，有计划、分期地投入资金，并对贷款的使用进行监督
总承包商	项目的承建者	依据总承包合同负责项目的承建工作
运营公司	项目的运营者	受项目公司委托，按照双方签订的运营合同对已完成的项目进行运行、管理、设备的维护以及产品收费
用户	BOO项目所提供的“产品”或服务的对象	按照合同支付一定的服务费用
保险公司	经营保险业的经济组织	按照保险合同，接受项目公司的保险费，为项目建设提供各种险别的保险
监理公司	从事工程建设监理工作的机构	受项目公司委托，按照双方签订的合同，对项目开发建设过程进行进度、质量等方面的监理，代表项目公司行使监督权
顾问机构	提供法律、财务等方面的咨询机构	按照双方签订的服务合同，就有关法律、国家政策、公司财务等方面问题向项目公司提供咨询服务

（三）BOO模式相关注意事项

采用BOO模式，政府部门既节省了大量财力、物力和人力，又可在瞬息万变的信息技术发展中始终处于领先地位，而企业也可以从项目承建和维护中得到相应的回报。在BOO模式操作过程中需注意以下事项。

（1）项目前期准备阶段注意事项

由于BOO项目的建设阶段的资金主要来自于投资企业或投资者的自有资金，以及银行贷款资金，因此，BOO项目除了需要获得银行等金融机构的批准贷款的许可外，还需要国家权力机关及当地政府的审批，才能确保项目能够有足够的时间建设完工，投入运营。

（2）项目开发阶段注意事项

在此阶段，主要是相关协议谈判及签署工作。政府特许权协议是其中的重中之重，它主要规定政府应当给予 BOO 项目投资企业或者投资个人的有利政策支持，决定项目的具体建设、运营风险情况以及最终的项目回报内容。在谈判期间，谈判参与双方就利益不断博弈，由于项目公司有权不受任何时间限制地拥有并经营项目设施，因此，双方在谈判过程中应注意利益分配问题。

（3）项目建设阶段注意事项

首先，BOO 项目在成本控制方面应注意：成本风险主要在总体上反映了某种可预见风险发生的可能性及其后果的严重程度，是一种综合性的对成本提高后产生的危害与后果的理解。BOO 模式与其他项目融资模式一样，也要受到诸如建筑材料价格上涨、人工成本增加、财税政策变动及施工技术等多种因素的影响；同时，BOO 项目通常绝大部分为政府非细致化的项目规划，在项目建设的整个过程中几乎全部的成本风险的承担者只有投资者/企业，因而难免会成为 BOO 项目投资中较大的成本控制风险。

其次，BOO 项目在工期控制方面应注意：在 BOO 模式下，工期内是否能顺利完成项目建设并顺利运营，直接关系到投资企业或投资者能否节约建设成本并是否能如愿以偿地获得运营阶段的投资收益，也将直接影响投资企业或投资人的资金运转。

（4）项目运营阶段注意事项

首先，BOO 项目在公共政策和法律法规重大调整方面应注意：国家宏观经济政策与法律法规是经济发展的重要外部环境，其对经济所能产生的影响是十分巨大的。BOO 项目一般具有工期长、投入资金巨大的特点，很可能出现部分地区的政府为了实现对 BOO 投资者做出的承诺而改变政策或者修订法规的行为，而这种看似“合理”的情况会导致投资者回报风险的加大。

其次，BOO 项目在运营过程中应注意：BOO 项目运营期间的好坏会直接影响项目建成后是否可以使投资企业或投资者尽快地获得满意的收益。通常在此情况下，BOO 模式的投资企业或投资者会将所承揽的工程分包一部分出去，从而减少资金的投入，达到降低风险，提高收益的效果。

二、TOO（移交—拥有—运营）模式的操作流程合规性分析

（一）TOO 模式操作流程

1. TOO 模式基本结构

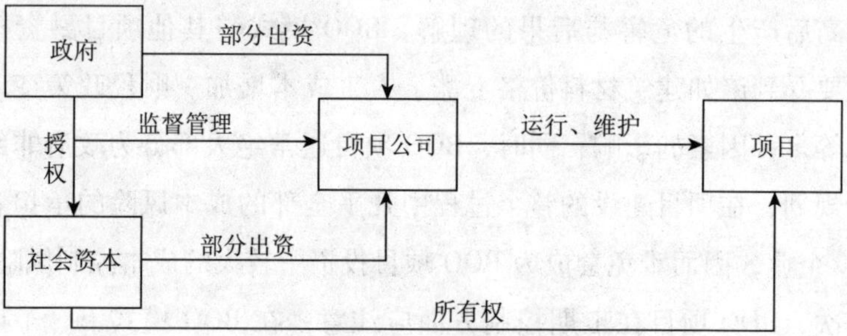

图 6-3　TOO 模式基本结构

社会资本方通过收购政府的存量项目，拥有其归属权，并进行运营维护。

2. TOO 模式运作流程

TOO 项目适用于已建成的项目，其运作的基本流程主要是：项目移交阶段—项目运营阶段。

（1）项目移交阶段

TOO 项目竣工验收合格后，成立项目公司对 TOO 项目进行有偿收购，办理相关的项目移交手续。

（2）项目运营阶段

在运营阶段，项目公司根据与政府签订的合同对项目进行运行、维护以及项目设施的管理，所产生的全部或部分收入即成为项目公司的收益来源，用以偿还贷款及作为盈利收入。

（二）TOO 模式参与主体

根据 TOO 项目特点及运作模式，其参与主体主要有：政府、项目公司、投资者、贷款人、保险公司、项目运营开发公司、用户。各参与主体之间的权利和义务依照各种合同、协议而确立。TOO 项目管理模式参与主体关系如图 6-4 所示。

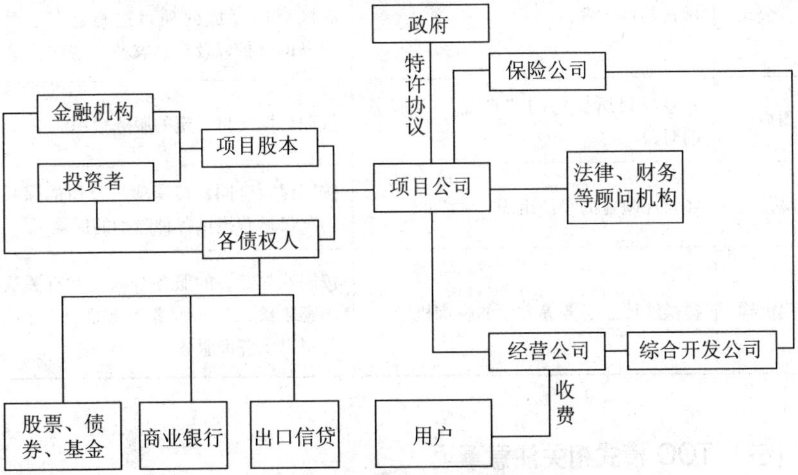

图 6-4　TOO 结构参与主体关系

为了保证 TOO 项目正常运作，TOO 项目各参与主体在项目运营中需遵守各自职责，具体详见表 6-2。

表 6-2　TOO 项目各参与主体基本职责一览

参与主体	角　色	基本职责
政府	是 TOO 项目的批准者	颁布支持 TOO 项目的政策和措施；授予特许协议；对项目进行宏观管理
项目公司	项目公司是整个 TOO 项目的核心，是项目的主办者	拥有特许协议规定的特许权；全面负责项目的运营；负责对贷款银行债务和利息的清偿以及在股东中利润分配等

续表

参与主体	角　色	基本职责
投资者	是项目的主要股本投入人	不仅为项目注入股本金，而且还负责项目的运营、维护
债权人	商业银行、各种基金、金融机构等	它们为项目需要的大部分资金贷款，按贷款协议，有计划、分期地投入资金，并对贷款的使用进行监督
运营公司	项目的运营者	受项目公司委托，按照双方签订的运营合同对已完成的项目进行运行、管理、设备的维护以及产品收费
用户	TOO 项目所提供的“产品”或服务的对象	按照合同支付一定的服务费用
保险公司	经营保险业的经济组织	按照保险合同，接受项目公司的保险费，为项目运营提供各种险别的保险
顾问机构	提供法律、财务等方面的咨询机构	按照双方签订的服务合同，就有关法律、国家政策、公司财务等方面问题向项目公司提供咨询服务

（三）TOO 模式相关注意事项

TOO 模式适用于已建成的项目，注意事项主要来源于项目移交阶段和项目运营阶段。

（1）项目移交阶段注意事项

TOO 项目建设完工移交前，首先，确认项目质量是否满足相关质量要求；其次，需注意项目公司收购的 TOO 项目资产是否已全部结算，确保不涉及任何资产纠纷。

（2）项目运营阶段注意事项

首先，TOO 项目注意公共政策法规由于重大调整带来的影响：国家宏观经济政策与法律法规是经济发展的重要外部环境，其对经济所能产生的影响无疑是十分巨大的。由于 TOO 项目具有工期长、投入资金巨大的特点，很可能出现部分地区的政府为了变更实现对 TOO 投资者做出的承诺而改变政策或者修订法规，这种看似“合理”的情况导致投资者回报风险的加大。这部分的风险可在双方签订的协议中事先进行明确的约定。

其次，TOO项目在运营过程中给投资者带来的收益直接与经营期间的好坏有关。通常，TOO模式的投资企业或投资者会将所承揽的工程分包一部分出去，从而减少资金的投入，达到降低风险，提高收益的效果。

第七章　管理外包类形式的操作流程合规性分析

一、O&M（委托运营）模式的操作流程合规性分析

（一）O&M 模式操作流程

1. O&M 模式基本结构

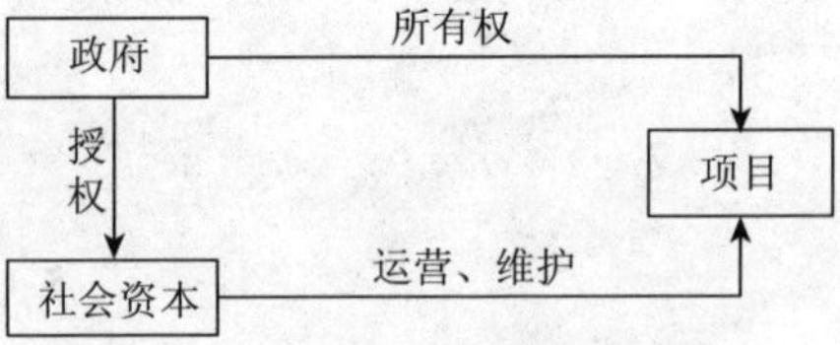

图 7-1　O&M 运作模式基本结构

政府将存量公共资产转移给社会资本方进行运营维护，项目公司通过获得政府支付的委托运营费用进行获利，项目的所有权属于政府。O&M 模式适合于责任边界比较容易划分的项目，同时其运营管理需要专业化队伍。政府并不急于套现设施投资，而是着眼于提高设施运营管理和服务的质量。O&M 模式一般用于非经营性项目，如污水处理厂采用委托运营模式较多。

2. O&M 模式运作流程

项目运作基本流程图如图 7-2 所示。

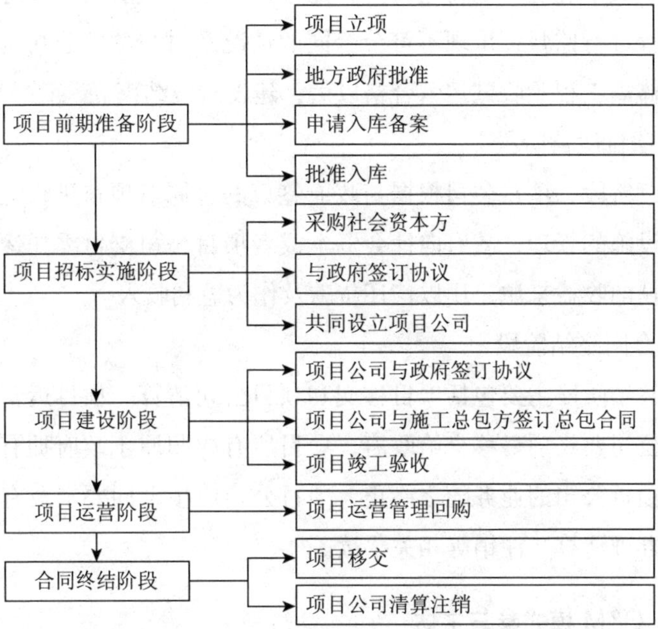

图 7-2　O&M 运作模式基本流程

（1）项目前期准备阶段

项目前期准备阶段主要包括项目发起和项目准备。项目发起主要是成立领导小组和办公室、制订工作计划、开展项目调查；项目准备主要是聘请咨询机构、前期论证沟通、财务分析、确定投资人比选方式和原则、编制项目实施方案并上报审批等工作。

（2）项目招标实施阶段

项目招标实施阶段主要包括协议编制、竞争性程序、签署协议。协议编制主要是确定技术商务边界条件、建设内容分工、投资范围、招标条件等；竞争性程序主要是发布信息、制定标准、成立评标小组、编写评标报告、与候选人澄清谈判等；签署协议主要是与中标人签订项目协议、成立项目公司等工作。

（3）项目建设阶段

项目公司与各联合单位签订正式的施工合同及其他咨询合同，项目公司组织各相关单位进行项目建设。在建设过程中，政府及相关部门对项目建设的过程进行监督，出现不符合合同的情况及时与项目公司沟通，并确定责任主体。工程验收试运营合格以后，建设阶段结束。

(4) 项目运营阶段

在运营阶段，项目公司根据与政府签订的合同对项目进行运行、维护以及项目设施的管理，政府向社会资本或者项目公司支付委托运营费用作为项目公司的收益来源，用以偿还贷款及作为盈利收入。

(5) 合同终结阶段

合同终结阶段主要包括项目移交和项目公司清算。项目运营期限到期后，项目公司要将项目移交给政府，项目所有权归属于政府拥有。项目移交以后，项目公司的业务随之终止，项目公司应按合同要求及有关规定到有关部门办理清算、注销等相关手续。

(二) O&M 模式参与主体

根据 O&M 项目的特点及运作模式，其参与主体主要有：政府、项目公司、投资者、贷款人、保险公司、项目运营公司。各参与主体之间的权利和义务依照各种合同、协议而确立。O&M 项目管理模式的参与主体关系见图 7-3。

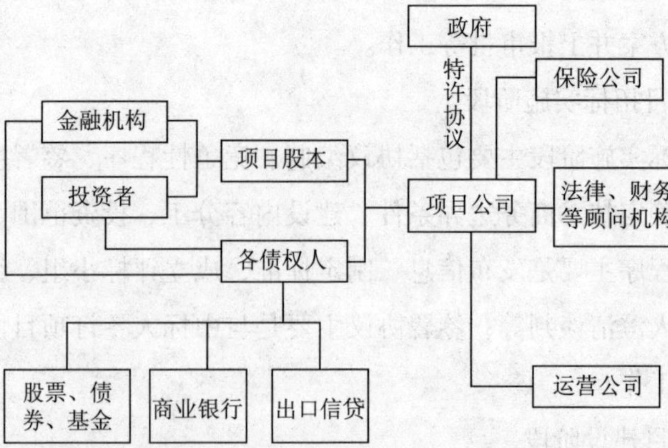

图 7-3　O&M 参与主体关系

根据O&M项目管理模式的参与主体关系图，为了保证O&M项目正常运作，O&M项目各参与主体在项目运营中需遵守各自职责，具体见表7-1。

表7-1 O&M项目各参与主体基本职责一览

参与主体	角 色	基本职责
政府	是O&M项目的批准者	颁布支持O&M项目的政策和措施；授予特许协议；对项目进行宏观管理
项目公司	项目公司是整个O&M项目的核心，是项目的主办者	拥有特许协议规定的特许权；全面负责项目的运营、维护
投资者	是项目的主要股本投入人	不仅为项目注入股本金，而且还负责项目的运营、维护
债权人	商业银行、各种基金、金融机构等	为项目需要的大部分资金贷款，按贷款协议，有计划、分期地投入资金，并对贷款的使用进行监督
运营公司	项目的运营者	受项目公司委托，按照双方签订的运营合同对已完成的项目进行运行、管理、设备的维护
保险公司	经营保险业的经济组织	按照保险合同，接受项目公司的保险费，为项目运营提供各种险别的保险

（三）O&M模式相关注意事项

O&M模式在运作过程中有诸多优点：

（1）O&M模式有利于提高运营服务质量

在O&M模式下，政府将公共资产的运营维护职责委托给社会资本或者项目公司，需要政府选择业绩优秀、专业化的运营商。同时，运营商也会集中精力提升自身的运营和管理水平，以提供稳定、优质的服务。这将大大提高行业的业绩水平，更有利于行业的健康、快速发展。

（2）O&M模式有利于降低风险

O&M项目期限一般不超过8年，较短的合约期限，使双方对合作期间可能出现的各种风险的预测更简单、清晰，对风险的控制力度也明显加强。此外，委托运营不涉及项目资产权益的变化，在政府对项目拥有所有权的前提下，只要专注加强项目运营监管即可，减少投资、建设环节的各种风险。

此外，O&M 项目在运作过程中还需注意以下五点：

（1）项目前期准备阶段注意事项

在该阶段，在开展调研时，要确保调研数据的原始性和完整性，为项目的论证提供真实可靠的依据；确定投资人比选方式和原则是确保合伙投资人质量的重要影响因素，因此，制定严格的投资人必选方式和原则尤为重要。

（2）项目招标实施阶段注意事项

在该阶段，特别要注意的是协议签订内容的拟定，对合同双方的权利、义务等进行明确约定，以便项目正常实施。

（3）项目建设阶段注意事项

在该阶段，特别需要注意的是项目的三控制：成本控制、工期控制和质量控制。在建设过程中注意控制建筑材料价格上涨、人工成本升高、财税政策变动及施工技术等多种因素对成本的影响。在工期控制方面，综合采用合同措施、经济措施、组织措施、管理措施、技术措施以提高预控能力、加强主动控制，从而达到加快施工进度的目的。在项目实施过程中，要将被动控制与主动控制紧密地结合起来。只有认真分析各种因素对工程进度目标的影响程度，及时将实际进度与计划进度进行对比，制定纠正偏差的方案，并采取赶工措施，才能使实际进度与计划进度保持一致。在质量控制方面，做好事前质量控制、事中质量控制、事后质量控制。

（4）项目运营阶段注意事项

在该阶段，政府将项目的运营、维护委托给项目公司，这需要政府与项目公司签订特许经营权协议，并约定特许经营期限。此阶段需特别注意特许经营权协议内容和特许经营期限长短的约定，在整个项目运营期间，项目公司应按照协议要求对项目设施进行运营、维护。为了确保项目的运营和维护按协定进行，政府、贷款人、投资者都拥有对项目进行监督的权利。

（5）合同终结阶段注意事项

在此阶段，政府在收回项目所有权时，确定项目涉及的资产是否已经全部返清。项目移交政府方后，项目公司使命终结，并依法解散。当项目公司出现由于其他一些特殊缘由导致的解散时，如政府方介入导致项目公司解散、社会资本方解散项目公司、项目公司面临破产导致的解散时，应做好相应的措施。

当项目公司由于政府方介入导致项目公司解散时，首先要确定项目公司是否违约。若项目公司未违约但政府方介入时，政府方在介入项目之前必须按项目合同中约定的通知程序提前通知项目公司，并且应当遵守合同中关于行使介入权的要求；如果政府方在行使监督权时发现项目公司违约，政府方认为有可能需要介入的，通常应在介入前按照项目合同的约定书面通知项目公司并给予其一定期限自行补救；如果项目公司在约定的期限内仍无法补救，政府方才有权行使其介入权。

当项目公司由于社会资本方解散项目公司时，首先确定政府方是否违约。社会资本方作为合同一方主体，基于合同法的权利义务均等原则之规定，也具有依据《公司法》解散公司的权利。如果出现以下情形，社会资本方可以以股东名义提出解散项目公司：未按合同约定向项目公司付费或提供补助达到一定期限或金额的；违反合同约定转让项目合同项下义务；发生政府方可控的对项目设施或项目公司股份的征收或征用的；发生政府方可控的法律变更导致项目合同无法继续履行的。当政府方违约时，政府方在一定期限内未能补救的，项目公司中的社会资本方可以行使管理权和控股权，通过公司章程规定的权利，要求终止项目合同，进而解散项目公司。

当项目公司面临破产导致的解散时，O&M 项目在运营阶段的收益主要来源政府支付的委托运营费用，如果财政补贴不能及时到位，就有可能出现项目公司的资不抵债现象，进而导致破产的法律后果。因此，政府给予的委托运营费用应及时到位，以便保证项目的正常运营，以及后续项目正常移交工作的开展。

二、MC（政府保留存量公共资产所有权）模式的操作流程合规性分析

（一）MC 模式操作流程

1. MC 模式基本结构

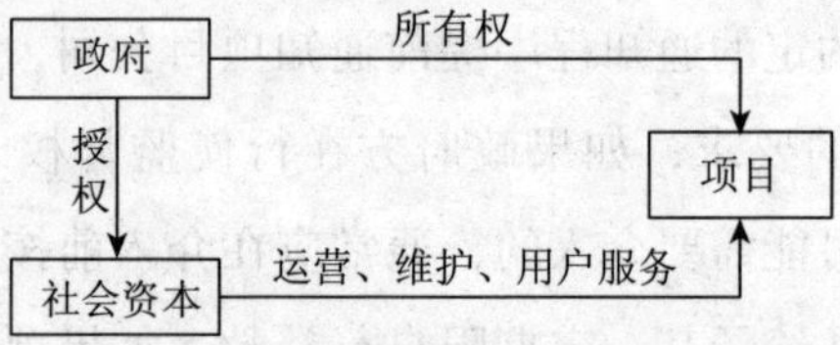

图 7-4　MC 运作模式基本结构

政府在保留项目所有权的基础上，授权项目公司对存量资产进行运营维护，通过获得政府支付的管理费用获得一定的利润。

2. MC 模式运作流程

第一，项目立项。

第二，风险分析（项目论证）。

第三，项目计划、跟踪与控制。

（二）MC 模式参与主体

根据 MC 项目特点及运作模式，其参与主体主要有：政府、项目公司、投资者、贷款人、保险公司、项目运营公司、用户。各参与主体之间的权利和义务依照各种合同、协议确立。MC 项目管理模式的参与主体关系见图 7-5。

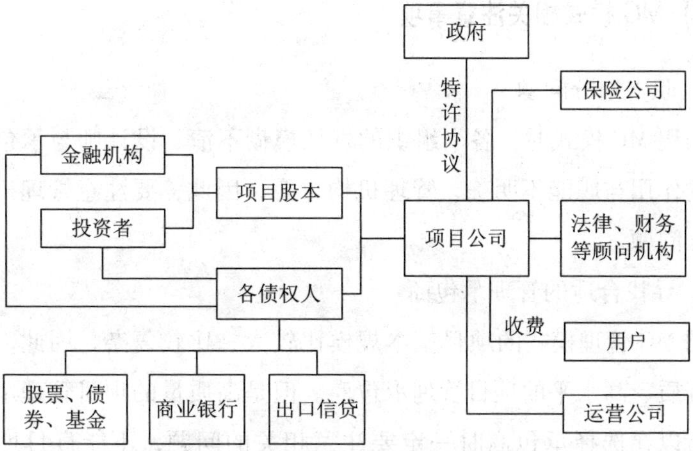

图 7-5 MC 模式参与主体关系

根据 MC 项目管理模式的参与主体关系图，为了保证 MC 项目正常运作，MC 项目各参与主体在项目运营中需遵守各自职责，具体见表 7-2。

表 7-2 MC 项目各参与主体基本职责一览

参与主体	角 色	基本职责
政府	是 MC 项目的批准者	颁布支持 MC 项目的政策和措施；授予特许协议；对项目进行宏观管理
项目公司	项目公司是整个 MC 项目的核心，是项目的主办者	拥有特许协议规定的特许权；全面负责项目的运营、维护以及用户服务
投资者	是项目的主要股本投入人	不仅为项目注入股本金，而且还负责项目的运营、维护
债权人	商业银行、各种基金、金融机构等	为项目需要的大部分资金贷款，按贷款协议，有计划、分期地投入资金，并对贷款的使用进行监督
运营公司	项目的运营者	受项目公司委托，按照双方签订的运营合同对已完成的项目进行运行、管理和设备的维护
保险公司	经营保险业的经济组织	按照保险合同，接受项目公司的保险费，为项目运营提供各种险别的保险
用户	项目所提供的“产品”或服务的对象	按照合同支付一定的服务费用

(三) MC 模式相关注意事项

(1) 职责划分问题

当采用 MC 模式时，各个组织的责任模糊不清、设计师与承包商对质量控制的作用与职能不明确、管理机构重叠，因此，要注意管理机构和职责的划分问题。

(2) 寻找合适的管理承包商

采用 MC 管理模式的项目基本规模比较大、比较复杂，因此，需要找一个高资质、高水平的项目管理承包商。但是高质量的项目管理承包商比较少，所以在选择承包商时一定要注意相关的问题，不能盲目地选择承包商。

(3) 承包商要提前介入设计阶段

好的设计有助于满足和实现业主的进度、成本要求及质量目标。在采购方式中，良好的设计得益于承包商在设计阶段的“及早介入”及“施工可行性”方面的建议。承包商在项目前期即介入项目，根据其提供的最新市场条件、设备价格、物质来源等信息，可以使前期规划、预算工作更具现实性，设计更符合市场需求。承包商对设计和施工管理方面的深刻理解，能够保证设计在满足业主功能需求的前提下，充分考虑施工性、进度安排、工程成本等多种因素的影响，优化设计，以达到确保工程质量、控制工程成本的目的。

(4) 注意各阶段同步进行

MC 管理模式采用分阶段施工，即完成一部分招标图纸就进行该部分的招标和施工，在设计、招标和施工三个过程可以在详细设计尚未完成之前同步进行。MC 承包商可以采购长线物质，选择合适的施工承包商参加投标等，有助于工程及早完成施工。

第八章　案例操作流程解读

一、BOT 案例操作流程解读

（一）项目案例基本情况介绍

1. 项目名称

×××马拉松赛道及配套基础设施建设项目。

2. 项目概况

（1）项目规模及主要技术指标

项目由道路工程和桥梁工程两部分组成。道路工程建设规模及设计参数见表 8-1，桥梁工程建设规模及设计参数见表 8-2。

表 8-1　道路工程建设规模及设计参数一览　　单位：m，km/h

序　号	道路名称	道路红线宽	道路等级	设计速度	道路长度	路面结构
1	内环路	9	环湖景观路	—	15892.08	沥青砼
2	广场路	9	环湖景观路	—	339.975	沥青砼
3	外环路	24	城市次干路	40	8186.019	沥青砼
4	纵五路	35	城市主干路	50	885.211	沥青砼
5	西一路	24	城市次干路	40	288.226	沥青砼
6	西二路	40/24	城市主干路	50	853.082	沥青砼
7	西三路	24	城市主干路	40	1667.022	沥青砼
8	内外环连接一路	12	支路	20	710.616	沥青砼
9	内外环连接二路	12	支路	20	446.002	沥青砼
10	内外环连接三路	12	支路	20	285.532	沥青砼

续表

序　号	道路名称	道路红线宽	道路等级	设计速度	道路长度	路面结构
11	内外环连接四路	12	支路	20	299.729	沥青砼
12	内外环连接五路	12	支路	20	378.181	沥青砼
13	内外环连接六路	12	支路	20	180.659	沥青砼

表 8-2　桥梁工程建设规模及设计参数一览　　单位：m

序号	桥梁位置	桥梁里程	交角(°)	标准跨径	桥梁全宽	桥梁全长	桥梁规模	结构类型		备　注
								拟建上部结构	下部结构	
1	内环线	K0+015-K0+165	105	5×30	9	160.0	大桥	空腹式连续拱桥	拱座、扩大基础	
2	内环线	K0+800-K1+225	—	17×25	9	435.0	大桥	钢筋砼箱梁	U型、扩大基础	含曲线桥
3	内环线	K5+800-K5+870	90	22+26+22	9	80.0	中桥	实腹式连续拱桥	拱座、扩大基础	
4	内环线	K6+090-K6+170	90	25+30+25	9	90.0	中桥	空腹式连续拱桥	拱座、扩大基础	
5	内环线	K6+990-K7+060	90	22+26+22	9	80.0	中桥	实腹式连续拱桥	拱座、扩大基础	
6	内环线	K8+310-K8+400	90	3×30	9	100.0	中桥	钢筋砼箱梁	U型、扩大基础	
7	内环线	K11+420-K11+500	90	25+30+25	9	90.0	中桥	空腹式连续拱桥	拱座、扩大基础	
8	内环线	K12+945-K13+005	90	60	9	70.0	大桥	钢管混凝土拱桥	轻型、桩基础	
9	内环线	K14+120-K14+250	90	5×26	9	140.0	大桥	钢筋砼箱梁	U型、扩大基础	
10	内环线	K14+330-K14+450	97	3×40	9	130.0	大桥	空腹式连续拱桥	拱座、扩大基础	
11	内环线	K14+820-K14+880	86	3×20	9	70.0	中桥	实腹式连续拱桥	拱座、扩大基础	
12	内环线	K14+520-K14+590	—	22+26+22	9	80.0	中桥	钢筋砼箱梁	U型、扩大基础	曲线桥，R=50
13	外环线	K1+560-K1+640	90	22+26+22	24	80.0	中桥	钢筋砼箱梁	轻型、桩基础	

续表

序号	桥梁位置	桥梁里程	交角(°)	标准跨径	桥梁全宽	桥梁全长	桥梁规模	结构类型		备注
								拟建上部结构	下部结构	
14	外环线	K4+570-K4+720	90	5×30	24	160.0	大桥	钢筋砼箱梁	轻型、桩基础	
15	外环线	K6+970-K7+090	90	5×24	24	130.0	大桥	钢筋砼箱梁	轻型、桩基础	
16	纵五路	K0+060-K0+340	—	10×28	35	290.0	大桥	钢筋砼箱梁	肋板、桩基础	

（2）项目总投资及资金来源

项目总投资122023.42万元，采用PPP模式合作进行融资、建设和运营，资本金36607.03万元（占总投资的30%），由政府方委托政府授权的公司和社会资本方按照股权比例1∶9分别筹集，其中，政府授权的公司出资3660.70万元，社会资本方出资32946.32万元。政府方与社会资本方注册金资本金一次性实缴到位。剩余85416.39万元（占总投资的70%）项目建设资金由政府授权的公司和社会资本方共同出资成立的项目公司通过银行贷款等融资方式取得，若项目融资部分不能及时到位，差额由社会资本方自行补足。

（二）项目操作流程介绍

BOT运作的基本流程大致分为四个阶段：项目准备阶段、引入社会资本阶段、合同执行阶段、合同终结及期末移交阶段。项目的交易机构如图8-1所示，项目的运作流程如图8-2所示。

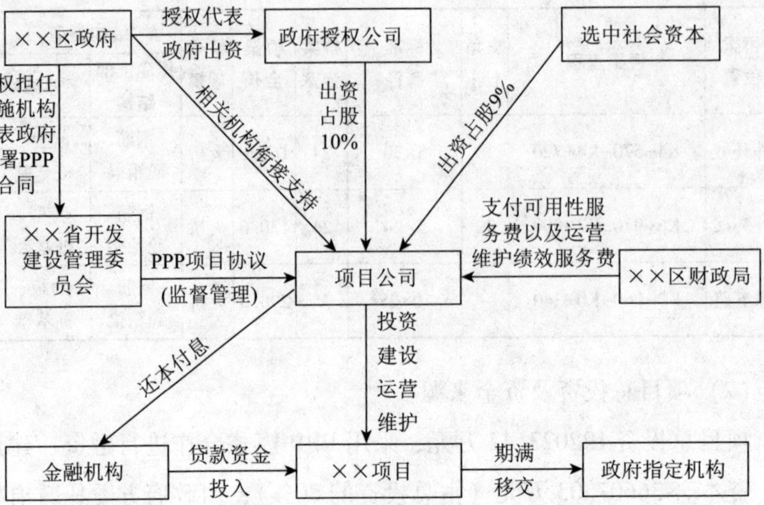

图 8–1 项目交易结构示意图

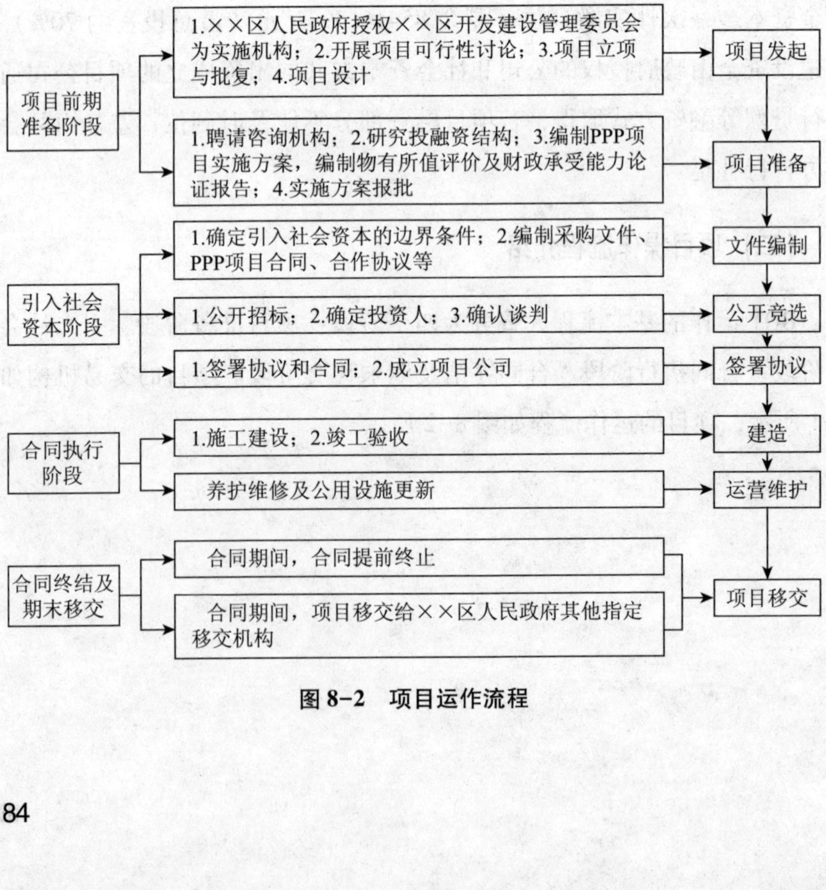

图 8–2 项目运作流程

1. 项目前期准备阶段

（1）项目发起阶段

①项目由区人民政府授权其建设管理委员会为项目的实施机构，负责办理项目准备、采购、监管和移交等工作，并代表区人民政府与项目公司签订 PPP 协议，履行约定的权利义务，实施项目监管。

②开展项目可行性讨论。

③项目立项与批复。

④项目设计。

（2）项目准备阶段

①政府方聘请第三方咨询机构。

②研究融资机构，项目当地建设管理委员会、政府授权的公司对项目公司融资行为不提供担保或其他信用支持，原则上不干预项目公司具体融资操作，但项目公司使用项目收益权进行质押担保的，需经建设管理委员会书面同意。

③编制 PPP 实施方案，编制物有所值评价及财政承受能力论证报告。

④实施方案报批。

2. 引入社会资本阶段

（1）文件编制

①该项目经过相关主管部门的讨论，通过专家会议的方式，确定引入社会资本的边界条件有：授权范围、建设进度、一般补偿、合同终止、项目转让的限制、项目设施的移交、保险、争议解决方式。

②编制采购文件、PPP 项目合同、合作协议等。

项目当地建设管理委员会委托工程咨询单位进行社会资本方招标的相关工作，工程咨询单位根据项目前期进行的工作及项目特点，编制项目采购文件，内容包括采购邀请、供应商须知（包括密封、签署、盖章要求等）、供应商应当提供的资格、资信及业绩证明文件、采购方式、政府对项目实施机构的授权、实施方案的批复和项目相关审批文件、采购程序、响应文件编制要求、提交响应文件截止时间、开启时间及地点、保证金交纳数额和形式、评审方法、评审标准、政府采购政策要求、PPP 项目合同草案及其他法律文本、采购结果确认谈判中项目合同可变的细节，以及是否允许未参加资格预审的供应商参与竞争并进行资格后审等内容。项目采购文件中还应当明确项目合同必须报请本级人民政府审核同意，在获得同意前项目合同不得生效。

（2）公开竞选

①结合相关法律政策及本项目具体性质，拟采用公开招标方式选择社会资本方。在对社会资本方进行选择的文件中，主要从社会资本的合法性、财务实力、业绩及是否接受联合体四个方面设置社会资本方主要资格要求，以此判断社会资本方是否具有投资建设运营本项目的资格和能力。

②确认投资人。项目当地建设管理委员会依据响应文件，通过当地财政厅和公共资源交易中心随机抽取财务、技术、法律等方面的专家 5 名，再加上项目实施机构代表 2 人组成 7 人评标小组进行评审，对项目响应文件采用综合评分法。

③确认谈判。通过评标确认社会资本方后，项目实施机构成立专门的采购结果的确认谈判工作组，负责采购结果确认前的谈判和最终采购结果的确认工作。

（3）签署协议

①签署协议和合同。

第一，社会资本与政府方相关法律结构及合同体系。《PPP 项目合同》由项目当地建设管理委员会代表区人民政府与项目公司签署。《项目公司股东协议》由政府授权的公司和中选社会资本方签署。

第二，与本项目相关的其他合同体系。与本项目相关的其他合同关系包括但不限于以下几个方面：

《勘察合同》《监理合同》《造价咨询合同》等项目前期合同（除施工总承包合同之外）由实施机构与相关服务单位签订；由项目公司与施工总承包单位签署《施工总承包合同》；项目的《融资合同》《保险合同》等

其他合同由项目公司及保险购买主体按国家有关法律法规要求与各当事人签署；项目实施机构授权政府授权的公司对工程进行项目管理，双方签署《委托管理协议》；在项目建设及运营期内，项目公司所签署的一切合同均应向实施机构报备。

②成立项目公司。

第一，项目公司结构。项目公司设董事会，董事会由5名董事组成，其中，政府授权的公司委派董事2名，社会资本方委派董事3名，董事长由社会资本方委派的董事出任。项目公司不设监事会，设1名监事，由政府授权的公司委派。项目公司法定代表人由董事长担任。项目公司经营班子由1名总经理和若干名副总经理组成，经营班子成员原则上均由社会资本方负责聘请。项目公司财务部门负责人1名，由项目公司聘任。

第二，项目资本金及资金筹措。项目资本金为总投资的30%，共计36607.03万元。其中，政府授权的公司出资3660.70万元（占10%），中选社会资本出资32946.32万元（占90%）。出资方式为中选社会资本方与政府授权的公司均以货币资金出资。项目公司资本金要求在项目公司成立期初一次性全额到位。如社会资本方资本金出现迟缴，建设管理委员会有权要求赔偿违约金，每超期一日，社会资本方支付违约金10万元。若超期30日后资金未到账，政府方有权解除《PPP项目合同》。根据国家关于固定资产投资项目资本金制度的相关规定，由中选社会资本方负责追加项目资本金，政府授权的公司不承担追加项目资本金的义务。追加项目资本金后，项目公司治理结构和决策机制保持不变。

3. 合同执行阶段

（1）建造阶段

①施工建设。建设期内，项目公司负责该项目建设及融资工作。项目建设期间，政府授权的公司根据建设管理委员会的委托承担协助行政审批、进行造价控制等相关管理工作。由政府方委托工程监理机构，项目公司向其支付相关建设单位管理费及工程监理费。

②竣工验收。竣工验收需符合《城市道路工程施工与质量验收规范》

（CJJ1—2008）、《城市桥梁工程施工与质量验收规范》（CJJ2—2008）及其他国家、相关法律法规和行业规范。如整改三次以上仍未达到验收标准，由政府委托第三方整改达标，由此产生的费用由社会资本方承担。

第一，竣工验收备案。项目确认完成竣工验收的文件资料，包括经各方签字的竣工验收报告及有关文件，项目公司须向项目所在区有关部门提交备案文件。

第二，竣工验收合格交付使用后进入运营期的标准。项目公司与施工方完成项目工程标的物移交，施工单位完成竣工退场，项目满足可使用条件；该项目竣工验收报告已经报区有关部门签署并备案；该项目实物设施达到设计文件中的有关技术标准及要求，客观反映并提交区有关部门备案的竣工验收报告的验收意见，功能完备，达到可使用条件；有关文档资料均完整、清晰；政府方指定机构提出的其他要求。

第三，进入运营期的确认程序。项目公司向建设管理委员会提交竣工验收文件资料；建设管理委员会及有关政府部门在项目公司配合下完成项目现场踏勘验收；项目交付使用；项目公司与建设管理委员会有关管理部门签署确认书，确认本项目进入运营期；其他政府方书面确认的形式视为项目进入运营期。

（2）运营维护

遵循区人民政府投资项目有关程序及规定，项目竣工验收合格交付使用后至项目合作期结束前，项目养护维修及公共设施更新等责任由项目公司承担（项目保修期内，施工方承担保修责任）。

4. 合同终结及期末移交

（1）合同期间，合同提前终止

项目合作期内，可引发提前终止的事项主要包括不可抗力事件、法律变更或政府行为、一方严重违约、双方协商一致等。

其中，法律变更或政府行为引发的提前终止是指如果在《PPP 项目合同》生效后，因法律变更及政府行为导致项目公司部分或全部不能履行《PPP 项目合同》项下的主要义务，而这种变化和影响又不以项目所在区人民政府的意志为转移，双方应尽力就继续履行《PPP 项目合同》进行协商，若不能达成一致，则一方可向另一方发出终止意向通知。

若发生合同提前终止，则除非《PPP 项目合同》另有约定，区人民政府将按照如下标准向项目公司支付赔偿金（提前终止时，区人民政府对于项目公司的补偿须以项目公司还清其届时之所有负债为前提）。提前终止补偿情形及补偿见表 8-3。

表 8-3　提前终止补偿情形及补偿

序　号	《PPP 项目合同》提前终止之情形	终止补偿金
1	项目公司违约	建设期终止时，为 A1-B1+E
		运营期终止时，为 A2-B2+E
2	政府违约	建设期终止时，为 A1+B1+E
		运营期终止时，为 A3+B2+E
3	法律变更或政府行为	建设期终止时，为 A1+35%B1+E
		运营期终止时，为 A3+35%B2+E
4	不可抗力	（A4-C-D）/2

注：A1 为项目公司尚未收回的投资（以经审计的该数据为准）；

A2 为审计价×项目公司尚未收回的政府付费比例；

A3 为项目公司尚未收回的政府付费的现值（按 5%的折现率）；

A4 为经审计的项目公司账面资产净值；

B1 取值为建设期履约保证金金额；

B2 取值为运营期履约保证金金额；

C 为发生不可抗力情形时，根据《PPP 项目合同》及相关保险合同约定，项目公司（含贷款方）实际获得的保险赔款；

D 为发生不可抗力情形时，因项目公司投保不足，导致所获保险赔款无法使项目设施恢复到出险前的正常状态和价值的恢复性建设费用缺额部分（如有）；

E 为终止后根据《PPP 项目合同》的约定，项目公司应向区人民政府移交运营维护所需的零部件、备品备件和化学品的合理评估值。

如属项目公司违约，区人民政府发出终止情形的，则区人民政府有权自本项目提前终止日起计算 3 年内（如剩余合作期短于 3 年的，则本处指余下的合作期）分期分批次向项目公司支付补偿金，具体分批次的支付比例及时间进度安排由××市××区人民政府确定。

若属于区人民政府发出的终止情形之一的，按照对应公式计算终止补偿金即“A1-B+E”或者“A2-B+E”的值为负数；或者不可抗力情形下补偿金计算为负值的，则项目公司应向区人民政府支付本条所述负数的绝对值。

（2）合同期间，项目移交给区人民政府其他指定移交机构

项目运营期满后移交，指项目公司将项目及项目有关资料向××建设管理委员会（或区人民政府其他指定移交机构）移交。

①移交范畴。项目前期工作、施工、竣工验收、审计决算、保修责任履行、运营维护等相关档案资料，文本原件及本项目在运营期内的运营维护权。

②移交标准。全部文档资料均真实、完整、清晰；移交时本项目运营维护权时应满足本项目功能完好、可使用且在移交时能够满足正常使用。

③移交程序。项目公司整理核对相关文档资料，编制交接清单；实施机构（区人民政府制定机构）与项目公司就所交接文档资料，按交接清单逐一核对，确认无误后签署交接确认书；政府指定机构在项目公司配合下完成项目现场踏勘验收。

（3）项目参与主体

第一，政府：政府方发起项目。

第二，实施机构：区人民政府授权××建设管理委员会为本项目的实施机构，负责办理项目准备、采购、监管和移交等工作，并代表区人民政府与项目公司签订 PPP 协议，履行约定的权利义务、实施项目监管。

第三，平台公司：区人民政府授权××公司代表政府与社会资本方共同组建 PPP 项目公司。

第四，项目发起人（政府或社会资本方）：××市××区人民政府。

第五，项目公司：区人民政府授权××公司代表政府与社会资本方共同组建 PPP 项目公司，由社会资本方对项目公司进行管理，通过平台公司进行融资，负责项目建设、运营、移交工作，由政府授权的机构进行监督。

（四）项目相关注意事项

第一，《××“政府与社会资本合作”项目管理办法（试行）的通知》

第一章第五条规定：项目实施机构是县级以上人民政府或其授权的相关职能部门及事业单位，负责项目准备、采购、执行和移交等工作。

BOT项目由区人民政府授权建设管理委员会办理项目准备、采购、监管和移交等工作。

第二，《××“政府与社会资本合作”项目管理办法（试行）的通知》第三章第十二条、第十三条规定：行业主管部门、项目实施机构严格遵照《政府采购法》及《政府和社会资本合作模式操作指南（试行）》相关规定要求，公开、公平、规范地进行合作项目采购，不得以行政手段或非公开方式确定合作伙伴。项目实施机构根据项目采购需求特点，依法选择适当采购方式。综合考虑社会资本方的专业资质，技术能力、管理经验、财务实力等因素，择优选择运营服务质量好、综合实力强、诚信可靠的合作伙伴，涉及政府付费或补贴内容的应征得同级财政部门同意。

BOT项目拟采取公开招标方式选定社会资本方，从社会资本方的合法性、财务实力、业绩及是否接受联合体四个方面设置主要资格要求，以此判断社会资本方是否具有投资建设运营本项目的资格和能力，具体资格条件如下：

一是接受联合体投标；

二是具有独立承担民事责任的能力；

三是具有良好的商业信誉和健全的财务会计制度；

四是具有履行合同所必需的设备和专业技术能力；

五是有依法缴纳税收和社会保障资金的良好记录；

六是在近三年（2014—2016年）未发生过重大生产安全和质量事故，或因违法违规受处罚事件；

七是满足项目建设、运营的各项基本资质要求。

第三，《××“政府与社会资本合作”项目管理办法（试行）的通知》第四章第十五条规定：社会资本方应该按照合同约定，履行好设计、融资、建造、运营、维护和移交等合同义务。设立项目公司的相关各方应按合同约定确保及时足额出资。财政部门要严格履行合同约定，对政府负有支付义务的项目应按合同约定支付有关费用。

BOT项目遵循区现行政府投资有关规定及《PPP项目合同》，建设管理委员会与项目公司约定设计变更及工程签证协商管理机制。任何一方提出设计变更及工程签证申请，应按规定履行必要的协商和决策程序。项目公司应遵循可保风险均应投保的原则，结合项目实际情况购买工程一切险、第三者责任险、意外伤害险等，购买上述保险所产生的费用由项目公司承担，项目公司为受益人。政府方鼓励社会资本方自费为项目公司购买财产险及其他保险险种。中选社会资本方应承担引入金融机构、解决担保机制、确保项目公司实现必要融资的责任。项目公司根据投资需求，自行选择适宜方式实施融资，若项目融资部分不能及时到位，差额由社会资本方自行补足。建设管理委员会、政府授权的公司对项目公司融资行为不提供担保或其他信用支持，原则上也不干预项目公司具体融资操作，但项目公司使用项目收益权进行质押担保的，需经建设管理委员会书面同意。建设管理委员会根据项目公司提供运营维护服务质量的考核，确定每年支付给项目公司的政府付费规模。项目公司在本项目运营期内有下列行为之一的，政府有权责令其限期改正，逾期不改的，政府有权对本项目实施临时接管。

一是擅自停业、歇业，严重影响社会公共利益和公共安全的；

二是擅自处分项目资产，导致本项目不能正常运营的；

三是因项目公司自身管理不善发生重大质量、生产安全事故，导致本项目不能正常运营的；

四是因项目公司自身经营管理不善等原因，造成财务状况严重恶化，导致本项目不能正常运营的；

五是项目公司法人主体资格终止或撤销。

政府实施临时接管的，有权组织临时接管机构或委派管理人员或指定单位进驻项目用地进行接管，并监管项目公司的资金账户。政府应确保尽量减少临时接管工作对项目运营的干扰，并遵守谨慎运营惯例。临时接管期间，项目公司必须服从政府对其工作人员、设施、生产物资的调配，保障项目正常运营。政府实施临时接管的，可指定第三方临时提供本协议规定项下的服务。导致临时接管的情形消失后，政府应当停止临时接管，但如果项目公司不能在临时接管情形消失后的合理时间内采取适当的恢复生产措施，政府有权提前终止项目公司的经营权。政府实施临时接管的，临时接管期间所产生的费用由项目公司承担。政府有权在向项目公司提供详细的费用和支出记录后，从运营维护保函项下提取该款项。如项目公司不能配合政府介入运营或介入运营过程中设置障碍或拒绝支付相关费用，则视为项目公司违约，政府有权解除本协议。

在紧急情况下，项目公司应采取各种应急措施进行补救，尽量减轻事故对用户的影响，政府应协调相关政府部门给予必要的配合。政府应协调职能部门加强对项目公司应对自然灾害等突发事件的指导，监督项目公司完善和落实各类应急预案。在发生危及或可能危及公共利益、公共安全等突发事件时，政府可采取应急管制措施。

第四，《××“政府与社会资本合作”项目管理办法（试行）的通知》第四章第十六条规定：财政部门应将必要政府付费或政府补贴分类纳入同级政府预算，并结合中长期财政规划统筹考虑，建立跨年度预算平衡机制，依法保障社会资本合法权益。

在 PPP 项目全生命周期的不同阶段，政府承担不同的义务，财政支出责任主要包括股权投资支出、运营补贴支出、自留风险承担支出。

二、TOT（移交—经营—移交）模式案例操作流程解读

（一）项目案例基本情况介绍

1. 项目名称

某市污水处理厂 TOT 项目。

2. 项目概况

某市污水处理厂日处理 16 万吨的污水，服务面积 42 km^2。污水处理

厂终沉池共计8座，单座净尺寸40 m×40 m，池边水深4.3 m。终沉池采用中心进水、周边出水的辐流方式。

污泥回流泵房为矩形钢筋混凝土结构，屋层采用网架结构屋面，平面尺寸18.4 m×10.4 m，地面以下深度8 m，分为污泥回流泵井和剩余污泥泵井两部分，两泵井设连通闸板，剩余污泥泵井可兼顾终沉池放空。每座回流污泥泵房6台潜水排污泵，电动闸板10个以及相应的起吊、配电等附属设施。

目前该污水处理厂是该省规模最大，工艺先进，污泥污水设施齐全，沼气发电、余热充分利用的城市污水处理厂。污水处理厂的启动，是改善河流污染状况的有力举措，它将逐步改善本地区环境污染的状况，对于改善我国的水资源环境，提高人们的生活质量，具有深远的经济和社会意义。

然而，2009年9月，由于主体工程及配套管网建设滞后，或长期处于低负荷运行，或无故不正常运行出水超标，或污泥未有效处理处置、长期“大马拉小车”等原因，污水处理厂规格标准是按照日处理20万吨建造，但日处理仅在10万吨左右，被国家环保部公开通报批评，责令企业整改，整改不到位或逾期未完成整改任务的，将暂停审批有关城市新增化学需氧量排放的建设项目环评，依法给予有关电厂扣减脱硫电价款、全额追缴二氧化硫排污费的处罚。

针对该污水处理厂在运行管理方面存在的问题，市政府高度重视，相关部门认真整改。污水处理厂有关负责人表示，他们已实现了新增6万吨/日污水处理目标，完成国家环保部的整改要求。目前已经达到日处理17万吨的标准。

该污水处理厂是市已建运营规模最大的污水处理厂。市委、市政府把城区污水“全收集全处理”项目作为城市建设的“一号工程”来抓，集中人力、物力、财力全面攻坚。污水处理厂设计规模为20万立方米/日，该厂2006年底全面建成，2007年9月底投产试运行，目前实际处理能力为16万立方米/日。为盘活城市存量资产，进一步加大城市污水处理力度，解决该市在污水处理方面的资金困难，引进先进的管理模式，市政府决定对污水处理厂采用TOT方式进行招商。2009年8月25日，由市城乡建设局牵头，市供排水市场化领导小组办公室对污水处理厂通过采用TOT（移交—管理—移交）的模式公开招标，TOT项目采取国际公开招标。经过专家评标和三轮谈判，最终确定该市排水有限责任公司获得污水处理厂TOT项目的特许经营权，中标价为4.96亿元。

根据双方签订的协议，将由投资发展有限公司运营管理30年，期满后由对方将污水处理厂移交回政府方，期间政府方给运营管理商支付污水处理服务费。

（二）项目操作流程介绍

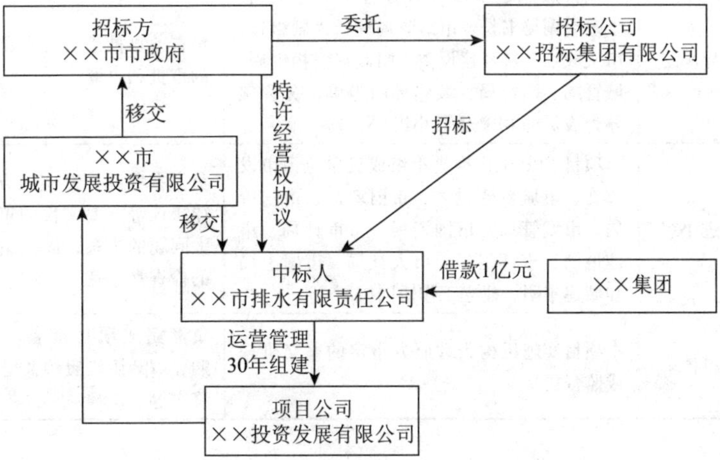

图8-3　×××污水处理厂TOT项目融资流程

市政府决定采用市场化招商的形式经营管理污水处理厂，以盘活城市存量资产。据此，由市城乡建设局牵头，市供排水市场化领导小组办公室采用TOT（移交—管理—移交）的模式公开招标，市排水有限责任公司最终中标，中标价为4.96亿元。经过多轮谈判，2010年4月22日正式签约。按照协议约定，双方经过近5个月的设备性能测试等准备工作，市供排水市场化改革领导小组办公室于2010年9月20日在污水处理厂举行了移交仪式，由市城市发展投资有限公司将该污水处理厂移交给市排水有限责任公司，再组建的项目公司由投资发展有限公司运营管理。根据双方签订的协议，将由投资发展有限公司运营管理30年，期满后由对方将污水处理厂移交回政府方，期间政府方给运营管理商支付污水处理服务费。

1. 组织保障

为了保证本项目实施过程中决策和沟通机制的顺畅，市政府成立了推进本项目运作的PPP领导小组、PPP推进小组和实施机构，见表8-4。

表8-4　项目两级协调机构

机构名称	成员	职责
PPP领导小组	本项目成立了以市政府分管领导为组长，市政府副秘书长、市财政局局长为副组长，市发改委、城乡建设委、财政局、物价局、城管局、国资局、城建集团等单位分管领导为成员的PPP领导小组	负责项目推进过程中重大问题的审批和决策
PPP推进小组	本项目PPP工作推进小组成员单位为市发改委、市城乡建设委、市财政局、市物价局、市城管局、市国资局、市审计局、市地税局、市环卫局、市人社局、市国土局和城建集团，建立工作协同机制	负责本项目PPP实施方案、法律协议等重要文件的审批，重大问题的决策，以及组织协调的检查督导等
实施机构	本项目实施机构为政府方指定的移交机构或监督机构	负责完成项目准备、项目采购、PPP协议履约监管和项目移交等工作

2. 物有所值评价和财政承受能力论证要点

根据《关于印发政府和社会资本合作模式操作指南（试行）的通知》（财经〔2014〕113号）（以下简称“113号文”）的要求，在PPP项目识别阶段需要进行物有所值评价和财政承受能力论证。在本项目运作过程中，财政部出台了《关于印发〈政府和社会资本合作项目财政承受力的论证指引〉的通知》（财经〔2015〕21号文），详细规定了财政承受能力的论证方法。

（1）物有所值评价要点

项目物有所值评价从定性和定量两方面对本项目进行了分析评价。从增加污水处理服务有效供给、优化污水处理项目的风险分配、提高污水处理服务运营效率、促进企业创新与公平竞争、缓解财政当期污水处理设施存量债务压力、推动政府公共服务管理体制的转变六个方面进行了定性分析。定性评价结论为：在 PPP 模式下，项目公司更有内在动力，使有限的资源发挥更大的作用，通过降低资金成本、提升管理水平、采用先进技术等途径控制成本，实现了合理利润最大化。

定量评价主要对传统水务集团运营模式与 PPP 模式进行了分析，在实现污水处理单价全成本核算和保证同等内部收益率的前提下，通过财务测算得出两种模式下的污水处理单价，据此分析两种模式在同等生命周期内的财政付费情况，以及风险承担情况。通过对比，在 PPP 模式下，政府实现了对污水处理企业的全成本核算，同时又转移了政府融资和运营的风险，长远来看，更符合市场化要求和政府利益。

（2）财政承受能力论证要点

本项目财政承受能力论证主要通过预测污水处理单价来计算政府每年的污水处理服务费支出情况，并据此预测政府年污水处理费支出占当年财政一般公共预算支出比例，综合判断本期财政的承受能力。

按照污水处理服务费单价预测情况判断，在 PPP 合作期内，本项目污水处理服务支出占当年一般公共预算支出的比例幅度为 0.03%～0.38%。另外，根据《政府和社会资本合作项目财政承受力的论证指引》的要求，本项目对行业和领域均衡性进行了评估。

（三）项目参与主体

①政府：政府方发起项目。

②招标公司：政府委托国投公司进行社会资本招标。

③实施机构：市政府授权指定的移交机构或监督机构作为本项目的实施机构，负责代表政府签订《PPP 项目合同》并签发《特许经营授权书》。

④社会资本方：负责帮项目公司融资。

⑤项目公司：专业运营团队运营污水处理厂，结束后移交给政府或政府指定机构。

（四）项目相关注意事项

1. PPP 与特许经营

自 2014 年初本轮 PPP 浪潮开始后，特许经营与 PPP 的相互关系和边界界定就一直是政府、理论界、实操界等各界人士争论的话题。本项目在合同结构设置时便遇到难点，即本项目适用特许经营的相关法律法规还是适用 PPP 的相关法律法规，签订 PPP 项目合同还是特许经营协议？

目前，对于特许经营与 PPP 间的边界限定仍然存在各种争议，一直未有定论。考虑到特许经营协议已被归类为行政协议的范畴，而 PPP 项目合同更侧重于合同双方作为平等民商事合同主体的属性，建议本项目主要适用 PPP 项目法律体系并将 PPP 项目合同作为项目主合同，同时由实施机构以特许经营授权书的方式授予中标社会资本与政府出资机构成立的项目公司特许经营权。

2. TOT 中的资产/经营权转让

根据“113 号文”所附定义，“TOT”是指“政府将存量资产所有权有偿转让给社会资本或项目公司，并由其负责运营、维护和用户服务，合作期满后资产及其所有权等移交给政府的项目运作方式”。在实际操作中，经营权转让已是 TOT 项目中普遍采用的方式，但事实上经营权在我国现有法律体系中并未有明确对应的法律概念，由此导致的经营权转让和转让后诸多问题，包括经营权的评估定价、风险的转移、更新改造资产的权属、税费的适用等均无法可依，难以明确界定。

3. TOT 中的人员安置

PPP 存量项目运作过程中，一般情况下应遵循“人随项目走”的原则。员工与原有企业解除合同，与项目公司重新签署劳动合同，既有利于项目公司管理，也有利于员工自身发展。考虑到项目的整体运作进度及员工的普遍诉求，本项目最终采用“人员借用并保留现有劳动关系”的人员安置方案。该方案保证了员工的稳定和生产运营的平稳过渡，但对未来项目公司的管理提出了更高的要求。

人员安置是改革过程中最重要的问题，若处理不当将影响公司的稳定，甚至直接决定项目的成败。从本项目运作的经验来看，应提前对员工进行宣传和沟通，让员工能真正理解PPP改革的意义并积极参与进来，同时，制定鼓励员工市场化流动的改革方案，引导员工对市场化运作机制的认同并意识到改革为其个人带来的发展机遇，在充分了解员工的利益诉求、确保员工合理利益不受损害、保证人员与生产稳定运行的前提下，优选“人随项目走及劳动关系整体转移”的人员安置方案，理顺管理关系，保障污水处理厂在合作期内的独立运作和发展。

4. 政府采购法框架下的PPP政府采购

本项目在资格预审条件中针对的社会资本方包括“在中国境内外注册成立的具有独立法人资格且合法存续的企业”，而根据《中华人民共和国政府采购法》第十条的规定，“政府采购应当采购本国货物、工程和服务”，虽然财政部的多份PPP相关政策文件明确指出外资是社会资本的重要组成部分，发改委和商务部联合印发的《外商投资产业指导目录（2015年修订）》中也明确规定，污水处理厂建设、经营属于鼓励外商投资产业目录，但由于政府采购法的法律效力高于上述几个部门规章，本项目在社会资本方主体身份确认问题上曾一度陷入僵局。

后经省财政厅、市财政局、市城乡建设委、市城建集团，以及咨询服务公司的多方努力，本项目最终通过政府部门审批的方式得以允许境外投资主体参与竞争，但该问题还需要从行政法规甚至更高的法律层面予以统一明确。

5. PPP模式下的国有产权交易

根据《企业国有产权转让管理暂行办法》第四条的规定：“企业国有产权转让应当在依法设立的产权交易机构中公开进行……”本项目虽为经营权转让，但根据此规定仍需要进场交易，竞价模式为“竞投经营权转让价款”。根据《政府与社会资本合作项目政府采购管理办法》等文件规定，

PPP项目社会资本方选择适用于政府采购程序，省政府更是发文要求严格执行《政府采购法》，国家级示范项目以及省级试点项目必须通过省级政府采购平台公开招选社会资本方。

鉴于竞争污水处理单价能起到激励项目公司提升运营管理水平的导向作用，且综合评分的方式比起单纯的竞价方式更有利于选择合适的投资者，项目最终选择采用政府采购而非国有产权转让方式。但是，由于政策规定不一，为了规避违规风险，相关部门应明确采用PPP模式的国有产权/经营权转让项目是否需要进场交易。

6. 污水处理厂厂网一体化运作

在项目执行过程中，财政部、住房和城乡建设部联合印发的《关于市政公用领域开展政府和社会资本合作项目推介工作的通知》（财建〔2015〕29号）指出，污水处理项目应实行厂网一体化运营。国家发改委和商务部联合印发的《外商投资产业指导目录（2015年修订）》中又强调大中城市供排水管网的建设应由中方控股等诸多限制，经过综合平衡，本项目仍选择以污水处理厂进行PPP运作。

但是，从政策的导向以及对污水处理厂的考核体系来看，实施厂网一体化是未来污水处理厂发展的方向，但污水处理管网普遍存在投资主体众多、权属难以明确的现象。若实施污水处理厂厂网一体化运作，需要政策引导进行大规模的管网普查工作，对管网资产进行确权和整合。此外，相关部门应考虑出台相应的配套政策，推动污水处理项目的厂网一体化运作。

7. 税务政策的配备

以污水处理厂TOT项目为例，按现有的税务政策，在多个环节存在额外的税负成本：

在第一个“T”的环节，若是进行资产交易，存在营业税、增值税、土地增值税、印花税、契税，以及所得税及相应附加等税费成本。若是进行经营权交易，存在增值税、营业税、房产税、印花税，以及所得税及相应附加等税费成本。以本项目经营权转让为例，经初步估算，仅此交易环节的税负成本达到交易总额的25%（预计）。存量资产PPP的目的之一即通过存量资产或其经营权的转让获得一笔转让资金用于削减存量债务，若税务负担过重，将降低地方政府或资产权属方对存量资产进行PPP运作的积极性，建议减免该类项目资产或经营权转让环节的流转税。

在“O”的环节，本项目的执行过程中，财政部、国家税务总局2015年6月12日发布的《关于印发〈资源综合利用产品和劳务增值税优惠目录〉的通知》（财税〔2015〕78号，以下简称“78号文”），符合一定条件的提供污水处理劳务的纳税人自2015年7月1日起享受增值税即征即退政策，退税率为70%。本次增值税优惠目录将污水处理劳务纳入其中，在此之前，污水处理劳务免征增值税。此次“78号文”的推出，对于污水处理PPP项目有一定影响。首先，文中并没有对污水处理劳务的增值税具体执行细则做明确规定，各地税务部门只能按17%的税率进行征收；其次，根据规定：“已享受本通知规定的增值税即征即退政策的纳税人，因违反税收、环境保护的法律法规受到处罚（警告或单次1万元以下罚款除外）的，自处罚决定下达的次月起36个月内，不得享受本通知规定的增值税即征即退政策。”根据该条规定，企业因为1万元以上的罚款即在未来3年不能享受增值税即征即退政策。这笔不算小的成本（以××污水处理厂为例，该成本大概为600万元）将加大项目公司的经营压力，况且污水处理行业本来就是保本微利的行业，若是企业因为进水水质不合格而导致的出水水质不合格并因此受到1万元以上的环保罚款，3年增值税损失的补偿必然会在地方政府和项目公司之间造成较大的争议和矛盾，不利于项目的长期发展。

在第二个“T”的环节，即反向移交环节，因为TOT项目的合作期限比较长，一般为20~30年，因此，国内目前经历的项目合作期结束的实际案例还很少。但根据现有税务政策，资产或其经营权（特别是运营过程中更新或新建资产）期末移交会产生流转税、所得税及契税，又将增加PPP项目税务成本，最终仍由地方政府买单。污水处理厂TOT项目期满资产由项目公司无偿移交给政府或其指定机构，因为项目公司在合作期限内通过政府购买服务已将所有的投资、运营成本以及合理利润全部收回（个别案例具体约定的除外)，考虑到PPP项目的特殊体系，建议免除期满移交过程中可能产生的税费。若双方合作期限未满而终止合作，在此过程中的移交也建议免除相关税费。

三、ROT（改扩建—经营—移交）模式案例操作流程解读

(一) 项目案例基本情况介绍

1. 项目名称

×××大运中心ROT项目。

2. 项目概况

×××大运中心，距离市中心约15公里，是当地举办世界大学生夏季运动会的主场馆区，也是实施文化立市战略、发展体育产业、推广全民健身的中心区。

大运中心项目含“一场两馆”，即体育场、体育馆和游泳馆，总投资约41亿元，位于该城市中心城西区。大运中心工程量巨大，南北长约1050米，东西宽约990米，总用地面积52.05万平方米，总建筑面积29万平方米，场平面积相当于132个标准足球场。其中，体育场总体高度53米，地上建筑五层，地下一层，于2010年底完工，成为当地地标性建筑。世界大学生夏季运动会成功举办之后，大运中心项目的运营维护遇到了难题，每年高达6000万元的维护成本成为当地市政府的沉重负担。

项目采用ROT模式，即区政府将政府投资建成的大运场馆交给某集团以总运营商的身份进行运营管理，双方约定40年期限届满后，再由该集团将全部设施移交给政府部门。

集团接管大运中心并不涉及房地产开发。为解决赛后场馆持续亏损的难题，市政府同意把大运中心周边1平方公里的土地资源交给区开发运营，

并与大运中心联动对接，原则上不得在大运中心“红线”内新建建筑物。运营集团依托于场馆的平台，把体育与文化乃至会展、商业有机串联起来，把体育产业链植入商业运营模式中，对化解大型体育场馆赛后运营财务可持续性难题进行了有益尝试。

（二）项目操作流程介绍

大运中心项目结构如图 8-4 所示。

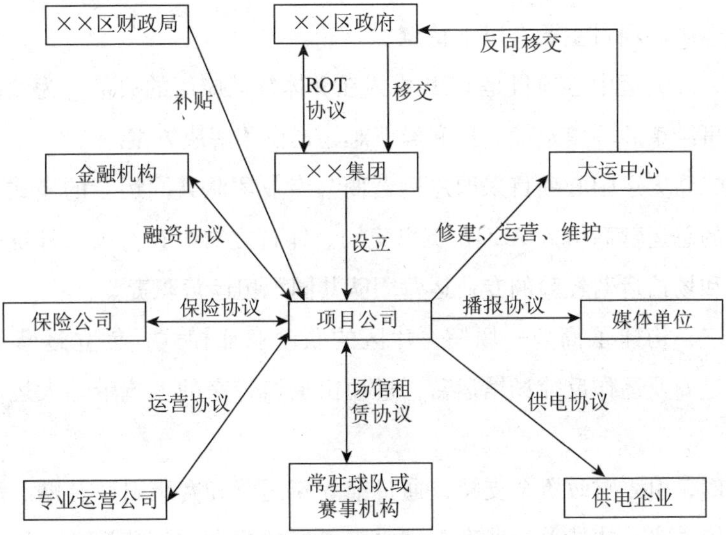

图 8-4　大运中心项目结构

第一，运营集团与区政府签订“一场两馆”ROT 主协议，获得 40 年的修建和运营管理权。

第二，运营集团成立项目公司，作为大运中心项目的配套商业建设及全部运营管理的平台，财政对项目公司给予 5 年补贴。

第三，项目公司与专业运营公司签订运营协议，与常驻球队和赛事机构签订场馆租赁协议，与保险公司签订保险协议，与供电企业签订供电协议，与金融机构签订融资协议，与媒体单位签订播报协议。

（三）项目参与主体

第一，政府：政府方发起项目。

第二，社会资本方：某运营集团负责帮项目公司融资，改扩建，运营。

第三，项目公司：专业运营团队运营，结束后移交给政府或政府指定机构。

（四）项目相关注意事项

大运中心项目主要有以下特点：

第一，大运中心项目是PPP模式在文体领域应用的典范，为政府解决大型赛事结束后场馆永续利用和经营难题提供了解决方案。

第二，大运中心项目采取总运营商与专业团队共同运营的模式，由实力雄厚的总运营商引入AEG、英皇集团、体育之窗等具有国内外赛事、演艺资源和场馆运营经验的专业运营团队共同承担运营职责。

第三，构建了商业—场馆—片区的联动商业模式，创立运营调蓄基金，通过商业运作反哺场馆运营，进而由场馆带来的人流带动大运新城开发建设。

第四，引入财政资金支持，通过前5年运营和赛事财政补贴、演艺专项补贴等方式，扶持总运营商引进更多更好的赛事和演艺活动，提升场馆的人气和档次。

第五，建立运营绩效考核机制，每年由管理部门对总运营商进行绩效评估和公众满意度测评，并邀请有国际化场馆运营经验的机构做出第三方评估。将考核评估与奖励挂钩，成立由文体旅游、发改、财政、公安、交通、城管等相关职能部门组成的运营监管协调服务机构，协助总运营商做好运营。

四、BLT（建设—租赁—转让）模式案例操作流程解读

（一）项目案例基本情况介绍

1. 项目名称

二环路西段两射工程项目。

2. 项目概况

项目桩号起于某河桥中心（二环路设计终点 K28+030. 124 和设计起点 K0+000 重合）。西半环改造起点为××河桥东侧接东半环，桩号 K0-072. 121（K27+958. 003），跨××河桥顺时针至北二环府河桥西侧接东半环，桩号 K14+825. 5，全长 14897. 6 m。项目南延线改造段起于二环路××立交，止于三环路××立交，桩号 K0+080～K2+497. 089，全长 2417. 1 m，包含与机场路东延线和××路下穿隧道节点。项目射线桥梁工程起点与其中路新桥相接，止于规定立交，包括主线高架、西路匝道桥、快速公交路高架，××路平行匝道桥 4 座。项目主线高架桩号 K0+409. 50～K2+500. 00，全长 2090. 5 m；平行匝道桥共长 750. 6 m；××西路匝道桥全长 315. 4 m；快速公交××路高架全长 614. 3 m。

（二）项目操作流程介绍

1. 总体运作模式

由于本项目属于非营利性的市政基础设施配套工程，建成后无偿提供给广大市民群众使用，项目本身不会产生任何现金流入，没有任何收益，只发生建设成本投资。为构建项目的市场化操作模式，市政府拟采用“政府支付使用性服务费”模式，按年度支付项目使用性服务费，使项目能在运营期内产生稳定现金流，具有 PPP 模式的可操作性。项目采用 PPP 模式实施，通过建造—租赁—移交模式（BLT 模式）进行建设和项目的租用

和赎回。项目按企业投资项目实施管理，按照投资概算管理方式控制投资规模。由项目实施单位与政府授权部门（市建委）签订项目的租用合同协议，实施单位负责项目的具体建设管理，并在要求的期限内完成建设任务，使项目能够按照合同要求投入运行。租用项目的交付及维护按现行管理体制和有关规定执行。在项目租赁期限内，政府按照协议向项目实施单位按时给付租用租金。租用期限届满后，实施单位按照约定向政府移交项目，并与政府授权机构最终对项目租用费用进行结算。具体项目运作方式见图 8-5。

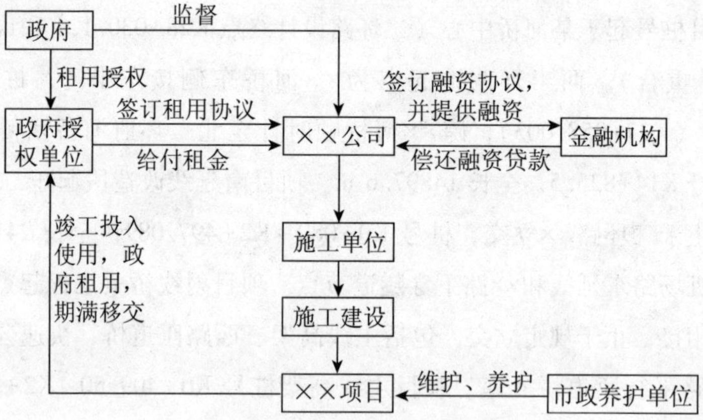

图 8-5 项目运作方式

2. 具体实施流程

BLT（建设—租赁—转让）模式的实施流程主要包括四个阶段，如图 8-6 所示。

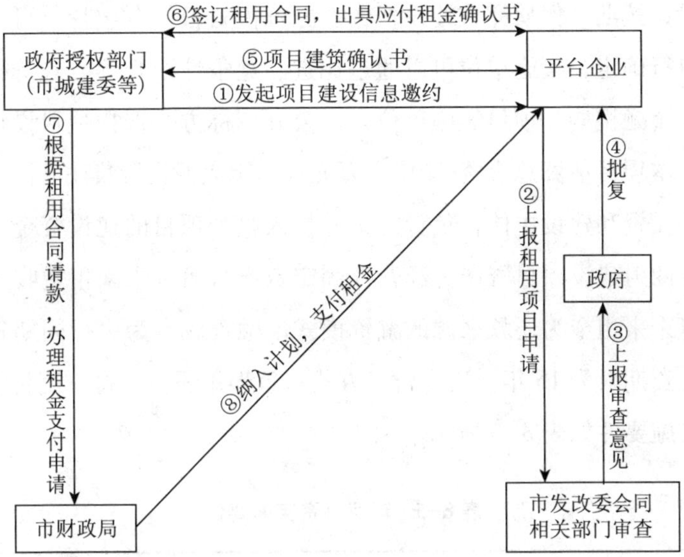

图 8-6　BLT 模式实施流程

（1）项目审批阶段

首先由政府授权的市城建委或城投公司发起拟采用拨改租方式建设的项目信息，对项目进行邀约，政府的平台企业接受邀约后，向发展改革委上报租用项目申请，发改委会同相关部门进行审查后，将审查意见上报给政府，政府批复申请后，项目审批完成。

（2）项目租用合同签订

项目审批通过后，城建委或城投公司与平台企业对项目的建造细节进行确认，双方签订《项目建设租用合同》，出具项目建设的确认书。市城乡建设委员会作为政府租用项目的授权部门，代表政府与项目具体实施单位（市兴城投资集团有限公司）签订项目租用合同，合同主要约定项目投资、建设实施、运营与维护、项目移交及投资收益支付、政府与投资方的权利与义务、交易结构、风险分配、履约保障等内容，本项目约定租用合作期限为 15 年。

（3）项目实施建设

租用合同签订后，平台企业开展融资、设计、建设等工作，推动项目实施建设，按期、保质完成建设任务。融资模式根据资金特点可由项目实施单位自行确定，实施单位可以通过比选、竞争性谈判等方式选择确定提供融资的金融机构。项目实施单位采用公开招标方式选择项目设计、施工等单位。本项目估算总投资920115万元，由市兴城投资集团有限公司作为该项目的投资和建设主体，负责筹集并投入整个项目的建设资金，视二环路西段及两射建设项目资产为经营性固定资产，通过未来租赁收入收益权折现，以未来租金为还款来源的融资模式。融资成本为央行同期贷款基准利率。融资期限为15年。还本付息方式：每半年还本，每季度付息。本项目融资实施要件如表8-5所示。

表8-5 项目融资实施要件

项目融资实施要件	实施细则
权属要求	市建委根据《政府租用企业投资建设城建项目租赁合同》向兴城集团出具收益权确认函
还款来源	该项目还款来源（年度租金）需纳入市中长期财政预算及年度财政预算，由市人大审议通过并出具相关批复
租赁合同	兴城集团与市建委签订《政府租用企业投资建设城建项目租赁合同》，明确租赁资金总额、租赁期限、年度租金支付计划、租金支付账户等相关信息

3. 租金支付阶段

合同签订、项目建设完成后，实施单位将项目交政府或政府授权部门租用使用。城建委根据租用合同的付款时间和金额向财政局请款，办理租金支付申请，财政局依照请款申请向企业支付租金。租用项目的交付及日常维护按当地市现行管理体制和有关规定执行。项目租用期限届满，实施单位按照租用协议以及相关规定，对租金进行结算，并将建设的城市基础设施项目移交给政府或其授权部门。本次政府租用企业投资的城市基础设施项目采用BLT模式，实施单位的参与不以获取合理利润为目的，主要是为加快城市基础设施建设。项目租金收入仅用于偿还项目融资贷款或投入其他政府要求建设的基础设施项目。

（三）项目参与主体

第一，政府方：政府方发起项目，授予相关机构权利。

第二，实施机构：政府授权的实施机构发起拟采用拨改租方式建设的项目信息，对项目进行邀约。

第三，平台公司：政府授权的平台企业与社会资本方签订《项目建设租用合同》。

第四，项目公司：租用合同签订后，项目公司对项目开展融资、设计、建设等工作，通过租赁收入获得投资回报。

（四）项目相关注意事项

《“政府与社会资本合作”项目管理办法（试行）的通知》第一章第五条规定，项目实施机构是县级以上人民政府或其授权的相关职能部门及事业单位，负责项目准备、采购、执行和移交等工作。

BLT 项目由市城乡建设委员会作为政府租用项目的授权部门。

《市政府租用企业投资城市基础设施项目管理工作暂行办法》第五条、第六条、第七条规定，政府租用城市基础设施项目应遵循计划管理原则、租金合理原则、支持筹资原则，融资模式根据项目特点由项目业主确定，政府不承担企业的偿债责任，但政府给付的租用项目租金可作为项目融资的偿还来源。

在 BLT 项目运作模式中，实施单位的参与不以获取合理利润为目的，主要是为加快城市基础设施建设。项目租金收入仅用于偿还项目融资贷款或投入其他政府要求建设的基础设施项目。因此，租金的测算实际上是融资贷款偿还的测算，项目租金测算原则为分年租金总和能够覆盖项目全部投资及融资成本。

《市政府租用企业投资城市基础设施项目管理工作暂行办法》第九条规定，政府授权部门根据租用实施方案评审结果与项目业主签订正式租用合同。项目实施方案在实施过程中需要调整的，应该在新的评审结果出来后，由政府与企业按照合同约定协商确定，再签订补充租用合同。

根据项目回报机制，对项目付费金额（项目租金）进行调整主要涉及以下几个方面：

（1）建设投资调整

对主管部门已经进行概算审批后的租用项目投资额出现调整主要有两种情况：

①投资额增加。如由于项目工程方案变化等原因造成的项目实际投资额增加，在经过审计部门的竣工决算审计后，政府应根据经审计后的实际工程投资额进行调整。

②投资额减少。项目投资额减少的，租金不进行调整，偿还融资本息后剩余的政府支付租金费用用途根据政府或政府授权部门与项目实施单位协商确定，对租金进行调整的情况应报市政府租用城市基础设施项目联合工作组备案。

（2）利率调整

考虑国家宏观调控的可能性，以及项目租用年限较长，融资时利率考虑选用浮动利率。因此，租用项目租金额度将受银行贷款利率调整的影响。银行利率调整主要有三种方式：

①按年度调整，利率调整日为次年 1 月 1 日；

②按年度调整，利率调整日为次年的放款日对应日；

③按季度调整，利率调整日为每季度最后一个月的 21 日。

因此，本项目租金根据银行贷款利率进行浮动调整，利率调整方式由政府或政府授权部门与项目实施单位在相关合同中协商确定。

（3）租用期限调整

一般情况下，租用期限根据成建委〔2015〕“314 号文”下达的租用计划要求执行。确需对租用期限进行调整的，应报政府或政府授权部门同意后，由实施单位与银行协商后进行调整，并报市政府租用城市基础设施项目联合工作组备案。

（4）其他调整

其他确需对租用项目租金进行调整的情况，经政府或政府授权单位协商，报市政府租用城市基础设施项目联合工作组备案同意后调整。

五、BOO（建设—拥有—运营）模式案例操作流程解读

（一）项目案例基本情况介绍

1. 项目名称

某健康城“医养结合”PPP 项目。

2. 经济技术指标

（1）建设运营内容

本项目位于某县北工业园区，距离县城约 4 公里。项目占地 405.57 亩，拟分两期实施，其中，一期建设用地 190.00 亩，主要建设养老托管中心、养老服务大楼、养老康复中心、洗衣房及锅炉房等；二期建设用地 215.57 亩，主要建设配套住院部、养老托管中心、行政楼、职工宿舍楼及地下建筑工程等。

（2）投资规模与资金来源

本项目总投资为 5.0 亿元。具体见表 8-6。

表 8-6 项目投资情况 单位：万元

投资项		投资额
建设投资	工程建设费	40380.5
	基本预备费	1385.1
	其他费用（含土地征用费）	5787.9
建设期利息		1038.4
铺底流动资金		1408.1
总投资		50000.0

项目总投资 5.0 亿元，采用 PPP 模式合作进行融资、建设和运营，其

中，资本金10000万元（占总投资的20%）由社会资本自筹，其余资金可通过银行贷款、股东贷款、公司债券等合法方式筹集。剩余40000万元（占总投资的80%）项目建设资金由政府授权的公司和社会资本方共同出资成立的项目公司通过银行贷款等融资方式取得，若项目融资部分不能及时到位，差额由社会资本方自行补足。

（3）合作期限

鉴于养老产业的基本情况及市场测试情况，本项目的合作期为30年（含建设期），项目分两期建设，预计从2016年开始，如建设期时间调整，合作期限也相应调整。总建设期预计为3年，其中，一期建设期为2年，建成后提前投入使用。合作期届满后，由项目公司和政府协商项目运营展期。

（二）项目操作流程介绍

本项目具体运作方式为BOO（建设—拥有—运营），项目实施机构依法选定社会资本方，由社会资本方独立出资设立项目公司（SPV）。项目实施机构与项目公司正式签署PPP合同，并授予项目公司本项目的经营权。建设期内，项目公司负责本项目工程建设的全部投资，项目实施机构负责监督项目按规划完成。项目建设完成后，项目公司拥有项目的所有权和经营权。合作期内，项目公司负责全部项目设施的运营、维护和管理，并通过使用者付费、政府购买服务、财政政策性补贴的方式收回投资并获得合理回报。合作期届满后，项目公司与政府实施机构就项目后续运营进行协商。

1. 交易结构

当地县人民政府授权县民政局作为本项目的实施机构，项目实施机构依法选定社会资本，由中选社会资本全额出资设立项目公司。项目实施机构与项目公司签署《PPP协议》，项目公司依法获得本项目经营权。

项目公司依法取得项目建设用地的使用权，并负责本项目工程建设的全部投资，以及全部项目设施的运营、维护和管理。项目公司通过使用者付费、政府购买服务，以及政策性补贴的方式收回投资并获得合理投资收益。合作期届满后，项目公司与项目实施机构就项目后续运营进行协商。项目公司与金融机构签署《融资协议》，负责项目融资，以及后续的本金偿还及利息支付。

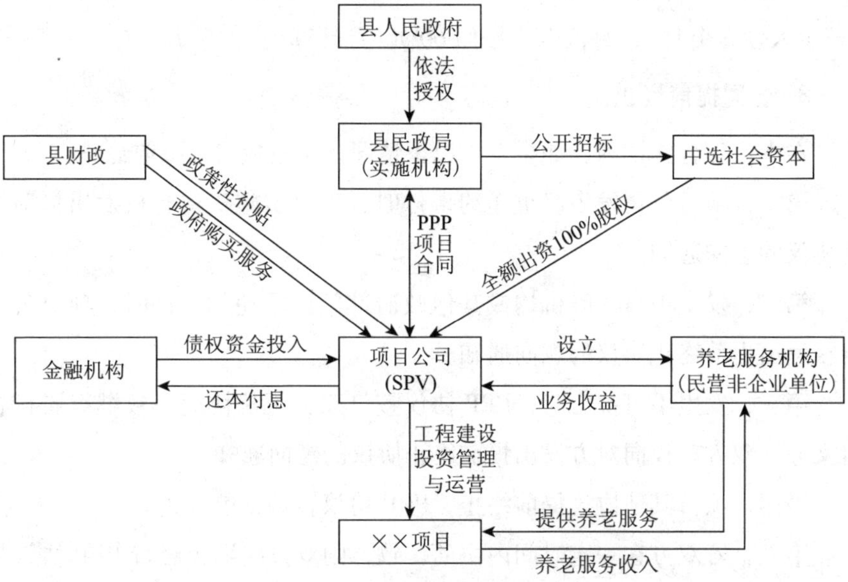

图 8-7　项目交易结构示意

2. 项目回报机制

社会资本方从项目中获得收益的方式包括使用者付费、政策性补贴和政府购买服务。

使用者付费即社会资本方通过市场化经营取得的营业收入，一是养老床位收入，二是其他收入，是指配套养老服务收入，如医疗护理、精神慰藉、紧急救援以及配套商业设施经营收入，如养老服务餐厅、便利店的物业租赁收入、车费收入等。

政策性补贴，即根据《市人民政府办公室关于印发市社会养老服务体系建设规划（2011—2015 年）的通知》（政办〔2013〕17 号）规定，可依法享受的建设补贴和床位运营补贴。

一是建设补贴经项目实施机构检查验收达标后，按照核定的床位数给予建设补贴：自建用房按每张床位1500元的标准（分3年，每年每张床位500元)。本项目自建用房2800张床位，按照500元/年计算，即140万/年，共补3年，共计420万元。

二是床位运营补贴按照养老服务机构入住的拥有市户籍老年人数量(至少入住3个月)，每位老人按照60元/月计算。

3. 合同提前终止

在本项目合作期内，如果发生以下情况，经营权可以提前终止：

第一，项目公司发生严重违约事件时，项目实施机构有权发出提前终止协议的意向通知。

第二，发生项目实施机构或其他政府部门严重违约事件时，项目公司有权发出提前终止协议的意向通知。

第三，发生不可抗力时，PPP协议签订双方无法协商一致继续履行各自义务，双方有权向对方发出提前终止协议的意向通知。

第四，项目其他协议提前终止，PPP协议自动提前终止。

第五，若双方在一定时间内协商一致，则双方应继续履行PPP协议规定的各自义务，否则守约方可以向对方提出协议终止通知，以提前终止PPP协议，并根据PPP协议相关条款约定给予相应补偿。

（三）项目参与主体

第一，实施机构：县人民政府授权县民政局为本项目的实施机构，负责办理项目准备、采购、监管和移交等工作，并代表县人民政府与项目公司签订PPP协议，履行约定的权利义务、实施项目监管。

第二，平台公司：由社会资本方独立出资设立项目公司（SPV)。

第三，项目发起人（政府或社会资本方)：县人民政府。

第四，项目公司：由社会资本方独立出资设立项目公司，并由社会资本方对项目公司进行管理，通过平台公司进行融资，对项目进行建设、运营、移交，由政府授权的机构进行监督。

（四）项目相关注意事项

第一，BOO模式是一种完全的私有化模式，在该模式下，项目公司可以更好地从项目全生命周期的角度出发建设和运营项目，以降低全生命周期成本、提高资本效率。

第二，BOO模式社会资本参与程度极高，相比其他模式，社会资本需要承担更多的风险。

第三，采用BOO模式运作的项目，最重要的一个前提条件是项目的定价模式不属于政府定价的范畴，有比较清晰的价格制定和调整机制，并且在一般情况下定价是全成本的，不属于公益性的。

六、OM（委托运营）模式案例操作流程解读

（一）项目案例基本情况介绍

1. 项目名称

某铁路项目。

2. 项目概况

某铁路是一条以货运为主、客货列车共线运行的横跨非洲两国的骨干铁路，途经几个重要城市，全长约752公里，采用中国二级电气化铁路标准建设。设计客运时速为120公里、货运时速为80公里，初期运能设计为600万吨/年，远期通过复线改造可将运量提升至1300万吨/年。项目总投资约40亿美元（含机车车辆采购）。整条铁路东段由某土木工程集团有限公司承建，西段由中国另一股份有限公司承建，2011年底签署项目协议，2015年6月全线铺通。2015年8月，两铁路公司组成联营体，对铁路运营管理权进行招标。2016年7月28日，中国某土木工程集团有限公司代表“中国某土木工程集团与中国中铁联营体”与联营体铁路公司签署了“某

铁路运营管理服务合同”，在未来六年为某铁路的运营管理提供服务和技术支持。2016 年 10 月该铁路全线通车。

3. 项目基本信息

表 8-7 项目基本信息

项目名称		某铁路项目
项目意义		非洲首条跨国标准轨电气化铁路，被誉为“新时期的坦赞铁路”；中国第一条全产业链出口的铁路，从投融资到设计、建设、运营均使用中国标准，并形成了参与铁路沿线经济带建设的“亚吉模式”；帮助中土集团实现了从建设单一项目到参与沿线开发的跨越；中非“十大合作计划”重要早期收获，中非“三网一化”和产能合作的标志性工程；“一带一路”的标志性成果
项目类型		新建
运作模式		EPC+OM
EPC 阶段	总投资额	建设总投资约 40 亿美元（含机车车辆采购，合人民币约 267 亿元）
	融资安排	中国进出口银行提供商业贷款共计约 29 亿美元，涵盖××铁路段 70%的资金
	总承包商	中国某土木工程集团有限公司与中铁某局组成的联营体为 EPC 总承包商，其中，前者承建该铁路东段约 423 余公里，后者承建该铁路西段约 329 公里，某国际合作股份有限公司（以下简称某国际）负责本项目全部 1171 辆铁路机车的设计、制造和供货
	项目业主代表（监理）	中国某国际工程咨询公司及铁道勘察设计院组成的联合体
OM 阶段	招标主体	×联营体公司
	招标方式	邀请招标
	中标运营商	×联营体
	运营合同谈判难点	①界定业主方和运营方的责任；②设定对中方的考核指标；③对当地人培训的方式；④必要的商务条款、外汇比例、预付款比例等
	合作期限	运营期 6 年（届时如业主需要，还将续签 2 年技术服务合同）

（二）项目操作流程介绍

本项目为 EPC+OM 的运作方式，工程采用设计、采购、施工一体化的交钥匙模式建造，由联合体进行银行贷款，后期运营阶段采用邀请招标方式采购了某集团与中国中铁联营体，对铁路进行运营管理。

（三）项目参与主体

1. 总承包商

中国某土木工程集团有限公司与中铁某局组成的联营体为 EPC 总承包商，负责项目的承建。

2. 项目业主代表

中国某国际工程咨询公司及铁道勘察设计院组成的联合体，负责项目招标事宜。

3. 运营商

中国某土木工程集团与中国中铁联营体，在未来 6 年为铁路的运营管理提供服务和技术支持。

（四）项目相关注意事项

（1）有效管理技术风险

从技术风险来看，中国铁路技术经过多年积淀，已拥有系统、可靠、成熟的技术体系和管理体系，能够有效识别和管理风险。亚吉铁路全线采用中国标准和中国装备，设计方案的批复和工程验工也均由中国的咨询公司执行，不存在认识上的分歧，从而有效地降低项目的技术风险。

（2）有效管理信用风险

从信用风险来看，埃塞俄比亚路段是铁路公司借款，由埃塞俄比亚政府提供主权担保，投保中长期出口信用险；吉布提路段由吉布提财政部作为借款人，吉布提政府提供主权借款，投保中长期出口信用险。两者保险比例均达 95%。

（3）项目劳务用工问题

由于项目处于两国之间，要处理好两国劳务用工问题。本项目劳务用工以当地人为主，并为非洲培育和储备一批了解、认同中国技术标准的属地化运营人才。项目累计在埃塞俄比亚雇佣当地员工 4 万人，在吉布提雇佣当地员工5000人以上。除普通劳务工人外，项目还雇佣大量当地高级雇员。为在随后6年将铁路运营技术传授给埃塞俄比亚方面，中土集团不仅派自己的铁路工程师、司机和技术人员到埃塞俄比亚去，对当地员工进行一对一教授，还在天津铁道职业技术学院对埃塞俄比亚员工进行培训。此外，依托铁路运营，中国企业将帮助埃塞俄比亚和吉布提两国建立自己的铁路制度和产业体系。

(4) 由“建”到“管”，从EPC转向“建营一体化”

中国企业在运作亚吉铁路项目之初，就将参与今后的运营维护考虑在内，实现从单纯的施工方到投资商、运营服务商的角色转变。从总承包的“交钥匙工程”转向“建营一体化”模式，实现从投融资、设计施工到运营在内的全产业链闭环，能够降低建设和运营环节间的交易成本，提升企业市场实力和项目整体效益，助力铁路更好地发挥其经济价值和社会价值。

(5) 注意项目面临的环境问题

由于项目所处地特殊，地处热带，黄沙漫天，烈日炎炎，自然环境艰苦，项目团队在合同结构、项目管理模式、设计和施工标准、融资和结算方式、属地化管理、分包商管理、电网审批等方面遇到很大挑战，国外业主及监理规范极高，以及突发情况，使本来就很紧张的进度更是雪上加霜。为抢工期，项目团队组织工作队伍三班作业，不畏艰难挑战，凭借拼搏、不放弃的精神，项目提前完工，进入商业运行阶段。

参考文献

［1］方学．积极推动 PPP 项目资产证券化　促进 PPP 模式持续健康发展［N］．中国经济导报，2016-12-30（A02）．

［2］Wu Shulian. Strategies for Private Sector to Treat PPP Renegotiation Risks in Transportation Projects in China［A］. Proceedings of 2016 IEEE Forum on Integrated and Sustainable Transportation Systems（IEEE 智能交通系统协会（ITSS）），2016-07-10.

［3］Yang Chenhui. PPP Project's Risk Management and Countermeasures［A］. Proceedings of 2016 5th International Conference on Social Science，Education and Humanities Research（SSEHR 2016）（信息化与工程国际学会），2016：5.

［4］王雷，李国宝，赵国良，金坎辉，姜岳．PPP 模式在土耳其水利基础设施建设中的应用经验研究［C］. 2016 第八届全国河湖治理与水生态文明发展论坛论文集，2016：4.

［5］Song Wei，Pan Guangchuan. The Research on the Risk Management of PPP Projects in "One Belt，One Road" Based on Fuzzy Analytic Hierarchy Process［A］. 四川大学战略与发展研究中心，2016.

［6］Jie Xiaowen，Xu Erming. Innovation，Entrepreneurship and Strategy in the Era of Internet-Proceedings of 2016 International Conference on Strategic Management［C］. 四川大学战略与发展研究中心，2016：8.

［7］Du Yaling，Zhao Xin. Analysis of Key Issues about Resolving the Local Debt Using the PPP Model［A］. Proceedings of the 2016 2nd International Conference on Education Technology，Management and Humanities

Science（ETMHS 2016）（信息化与工程国际学会），2016：4.

［8］孙庭，黄小利，李静祥，何应时．如何看待 PPP 的“值”与“不值”［N］．中国政府采购报，2016-01-19（004）．

［9］伍迪，王守清，CUI Qing-bin. PPP 模式下区域开发项目政企双方控制权份额的度量方法研究［C］．第十一届中国软科学学术年会论文集（下），2015：7.

［10］周正祥，张秀芳，张平．新常态下 PPP 模式应用存在的问题及对策［J］．中国软科学，2015（9）：82-95.

［11］刘晓凯，张明．全球视角下的 PPP：内涵、模式、实践与问题［J］．国际经济评论，2015（4）．

［12］郭上．我国 PPP 模式物有所值评价研究［D］．北京：财政部财政科学研究所，2015.

［13］刘薇．PPP 模式理论阐释及其现实例证［J］．改革，2015（1）：78-89.

［14］马威．我国基础设施采用 PPP 模式的研究与分析［D］．北京：财政部财政科学研究所，2014.

［15］赫荣亮．借鉴英国 PPP 经验，推动民资参与公共建设［N］．中国经济导报，2014-05-06（B02）．

［16］财政部政府和社会资本合作中心．PPP 物有所值研究［M］．北京：商务印书馆，2014.

［17］财政部政府和社会资本合作中心．PPP 财政承受能力［M］．北京：商务印书馆，2014.

［18］杨雯淇．PPP 在我国城市生活垃圾处理领域的应用研究［D］．北京：中国财政科学研究院，2016.

［19］胡慧中．论 PPP 的法律规制［D］．大连：东北财经大学，2015.

［20］戴旸旸．南京 ABC 项目 PPP 模式应用研究［D］．蚌埠：安徽财

经大学，2016.

［21］刘婵娟．完善政府和社会资本合作（PPP）融资模式的对策研究［D］．扬州：扬州大学，2016.

［22］冯岚，宋军．从实例来分析 PPP 模式的操作性［J］．企业改革与管理，2016，9（1）.

［23］盛和太．PPP/BOT 项目的资本结构选择研究［D］．北京：清华大学，2013.

［24］李明哲．国外 PPP 发展动态述评［J］．建筑经济，2014（1）：5.

［25］沙骥．PPP 模式在我国基础设施建设中的应用研究［D］．南京：东南大学，2004.

［26］柏莹．政府和社会资本合作（PPP）项目监管机制法律研究［D］．华东政法大学，2015.

［27］王禹．河北省交通基础设施建设项目 PPP 融资问题分析——基于北京地铁四号线案例分析的借鉴［D］．石家庄：河北经贸大学，2016.

［28］王思齐，沈清基．PPP 模式在城市基础设施中的应用［C］．多元与包容——2012 中国城市规划年会论文集，2012-10-17.

［29］王之君，闫其鹏．企业如何把握 PPP 模式发展机遇及典型案例分析［A］．2014 年度中国总会计师优秀论文选，2015-12.

［30］李开孟．构建符合我国国情的 PPP 制度体系［A］．决策论坛——区域发展与公共政策研究学术研讨会，2016-05-14.

［31］马晨露．政府与社会资本合作 PPP 模式的法律规制研究［D］．吉林：吉林财经大学，2016.

［32］郑永吉．中庆集团城市基础设施建设项目 PPP 模式运营策略研究［D］．吉林：吉林大学，2015.

［33］孙荣霞．基础设施 BOT-TOT-PPP 集成融资模式的研究［D］．昆明：昆明理工大学，2010.

［34］贡爽．PPP 模式在我国基础设施建设中的应用研究［D］．吉林：

吉林建筑大学，2017.

［35］王治国．兰州绕城高速公路 PPP 模式实践应用研究［D］．西安：长安大学，2016.

［36］翟蓓蓓．政府购买公共服务的“PPP”模式研究［D］．郑州：郑州大学，2016.

［37］江川．国内 PPP 运作模式研究［D］．北京：首都经济贸易大学，2016.

［38］袁永博，叶公伟，张明媛．基础设施 PPP 模式融资结构优化研究［J］．技术经济与管理研究，2011（3）：91-95.

［39］王力，程鸿．中国 PPP 模式现状及问题研究［J］．现代工业经济和信息化，2015（13）.

［40］徐霞，郑志林，周松．PPP 模式下的政府监管体制研究［J］．建筑经济，2009（7）：105-109.

［41］冯建友，张红亮．我国 PPP 模式的发展现状及对策研究［J］．中国市场，2016（52）.

［42］梁勤雪，胡昊，谢忻玥．国内外典型 PPP 项目案例研究及启示［J］．建筑经济，2015（8）.

［43］陈少阳．PPP 融资模式在基础设施建设中的应用研究［D］．北京：对外经济贸易大学，2015.

［44］刘宇红．吉林市政府融资平台 PPP 融资模式研究［D］．吉林：吉林大学，2015.

［45］蔡明秀．合作的建构：当前我国政府与社会资本合作（PPP）的问题研究［D］．南京：南京大学，2016.

［46］许海霞．我国地方政府 PPP 融资模式研究［D］．昆明：云南大学，2016.

［47］王全新．PPP 模式在我国基础设施建设中的应用研究［D］．武汉：武汉理工大学，2005.

［48］陈坤龙．我国地方政府 PPP 项目指南框架构建研究［D］．重庆：重庆大学，2013.

［49］郝丹阳．PPP 模式研究——基于基础设施项目建设［D］．石家庄：河北经贸大学，2016.

［50］何雨聪．政府公共项目融资（PPP）及运行机制研究［D］．重庆：重庆大学，2007.

［51］闫江奇．中国式 PPP 的存在性、基本特征及其发展趋势［J］．建筑经济，2015（11）.

重要术语索引表